興味の尽きることのない漢字学習

漢字文化圏の人々だけではなく、
世界中に日本語研究をしている人が数多くいます。
漢字かなまじり文は、独特の形を持ちながら
伝統ある日本文化を支え、
伝達と文化発展の基礎となってきました。
その根幹は漢字。
一字一字を調べていくと、
その奥深さに心打たれ、興味がわいてきます。
漢字は、生涯かけての
勉強の相手となるのではないでしょうか。

「漢検」級別 主な出題内容

10級 …対象漢字数 80字
漢字の読み／漢字の書取／筆順・画数

9級 …対象漢字数 240字
漢字の読み／漢字の書取／筆順・画数

8級 …対象漢字数 440字
漢字の読み／漢字の書取／部首・部首名／筆順・画数／送り仮名／対義語／同じ漢字の読み

7級 …対象漢字数 642字
漢字の読み／漢字の書取／部首・部首名／筆順・画数／送り仮名／対義語／同音異字／三字熟語

6級 …対象漢字数 835字
漢字の読み／漢字の書取／部首・部首名／筆順・画数／送り仮名／対義語・類義語／同音・同訓異字／三字熟語／熟語の構成

5級 …対象漢字数 1026字
漢字の読み／漢字の書取／部首・部首名／筆順・画数／送り仮名／対義語・類義語／同音・同訓異字／誤字訂正／四字熟語／熟語の構成

4級 …対象漢字数 1339字
漢字の読み／漢字の書取／部首・部首名／送り仮名／対義語・類義語／同音・同訓異字／誤字訂正／四字熟語／熟語の構成

3級 …対象漢字数 1623字
漢字の読み／漢字の書取／部首・部首名／送り仮名／対義語・類義語／同音・同訓異字／誤字訂正／四字熟語／熟語の構成

準2級 …対象漢字数 1951字
漢字の読み／漢字の書取／部首・部首名／送り仮名／対義語・類義語／同音・同訓異字／誤字訂正／四字熟語／熟語の構成

2級 …対象漢字数 2136字
漢字の読み／漢字の書取／部首・部首名／送り仮名／対義語・類義語／同音・同訓異字／誤字訂正／四字熟語／熟語の構成

準1級 …対象漢字数 約3000字
漢字の読み／漢字の書取／故事・諺／対義語・類義語／同音・同訓異字／誤字訂正／四字熟語

1級 …対象漢字数 約6000字
漢字の読み／漢字の書取／故事・諺／対義語・類義語／同音・同訓異字／誤字訂正／四字熟語

※ここに示したのは出題分野の一例です。毎回すべての分野から出題されるとは限りません。また、このほかの分野から出題されることもあります。

日本漢字能力検定採点基準 最終改定：平成25年4月1日

❶ 採点の対象
筆画を正しく、明確に書かれた字を採点の対象とし、くずした字や、乱雑に書かれた字は採点の対象外とする。

❷ 字種・字体
① 2～10級の解答は、内閣告示「常用漢字表」（平成二十二年）による。ただし、旧字体での解答は正答とは認めない。
② 1級および準1級の解答は、『漢検要覧 1／準1級対応』（公益財団法人日本漢字能力検定協会発行）に示す「標準字体」「許容字体」「旧字体一覧表」による。

❸ 読み
① 2～10級の解答は、内閣告示「常用漢字表」（平成二十二年）による。
② 1級および準1級の解答には、①の規定は適用しない。

❹ 仮名遣い
仮名遣いは、内閣告示「現代仮名遣い」による。

❺ 送り仮名
送り仮名は、内閣告示「送り仮名の付け方」による。

❻ 部首
部首は、『漢検要覧 2～10級対応』（公益財団法人日本漢字能力検定協会発行）収録の「部首一覧表と部首別の常用漢字」による。

❼ 筆順
筆順の原則は、文部省編『筆順指導の手びき』（昭和三十三年）による。常用漢字一字一字の筆順は、『漢検要覧 2～10級対応』収録の「常用漢字の筆順一覧」による。

❽ 合格基準

級	満点	合格
1級／準1級／2級	二〇〇点	八〇％程度
準2級／3級／4級／5級／6級／7級	二〇〇点	七〇％程度
8級／9級／10級	一五〇点	八〇％程度

※部首、筆順は『漢検 漢字学習ステップ』など公益財団法人日本漢字能力検定協会発行図書でも参照できます。

日本漢字能力検定審査基準

10級

程度　小学校第1学年の学習漢字を理解し、文や文章の中で使える。

領域・内容

《読むことと書くこと》　小学校学年別漢字配当表の第1学年の学習漢字を読み、書くことができる。

《筆順》　点画の長短、接し方や交わり方、筆順および総画数を理解している。

9級

程度　小学校第2学年までの学習漢字を理解し、文や文章の中で使える。

領域・内容

《読むことと書くこと》　小学校学年別漢字配当表の第2学年までの学習漢字を読み、書くことができる。

《筆順》　点画の長短、接し方や交わり方、筆順および総画数を理解している。

8級

程度　小学校第3学年までの学習漢字を理解し、文や文章の中で使える。

領域・内容

《読むことと書くこと》　小学校学年別漢字配当表の第3学年までの学習漢字を読み、書くことができる。

・音読みと訓読みとを理解していること
・送り仮名に注意して正しく書けること（食べる、楽しい、後ろ　など）
・対義語の大体を理解していること（勝つ—負ける、重い—軽い　など）
・同音異字を理解していること（反対、体育、期待、太陽　など）

《筆順》　筆順、総画数を正しく理解している。

《部首》　主な部首を理解している。

7級

程度　小学校第4学年までの学習漢字を理解し、文章の中で正しく使える。

領域・内容

《読むことと書くこと》　小学校学年別漢字配当表の第4学年までの学習漢字を読み、書くことができる。

・音読みと訓読みとを正しく理解していること
・送り仮名に注意して正しく書けること（等しい、短い、流れる　など）
・熟語の構成を知っていること
・対義語の大体を理解していること（入学—卒業、成功—失敗　など）
・同音異字を理解していること（健康、高校、公共、外交　など）

《筆順》　筆順、総画数を正しく理解している。

《部首》　部首を理解している。

6級

程度　小学校第5学年までの学習漢字を理解し、文章の中で漢字が果たしている役割を知り、正しく使える。

領域・内容

《読むことと書くこと》　小学校学年別漢字配当表の第5学年までの学習漢字を読み、書くことができる。

・音読みと訓読みとを正しく理解していること
・送り仮名や仮名遣いに注意して正しく書けること（求める、失うなど）
・熟語の構成を知っていること（上下、絵画、大木、読書、不明　など）
・対義語、類義語の大体を理解していること（禁止—許可、平等—均等など）
・同音・同訓異字を正しく理解していること

《筆順》　筆順、総画数を正しく理解している。

《部首》　部首を理解している。

5級

程度　小学校第6学年までの学習漢字を理解し、文章の中で漢字が果たしている役割に対する知識を身に付け、漢字を文章の中で適切に使える。

領域・内容

《読むことと書くこと》　小学校学年別漢字配当表の第6学年までの学習漢字を読み、書くことができる。

・音読みと訓読みとを正しく理解していること
・送り仮名や仮名遣いに注意して正しく書けること
・熟語の構成を知っていること
・対義語、類義語を正しく理解していること
・同音・同訓異字を正しく理解していること

《四字熟語》　四字熟語を正しく理解している（有名無実、郷土芸能　など）。

《筆順》　筆順、総画数を正しく理解している。

《部首》　部首を理解し、識別できる。

4級

程度　常用漢字のうち約1300字を理解し、文章の中で適切に使える。

領域・内容

《読むことと書くこと》　小学校学年別漢字配当表のすべての漢字と、その他の常用漢字約300字の読み書きを習得し、文章の中で適切に使える。

・音読みと訓読みとを正しく理解していること
・送り仮名や仮名遣いに注意して正しく書けること
・熟語の構成を正しく理解していること
・熟字訓、当て字を理解していること（小豆／あずき、土産／みやげなど）
・対義語、類義語、同音・同訓異字を正しく理解していること

《四字熟語》　四字熟語を理解している。

《部首》　部首を識別し、漢字の構成と意味を理解している。

3級

程度　常用漢字のうち約1600字を理解し、文章の中で適切に使える。

領域・内容

《読むことと書くこと》　小学校学年別漢字配当表のすべての漢字と、その他の常用漢字約600字の読み書きを習得し、文章の中で適切に使える。

・音読みと訓読みとを正しく理解していること
・送り仮名や仮名遣いに注意して正しく書けること
・熟語の構成を正しく理解していること
・熟字訓、当て字を理解していること（乙女／おとめ、風邪／かぜ　など）
・対義語、類義語、同音・同訓異字を正しく理解していること

《四字熟語》　四字熟語を理解している。

《部首》　部首を識別し、漢字の構成と意味を理解している。

※常用漢字とは、平成22年（2010年）11月30日付内閣告示による「常用漢字表」に示された2136字をいう。

準2級

程度　常用漢字のうち1951字を理解し、文章の中で適切に使える。

領域・内容

《読むことと書くこと》　1951字の漢字の読み書きを習得し、文章の中で適切に使える。

・音読みと訓読みとを正しく理解していること
・送り仮名や仮名遣いに注意して正しく書けること
・熟語の構成を正しく理解していること
・熟字訓、当て字を理解していること（硫黄／いおう、相撲／すもう　など）
・対義語、類義語、同音・同訓異字を正しく理解していること

《四字熟語》　典拠のある四字熟語を理解している（驚天動地、孤立無援　など）。

《部首》　部首を識別し、漢字の構成と意味を理解している。

※　1951字とは、昭和56年（1981年）10月1日付内閣告示による旧「常用漢字表」の1945字から「勺」「錘」「銑」「脹」「匁」の5字を除いたものに、現行の「常用漢字表」のうち、「茨」「媛」「岡」「熊」「埼」「鹿」「栃」「奈」「梨」「阪」「阜」の11字を加えたものを指す。

2級

程度　すべての常用漢字を理解し、文章の中で適切に使える。

領域・内容

《読むことと書くこと》　すべての常用漢字の読み書きに習熟し、文章の中で適切に使える。

・音読みと訓読みとを正しく理解していること
・送り仮名や仮名遣いに注意して正しく書けること
・熟語の構成を正しく理解していること
・熟字訓、当て字を理解していること（海女／あま、玄人／くろうと　など）
・対義語、類義語、同音・同訓異字などを正しく理解していること

《四字熟語》　典拠のある四字熟語を理解している（鶏口牛後、呉越同舟　など）。

《部首》　部首を識別し、漢字の構成と意味を理解している。

準1級

程度　常用漢字を含めて、約3000字の漢字の音・訓を理解し、文章の中で適切に使える。

領域・内容

《読むことと書くこと》　常用漢字の音・訓を含めて、約3000字の漢字の読み書きに慣れ、文章の中で適切に使える。

・熟字訓、当て字を理解していること
・対義語、類義語、同音・同訓異字などを理解していること
・国字を理解していること（峠、凧、畠　など）
・複数の漢字表記について理解していること（國－国、交叉－交差　など）

《四字熟語・故事・諺》　典拠のある四字熟語、故事成語・諺を正しく理解している。

《古典的文章》　古典的文章の中での漢字・漢語を理解している。

※　約3000字の漢字は、JIS第一水準を目安とする。

1級

程度　常用漢字を含めて、約6000字の漢字の音・訓を理解し、文章の中で適切に使える。

領域・内容

《読むことと書くこと》　常用漢字の音・訓を含めて、約6000字の漢字の読み書きに慣れ、文章の中で適切に使える。

・熟字訓、当て字を理解していること
・対義語、類義語、同音・同訓異字などを理解していること
・国字を理解していること（怺える、毟る　など）
・地名・国名などの漢字表記（当て字の一種）を知っていること
・複数の漢字表記について理解していること（鹽－塩、颱風－台風　など）

《四字熟語・故事・諺》　典拠のある四字熟語、故事成語・諺を正しく理解している。

《古典的文章》　古典的文章の中での漢字・漢語を理解している。

※　約6000字の漢字は、JIS第一・第二水準を目安とする。

※常用漢字とは、平成22年（2010年）11月30日付内閣告示による「常用漢字表」に示された2136字をいう。

個人受検を申し込まれる皆さまへ

協会ホームページのご案内

検定に関する最新の情報（申込方法やお支払い方法など）は、公益財団法人 日本漢字能力検定協会ホームページ https://www.kanken.or.jp/ をご確認ください。
なお、下記の二次元コードから、ホームページへ簡単にアクセスできます。

受検規約について

受検を申し込まれる皆さまは、「日本漢字能力検定 受検規約（漢検PBT）」の適用があることを同意のうえ、検定の申し込みをしてください。受検規約は協会のホームページでご確認いただけます。

1 受検級を決める

受検資格 制限はありません

実施級 1、準1、2、準2、3、4、5、6、7、8、9、10級

検定会場 全国主要都市約170か所に設置
（実施地区は検定の回ごとに決定）

検定時間 ホームページにてご確認ください。

2 検定に申し込む

インターネットにてお申し込みください。

注意

①家族・友人と同じ会場での受検を希望する方は、検定料のお支払い完了後、申込締切日の2営業日後までに協会（お問い合わせフォーム）までお知らせください。

②障がいがあるなど、身体的・精神的な理由により、受検上の配慮を希望される方は、申込締切日までに協会（お問い合わせフォーム）までご相談ください（申込締切日以降のお申し出には対応できかねます）。

③申込締切日以降は、受検級・受検地を含む内容変更および取り消し・返金は、いかなる場合もできません。また、次回以降の振替え、団体受検や漢検CBTへの変更もできません。

団体受検の申し込み

自分の学校や企業などの団体で志願者が一定以上集まると、団体単位で受検の申し込みができる「団体受検」という制度もあります。団体受検申込を扱っているかどうかは先生や人事関係の担当者に確認してください。

3 受検票が届く

受検票は検定日の約1週間前から順次お届けします。

注意

①1、準1、2、準2、3級の方は、後日届く受検票に顔写真（タテ4㎝×ヨコ3㎝、6か月以内に撮影、上半身、正面、帽子やマスクは外す）を貼り付け、会場に当日持参してください。
（当日回収・返却不可）

②4級～10級の方は、顔写真は不要です。

4 検定日当日

持ち物　受検票、鉛筆（HB、B、2Bの鉛筆またはシャープペンシル）、消しゴム

※ボールペン、万年筆などの使用は認められません。ルーペ持ち込み可。

注意

①会場への車での来場（送迎を含む）は、交通渋滞の原因や近隣の迷惑になりますので固くお断りします。

②検定開始時刻の15分前を目安に受検教室までお越しください。答案用紙の記入方法などを説明します。

③携帯電話やゲーム、電子辞書などは、電源を切り、かばんにしまってから入場してください。

④検定中は受検票を机の上に置いてください。

⑤答案用紙には、あらかじめ名前や生年月日などが印字されています。

⑥検定日の約5日後に漢検ホームページにて標準解答を公開します。

5 合否の通知

検定日の約40日後に、受検者全員に「検定結果通知」を郵送します。合格者には「合格証書」・「合格証明書」を同封します。欠席者には検定問題と標準解答をお送りします。

受検票は検定結果が届くまで大切に保管してください。

進学・就職に有利！
合格者全員に合格証明書発行

大学・短大の推薦入試の提出書類に、また就職の際の履歴書に添付してあなたの漢字能力をアピールしてください。合格者全員に、合格証書と共に合格証明書を2枚、無償でお届けいたします。

合格証明書が追加で必要な場合は有償で再発行できます。

申請方法はホームページにてご確認ください。

お問い合わせ窓口

電話番号　フリーコール **0120-509-315**（無料）

（海外からはご利用いただけません。ホームページよりメールでお問い合わせください。）

お問い合わせ時間　月～金　9時00分～17時00分

（祝日・お盆・年末年始を除く）

※公開会場検定日とその前日の土曜は開設

※検定日は9時00分～18時00分

メールフォーム　https://www.kanken.or.jp/kanken/contact/

「漢検」受検の際の注意点

【字の書き方】

問題の答えは楷書で大きくはっきり書きなさい。乱雑な字や続け字、また、行書体や草書体のようにくずした字は採点の対象とはしません。

特に漢字の書き取り問題では、答えの文字は教科書体をもとにして、はねるところ、とめるところなどもはっきり書きましょう。また、画数に注意して、一画一画を正しく、明確に書きなさい。

《例》

○熱　×熱

○言　×言

○糸　×糸

【字種・字体について】

(1)日本漢字能力検定2～10級においては、「常用漢字表」に示された字種で書きなさい。つまり、表外漢字（常用漢字表にない漢字）を用いると、正答とは認められません。

《例》

○交差点　×交叉点　（「叉」が表外漢字）

○寂しい　×淋しい　（「淋」が表外漢字）

(2)日本漢字能力検定2～10級においては、「常用漢字表」に示された字体で書きなさい。なお、「常用漢字表」に参考として示されている康熙《こうき》字典体など、旧字体と呼ばれているものを用いると、正答とは認められません。

《例》

○真　×眞

○渉　×涉

○飲　×飮

○迫　×迫

○弱　×弱

(3)一部例外として、平成22年告示「常用漢字表」で追加された字種で、許容字体として認められているものや、その筆写文字と印刷文字との差が習慣の相違に基づくとみなせるものは正答と認めます。

《例》

餌 ➡ 餌　と書いても可

遜 ➡ 遜　と書いても可

葛 ➡ 葛　と書いても可

溺 ➡ 溺　と書いても可

箸 ➡ 箸　と書いても可

注意

(3)において、どの漢字が当てはまるかなど、一字一字については、当協会発行図書（2級対応のもの）掲載の漢字表で確認してください。

公益財団法人 日本漢字能力検定協会

漢検

改訂三版

漢検 漢字学習 ステップ

準2級

漢検 公益財団法人 日本漢字能力検定協会

もくじ

本書の使い方

「日本漢字能力検定（漢検）準2級」では、中学校で学習する漢字一一一〇字のうち、三二八字を中心として、読み・書き、使い方などが出題の対象となります。本書では、その三二八字を、**漢字表・練習問題**からなる41ステップに分けて、広く学習していきます。

また、数ステップごとに設けた**力だめし**では、復習と確認が行えます。巻末の**総まとめ**は審査基準に即した出題形式となっており、模《も》擬《ぎ》試験としてご利用いただけます。

＊漢字表・練習問題などのそれぞれの使い方は次のページをご参照ください。

さらに付録として、「級別漢字表」や「常用漢字表 付表」などの資料を掲載しました。

「漢検」の主な出題内容は「日本漢字能力検定審査基準」「日本漢字能力検定採点基準」（いずれも本書巻頭カラーページに掲載）等で確認してください。

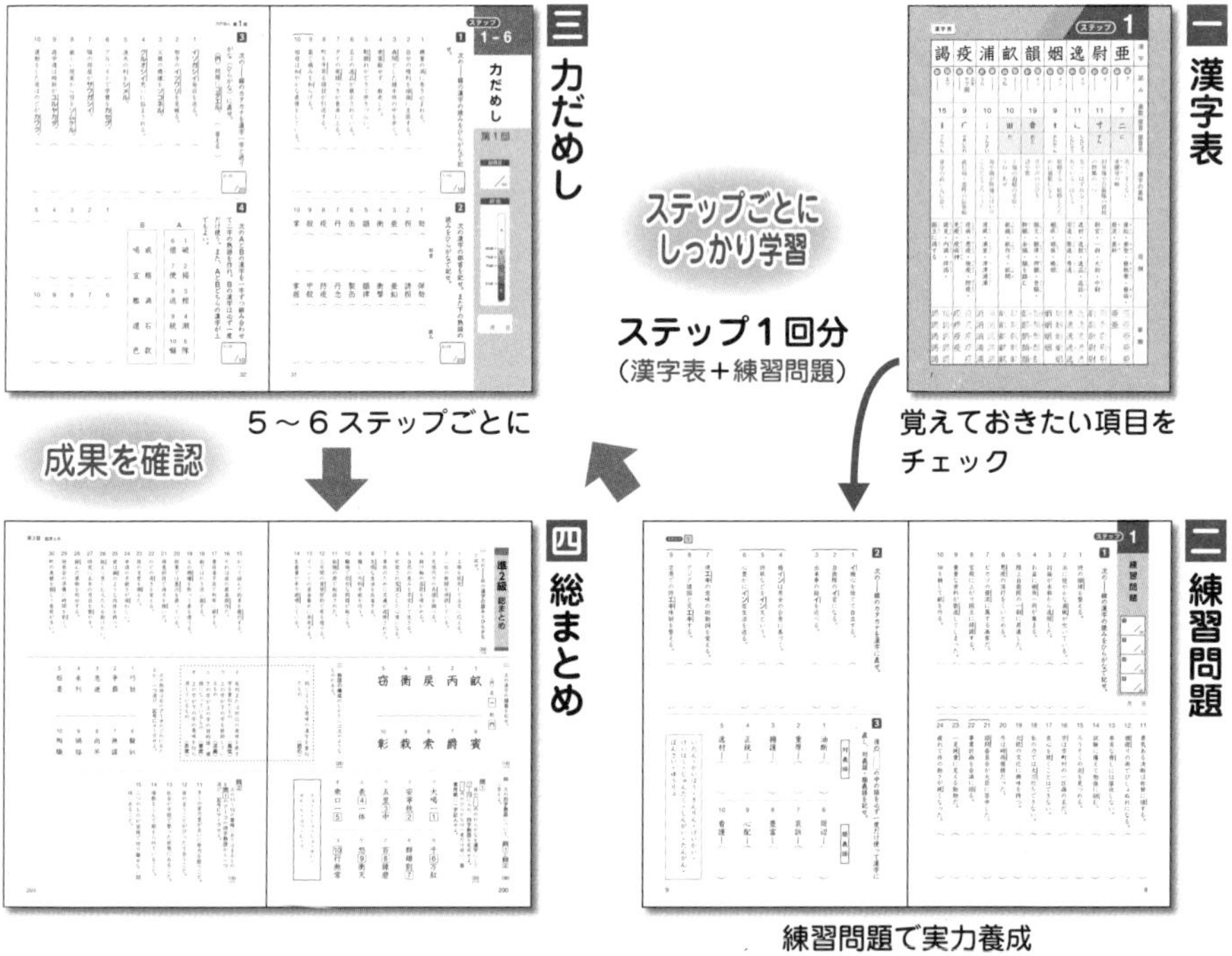

一 漢字表

各ステップで学習する漢字の数は7~9字です。

漢字表には、それぞれの漢字について覚えておきたい項目が整理されています。漢字表の内容を確認してから、練習問題に進んでください。

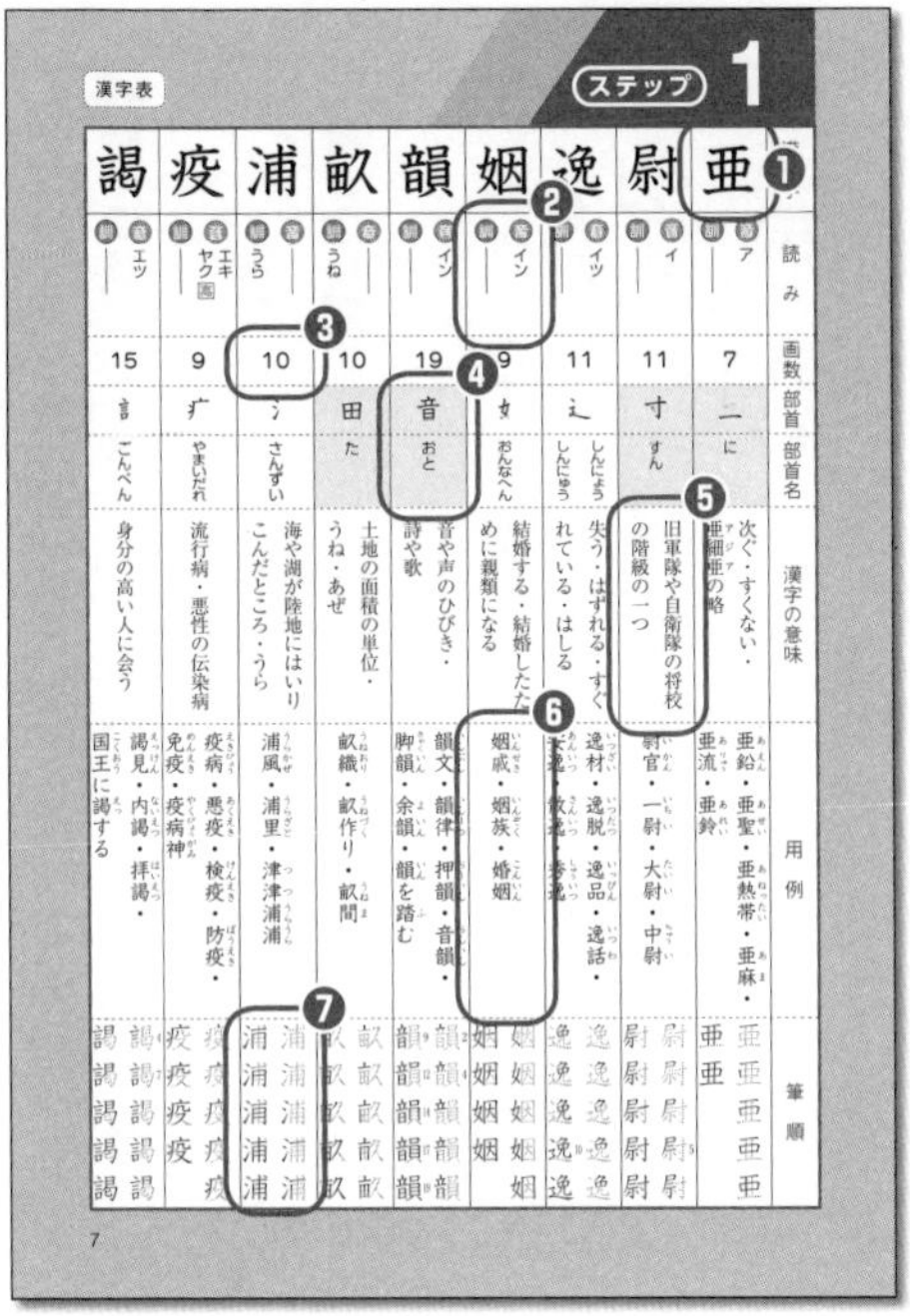

漢字表　ステップ1

	読み	画数	部首	部首名	漢字の意味	用例
亜	音 ア / 訓 —	7	二	に	次ぐ・すくない・亜細亜《アジア》の略	亜鉛《あえん》・亜聖《あせい》・亜熱帯《あねったい》・亜麻《あま》・亜流《ありゅう》・亜鈴《あれい》
尉	音 イ / 訓 —	11	寸	すん	旧軍隊や自衛隊の将校の階級の一つ	尉官《いかん》・一尉《いちい》・大尉《たいい》・中尉《ちゅうい》
逸	音 イツ / 訓 —	11	⻌	しんにょう しんにゅう	失う・はずれる・すぐれている・はしる	逸材《いつざい》・逸脱《いつだつ》・逸品《いっぴん》・逸話《いつわ》・安逸《あんいつ》・散逸《さんいつ》・秀逸《しゅういつ》
姻	音 イン / 訓 —	9	女	おんなへん	結婚する・結婚したために親類になる	姻戚《いんせき》・姻族《いんぞく》・婚姻《こんいん》
韻	音 イン / 訓 —	19	音	おと	音や声のひびき・詩や歌	韻文・韻律・押韻・音韻・脚韻《きゃくいん》・余韻《よいん》・韻《いん》を踏《ふ》む
畝	音 — / 訓 うね	10	田	た	土地の面積の単位・うね・あぜ	畝織《うねおり》・畝作《うねづく》り・畝間《うねま》
浦	音 — / 訓 うら	10	氵	さんずい	海や湖が陸地にはいりこんだところ・うら	浦風《うらかぜ》・浦里《うらざと》・津津浦浦《つつうらうら》
疫	音 エキ ヤク 高 / 訓 —	9	疒	やまいだれ	流行病・悪性の伝染病	疫病《えきびょう》・悪疫《あくえき》・検疫《けんえき》・防疫《ぼうえき》・免疫《めんえき》・疫病神《やくびょうがみ》
謁	音 エツ / 訓 —	15	言	ごんべん	身分の高い人に会う	謁見《えっけん》・内謁《ないえつ》・拝謁《はいえつ》・国王《こくおう》に謁《えっ》する

筆順

7

❶ **学習漢字**　ここで学習する漢字を教科書体で記してあります。この字形を参考にして略さずていねいに書くよう心がけましょう。

❷ **読み**　音読みはカタカナで、訓読みはひらがなで記載してあります。高は高校で学習する読みです。

❸ **画数**　総画数を示してあります。

❹ **部首・部首名**　「漢検」で採用している部首・部首名です。注意したいものには、色をつけてあります（筆順も同様）。

❺ **意味**　学習漢字の基本的な意味です。漢字の意味を把握《はあく》することは、用例の意味や同音・同訓異字の学習、熟語の構成を学ぶうえで重要です。

❻ **用例**　学習漢字を用いた熟語を中心に用例を挙げました。2級の漢字は赤字で示してあります。

❼ **筆順**　筆順は10の場面を示しています。途中を省略した場合は、その場面の横に現在何画目なのかを表示しました。

二 練習問題

各ステップの問題は、読み・書き取り問題を中心にさまざまな問題で構成されています。得点記入欄に記録して繰り返し学習してください。

1 読み問題……各ステップで学習する漢字を中心に、音読み・訓読み・特別な読み（熟字訓・当て字）を適宜《てきぎ》配分してあります。

4 書き取り問題…同音・同訓異字を含め、用例を幅広く扱っています。

その他、さまざまな角度から学習できるようになっています。

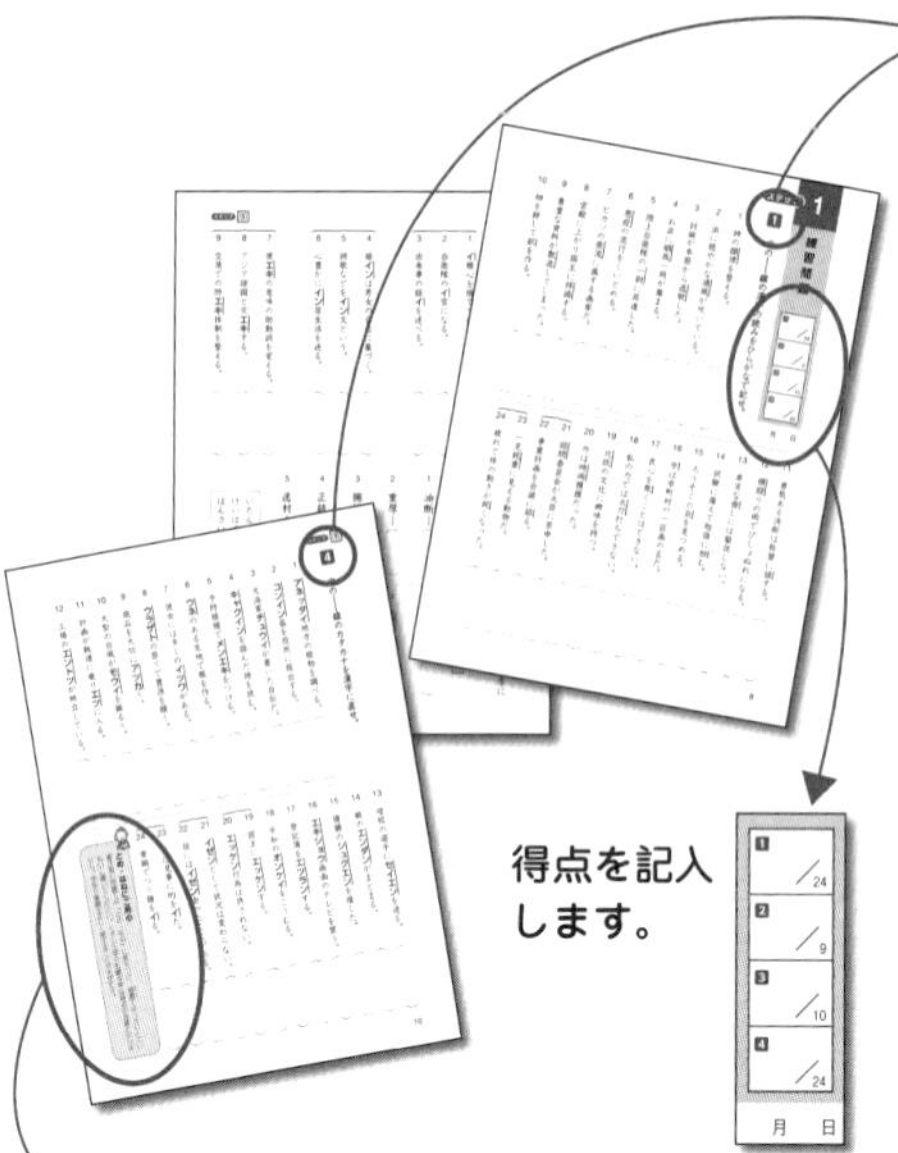

得点を記入します。

コラム
漢字の使い分け、四字熟語の意味など、漢字全般のことがらを平易に記してあります。

三 力だめし

5～6ステップごとに設けてあります。一〇〇点満点で、自己評価ができますので、小テストとして取り組んでください。

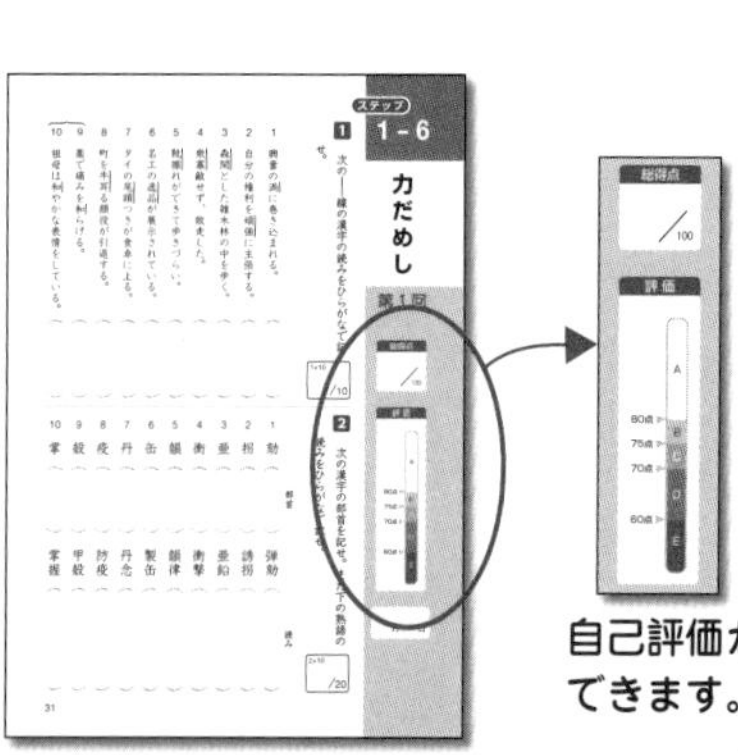

自己評価ができます。

四 総まとめ

学習がひととおり終わったら、実力の確認にお使いください。

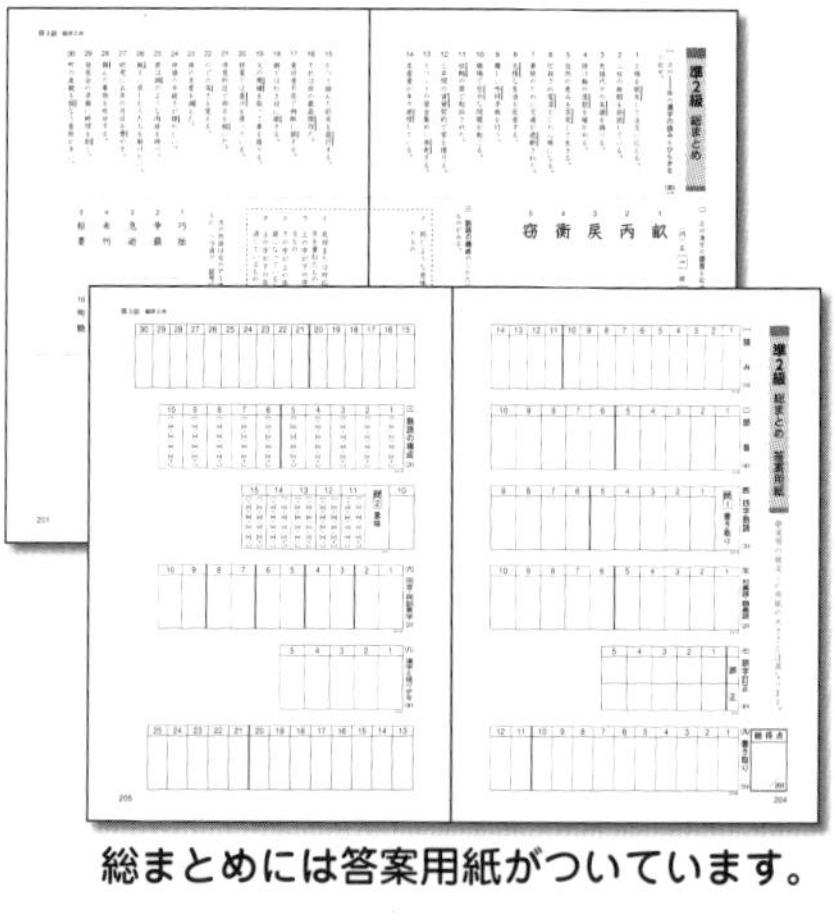

総まとめには答案用紙がついています。

漢字	読み	画数	部首	部首名	漢字の意味	用例	筆順
亜	音 ア　訓 —	7	二	に	次ぐ・すくない・亜細亜《アジア》の略	亜鉛《あえん》・亜聖《あせい》・亜熱帯《あねったい》・亜麻《あま》・亜流《ありゅう》・亜鈴《あれい》	亜 亜 亜 亜 亜 亜 亜
尉	音 イ　訓 —	11	寸	すん	旧軍隊や自衛隊の将校の階級の一つ	尉官《いかん》・一尉《いちい》・大尉《たいい》・中尉《ちゅうい》	尉 尉 尉 尉 尉5 尉 尉 尉 尉 尉
逸	音 イツ　訓 —	11	辶	しんにょう しんにゅう	失う・はずれる・すぐれている・はしる	逸材《いつざい》・逸脱《いつだつ》・逸品《いっぴん》・逸話《いつわ》・安逸《あんいつ》・散逸《さんいつ》・秀逸《しゅういつ》	逸 逸 逸 逸 逸 逸 逸 逸 逸10 逸
姻	音 イン　訓 —	9	女	おんなへん	結婚する・結婚したために親類になる	姻戚《いんせき》・姻族《いんぞく》・婚姻《こんいん》	姻 姻 姻 姻 姻 姻 姻 姻 姻
韻	音 イン　訓 —	19	音	おと	音や声のひびき・詩や歌	韻文《いんぶん》・韻律《いんりつ》・押韻《おういん》・音韻《おんいん》・脚韻《きゃくいん》・余韻《よいん》・韻《いん》を踏《ふ》む	韻2 韻4 韻 韻 韻 韻9 韻12 韻14 韻17 韻19
畝	音 —　訓 うね	10	田	た	土地の面積の単位・うね・あぜ	畝織《うねおり》・畝作《うねづく》り・畝間《うねま》	畝 畝 畝 畝 畝 畝 畝 畝 畝 畝
浦	音 —　訓 うら	10	氵	さんずい	海や湖が陸地にはいりこんだところ・うら	浦風《うらかぜ》・浦里《うらざと》・津津浦浦《つつうらうら》	浦 浦 浦 浦 浦 浦 浦 浦 浦 浦
疫	音 エキ ヤク 高　訓 —	9	疒	やまいだれ	流行病・悪性の伝染病	疫病《えきびょう》・悪疫《あくえき》・検疫《けんえき》・防疫《ぼうえき》・免疫《めんえき》・疫病神《やくびょうがみ》	疫 疫 疫 疫 疫 疫 疫 疫 疫
謁	音 エツ　訓 —	15	言	ごんべん	身分の高い人に会う	謁見《えっけん》・内謁《ないえつ》・拝謁《はいえつ》・国王《こくおう》に謁《えっ》する	謁4 謁7 謁 謁 謁 謁 謁 謁 謁 謁

ステップ 1

練習問題

1	/24
2	/9
3	/10
4	/24

月　日

1 次の――線の漢字の読みをひらがなで記せ。

1 詩の韻律を整える。（　）
2 浜に穏やかな浦風が吹いている。（　）
3 討論が本筋から逸脱した。（　）
4 お盆に姻族一同が集まる。（　）
5 陸上自衛隊の一尉に昇進した。（　）
6 悪疫の流行をくいとめる。（　）
7 ピカソの亜流に属する画家だ。（　）
8 宮殿に上がり国王に拝謁する。（　）
9 貴重な資料が散逸してしまった。（　）
10 畑を耕して畝を作る。（　）
11 勇気ある決断は称賛に値する。（　）
12 横殴りの雨でびしょぬれになる。（　）
13 卑劣な脅しには服従しない。（　）
14 試験に備えて勉強に励む。（　）
15 ろうそくの炎を見つめる。（　）
16 字は市町村の一区画の名だ。（　）
17 良心を欺くことはできない。（　）
18 私の力では太刀打ちできない。（　）
19 北欧の文化に興味を持つ。（　）
20 外は時雨模様だった。（　）
21 諮問委員会が大臣に答申した。（　）
22 事業計画を会議に諮る。（　）
23 一見鈍重に見える動物だ。（　）
24 疲れて体の動きが鈍くなった。（　）

2 次の――線のカタカナを漢字に直せ。

1 イ頼心を捨てて自立する。（　　）
2 自衛隊のイ官になる。（　　）
3 出来事の経イを述べる。（　　）

4 婚インは男女の合意に基づく。（　　）
5 詩歌などをイン文という。（　　）
6 心豊かにイン居生活を送る。（　　）

7 使エキの意味の助動詞を覚える。（　　）
8 アジア諸国と交エキする。（　　）
9 空港での防エキ体制を整える。（　　）

3 後の□の中の語を必ず一度だけ使って漢字に直し、対義語・類義語を記せ。

対義語

1 油断―（　　）
2 重厚―（　　）
3 擁護―（　　）
4 正統―（　　）
5 逸材―（　　）

類義語

6 周辺―（　　）
7 哀訴―（　　）
8 豊富―（　　）
9 心配―（　　）
10 看護―（　　）

いたん・かいほう・きんりん・けいかい・けいはく・じゅんたく・しんがい・たんがん・ぼんさい・ゆうりょ

4

次の——線のカタカナを漢字に直せ。

1 **アネッタイ**地方の植物を調べる。
2 **コンイン**届を役所に提出する。
3 元海軍**チュウイ**が書いた自伝だ。
4 **キャクイン**を踏んだ詩を読む。
5 予防接種で**メンエキ**をつける。
6 **ウネ**のある生地で服を作る。
7 彼女には多くの**イツワ**がある。
8 **ウラザト**の祭りで豊漁を願う。
9 商品を大切に**アツカ**う。
10 大型の台風が**モウイ**を振るう。
11 計画が軌道に乗り**エツ**に入る。
12 工場の**エントツ**が林立している。
13 母校の選手に**セイエン**を送る。
14 娘の**エンダン**がまとまる。
15 優勝の**シュクエン**を催した。
16 **エキショウ**画面のテレビを買う。
17 登記簿を**エツラン**する。
18 平和の**オンケイ**をこうむる。
19 国王に**エッケン**する。
20 **エッケン**行為は許されない。
21 **イゼン**として状況は変わらない。
22 彼には**イゼン**会ったことがある。
23 矢は見事に的を**イ**た。
24 青銅でつり鐘を**イ**る。

とめ・はねにご用心

書き取り問題では「とめ・はね」に気をつけ、楷書《かいしょ》ではっきりとていねいに書いてください。くずした字や乱雑な字は採点の対象となりません。字形や筆順を正しく覚えることが大切です。

漢字	読み	画数	部首	部首名	漢字の意味	用例	筆順
猿	音 エン 訓 さる	13	犭	けものへん	サル・人間によく似たけもの	猿人《えんじん》・意馬心猿《いばしんえん》・犬猿《けんえん》・野猿《やえん》・類人猿《るいじんえん》・猿芝居《さるしばい》・猿知恵《さるぢえ》	
凹	音 オウ 訓 ―	5	凵	うけばこ	へこみ・くぼみ	凹凸《おうとつ》・凹版《おうはん》・凹面鏡《おうめんきょう》・凹《おう》レンズ・凸凹《でこぼこ》	
翁	音 オウ 訓 ―	10	羽	はね	男の老人・男の老人の尊敬語	老翁《ろうおう》・塞翁《さいおう》が馬《うま》	
虞	音 ― 訓 おそれ	13	虍	とらがしら とらかんむり	おそれ・心配・うれい	虞《おそれ》がある	
渦	音 カ 高 訓 うず	12	氵	さんずい	うず・うずまき・混乱している状態	渦中《かちゅう》・渦紋《かもん》・渦潮《うずしお》・渦巻《うずま》き	
禍	音 カ 訓 ―	13	礻	しめすへん	悪い出来事・ふしあわせ	禍根《かこん》・禍福《かふく》・吉凶禍福《きっきょうかふく》・災禍《さいか》・惨禍《さんか》・舌禍《ぜっか》・戦禍《せんか》・筆禍《ひっか》	
靴	音 カ 高 訓 くつ	13	革	かわへん	革（ゴム・布など）で作ったはきもの	軍靴《ぐんか》・製靴《せいか》・靴墨《くつずみ》・靴擦《くつず》れ・雨靴《あまぐつ》・上靴《うわぐつ》・革靴《かわぐつ》	
寡	音 カ 訓 ―	14	宀	うかんむり	少ない・夫（妻）をなくした人	寡少《かしょう》・寡占《かせん》・寡婦《かふ》・寡聞《かぶん》・寡黙《かもく》・寡欲《かよく》・衆寡《しゅうか》・多寡《たか》	
稼	音 カ 高 訓 かせ（ぐ）	15	禾	のぎへん	仕事にはげむ・かせぐ	稼業《かぎょう》・稼働《かどう》・出稼《でかせ》ぎ・点《てん》を稼《かせ》ぐ	

ステップ 2

練習問題

1 / 24
2 / 5
3 / 10
4 / 24

月　日

1 次の――線の漢字の読みをひらがなで記せ。

1 寡少な戦力で立ち向かう。
2 足に合う革靴を履《は》く。
3 老翁から昔話を聞いた。
4 遊覧船から渦潮を見物した。
5 噴火の災禍に見舞われる。
6 凹面鏡は光を集める性質を持つ。
7 関東地方に大雨の虞がある。
8 冬の間は都会へ出稼ぎに行く。
9 将来に禍根を残さない。
10 親の代から製靴業を営んでいる。
11 市場の寡占化が進む。
12 工場は二十四時間稼働している。
13 渦中の人が取材に答える。
14 豪華な衣装を身にまとう。
15 友人の娘がイギリスに嫁ぐ。
16 甲乙つけがたい作品だ。
17 物語が佳境に入り目が離せない。
18 兄は幾何学が得意だ。
19 伝統芸能を継承する。
20 ケーキの注文を承る。
21 幼なじみとは今では犬猿の仲だ。
22 猿知恵を働かせても無駄《むだ》だ。
23 突然の出来事に仰天する。
24 天を仰いで悔しがった。

2 1〜5の三つの□に共通する漢字を入れて熟語を作れ。漢字はア〜コから一つ選び、記号で記せ。

1 □福・戦□・筆□ （　）

2 □聞・衆□・多□ （　）

3 根□・証□・□点 （　）

4 □敏・超□・□程 （　）

5 □論・□調・辛□ （　）

ア 仮　イ 声　ウ 禍　エ 可　オ 過
カ 果　キ 拠　ク 稼　ケ 寡　コ ロ

3 次の漢字の部首と部首名を（　）に記せ。部首名が二つ以上あるものは、そのいずれか一つを記せばよい。

	部首	部首名
1 翁	（　）	（　）
2 虞	（　）	（　）
3 靴	（　）	（　）
4 寡	（　）	（　）
5 凹	（　）	（　）
6 斤	（　）	（　）
7 鶏	（　）	（　）
8 鬼	（　）	（　）
9 辱	（　）	（　）
10 吏	（　）	（　）

4 次の——線のカタカナを漢字に直せ。

1 首尾よく大金を**カセ**いだ。

2 美術作品を**オウ**版で印刷する。

3 公序良俗を害する**オソレ**がある。

4 争いの**ウズ**に巻き込まれる。

5 台風の**サンカ**をこうむる。

6 **アマグツ**を履《は》いて出かける。

7 村の歴史を**ロウオウ**に尋ねる。

8 **カモク**だが誠実な人だ。

9 **サルシバイ**には付き合えない。

10 **スンカ**を惜しんで練習する。

11 大きな**ハンキョウ**があった。

12 **タクエツ**した才能を見せる。

13 都市部の空気は**ヨゴ**れている。

14 忘れ物をしないように念を**オ**す。

15 心の**オクソコ**を表現した詩だ。

16 事件を**オンビン**に解決する。

17 **ナマリイロ**の海が広がっている。

18 北海道名産のお**カシ**を食べる。

19 高く揚がったたこの糸を**タグ**る。

20 弟が寝ぼけ**マナコ**で起きてきた。

21 母に友人を**ショウカイ**する。

22 身元を勤め先に**ショウカイ**する。

23 野球選手が他球団に**イセキ**する。

24 **イセキ**で土偶が発見された。

使い分けよう！ **かしょう【過小・過少・寡少】**

過小…例 過小に評価する（小さすぎること）

過少…例 所得を過少に申告する（少なすぎること）

寡少…例 寡少な戦力・寡少な人員で運営する（非常に少ないこと）

※「寡・少」ともに「少ない」という意味を持つ漢字

ステップ 3

漢字	読み	画数	部首	部首名	漢字の意味	用例	筆順
蚊	音 ―― 訓 か	10	虫	むしへん	昆虫《こんちゅう》のカ	蚊取《かと》り線香《せんこう》・蚊柱《かばしら》・やぶ蚊《か》・蚊帳《かや》	蚊 蚊 蚊 蚊 蚊 蚊 蚊 蚊 蚊 蚊
拐	音 カイ 訓 ――	8	扌	てへん	だまして連れ去る・だまして持ち逃げする	拐帯《かいたい》・誘拐《ゆうかい》	拐 拐 拐 拐 拐 拐 拐 拐
懐	音 カイ 訓 ふところ(高) なつ(かしい)(高) なつ(かしむ)(高) なつ(く)(高) なつ(ける)(高)	16	忄	りっしんべん	心の中に思う・なつかしむ・ふところ	懐郷《かいきょう》・懐古《かいこ》・懐柔《かいじゅう》・懐石《かいせき》・懐中《かいちゅう》・懐妊《かいにん》・犬《いぬ》が懐《なつ》く	懐 2 懐 5 懐 7 懐 10 懐 懐 懐 懐 懐 懐
劾	音 ガイ 訓 ――	8	力	ちから	悪事を厳しく調べる・責めただす	劾奏《がいそう》・弾劾《だんがい》	劾 劾 劾 劾 劾 劾 劾 劾
涯	音 ガイ 訓 ――	11	氵	さんずい	水ぎわ・きし・かぎり・遠いはて	境涯《きょうがい》・際涯《さいがい》・生涯《しょうがい》・水涯《すいがい》・天涯孤独《てんがいこどく》	涯 2 涯 涯 涯 涯 涯 涯 涯 涯 涯
垣	音 ―― 訓 かき	9	土	つちへん	敷地のまわりを囲む仕切り	垣根《かきね》・人垣《ひとがき》	垣 垣 垣 垣 垣 垣 垣 垣 垣
核	音 カク 訓 ――	10	木	きへん	物事の中心	核家族《かくかぞく》・核心《かくしん》・核分裂《かくぶんれつ》・結核《けっかく》・地核《ちかく》・中核《ちゅうかく》	核 核 核 核 核 核 核 核 核 核
殻	音 カク 訓 から	11	殳	るまた ほこづくり	から・外皮	甲殻類《こうかくるい》・地殻《ちかく》・貝殻《かいがら》・抜《ぬ》け殻《がら》	殻 2 殻 殻 殻 殻 殻 殻 殻 殻 殻

ステップ 3

練習問題

1	/24
2	/6
3	/9
4	/24

月　日

1 次の――線の漢字の読みをひらがなで記せ。

1 生涯学習の講座に申し込む。（　　）
2 誘拐事件を解決する。（　　）
3 公務員の不正行為を弾劾する。（　　）
4 青春の日々を懐古する。（　　）
5 垣根にサザンカの花が咲く。（　　）
6 蚊取り線香に火をつける。（　　）
7 組織の中核として活躍する。（　　）
8 彼女を誘う機会を逸する。（　　）
9 夕映えの空を眺《なが》めた。（　　）
10 練習不足で無様な大敗を喫した。（　　）

11 新しい計画の概要を説明する。（　　）
12 悔いが残る結果になった。（　　）
13 大きな土の塊をくだく。（　　）
14 拾得物を交番に届ける。（　　）
15 過去の栄光は忘却の彼方《かなた》にある。（　　）
16 古今和歌集を解説付きで読む。（　　）
17 舞台に紙吹雪が舞う。（　　）
18 雪崩に注意しながら進む。（　　）
19 茶の湯の席で懐石料理を頂く。（　　）
20 懐かしい顔ぶれがそろった。（　　）
21 エビやカニは甲殻類に属する。（　　）
22 きれいな貝殻を拾い集める。（　　）
23 企画の成功のため豪腕を振るう。（　　）
24 練習して料理の腕を上げる。（　　）

2 次の□に入る適切なひらがなを、[　　]の中から選び、漢字に直して四字熟語を完成せよ。[　　]の中のひらがなは一度だけ使うこと。また、その意味を後のア〜カから選び、記号を（　）に記せ。

1 山□水明（　）
2 悪戦苦□（　）
3 □常一様（　）
4 昼夜□行（　）
5 天□孤独（　）
6 吉□禍福（　）

がい・きょう・けん・し・じん・とう

ア 困難な状況の中で懸命《けんめい》に努力すること
イ さいわいとわざわい
ウ 自然の景観が清らかで美しいさま
エ 並ひととおりであるさま
オ 全く身寄りがないこと
カ 休むことなく仕事を続けること

3 次の——線のカタカナにあてはまる漢字をそれぞれのア〜オから一つ選び、記号で記せ。

1 菜園の土に石**カイ**を混ぜる。（　）
2 **カイ**郷の念を抱いている。（　）
3 知人の紹**カイ**で見合いする。（　）
（ア 戒　イ 懐　ウ 悔　エ 灰　オ 介）

4 不幸な境**ガイ**を嘆く。（　）
5 経費の**ガイ**算を出す。（　）
6 議員が**ガイ**頭で演説する。（　）
（ア 劾　イ 街　ウ 慨　エ 概　オ 涯）

7 **カク**心を突いた質問をする。（　）
8 二つの品の価格を比**カク**する。（　）
9 感染者を別室に**カク**離する。（　）
（ア 隔　イ 較　ウ 核　エ 各　オ 殻）

4 次の——線のカタカナを漢字に直せ。

1 **ヒトガキ**をかき分けて進む。
2 **カイチュウ**電灯を持って出かける。
3 **カ**の鳴くような声で話す。
4 自分の**カラ**を破って前進する。
5 この出来事は**ショウガイ**忘れない。
6 腐敗した政治を**ダンガイ**する。
7 事件の**カクシン**に迫る。
8 **ユウカイ**犯が指名手配された。
9 **チカク**変動で海岸線が変化した。
10 **オウシュウ**に語学留学したい。
11 農家の**イネカ**りを手伝う。
12 菓子の**カンビ**な味に満足する。
13 台風の接近を**ケイカイ**する。
14 **ハクア**の洋館に招待される。
15 建物の正面**ゲンカン**へ回る。
16 **イキ**な柄の着物が似合う。
17 古い家屋を**コワ**して建て直す。
18 交通事故への注意を**カンキ**する。
19 **カイキ**現象を解明する。
20 **カイキ**日食を観察する。
21 空気が**カンソウ**している。
22 課題図書の**カンソウ**文を書く。
23 思い出すと胸が**イタ**む。
24 夏場は野菜が**イタ**みやすい。

使い分けよう! **かいこ【回顧・懐古】**
回顧…例 回顧録・往時を回顧する
(過ぎ去ったことを思い返すこと)
懐古…例 懐古趣味・懐古の情を禁じ得ない
(昔を振り返って懐かしく思うこと)

漢字	読み	画数	部首	部首名	漢字の意味	用例
嚇	音 カク 訓 ―	17	口	くちへん	はげしく怒る・しかる・おどす	威嚇《いかく》・脅嚇《きょうかく》
括	音 カツ 訓 ―	9	扌	てへん	ひとまとめにする・とりしまる	括弧《かっこ》・一括《いっかつ》・概括《がいかつ》・総括《そうかつ》・統括《とうかつ》・包括《ほうかつ》
喝	音 カツ 訓 ―	11	口	くちへん	どなる・おどす・しかる	喝破《かっぱ》・一喝《いっかつ》・大喝一声《だいかついっせい》・拍手喝采《はくしゅかっさい》
渇	音 カツ 高 訓 かわ(く)	11	氵	さんずい	水がなくなる・のどがかわく・ほしがる	渇水《かっすい》・渇望《かつぼう》・枯渇《こかつ》・のどが渇《かわ》く
褐	音 カツ 訓 ―	13	衤	ころもへん	こげ茶色・粗い布の衣類	褐色《かっしょく》・褐炭《かったん》
轄	音 カツ 訓 ―	17	車	くるまへん	とりしまる・くさび・とりまとめる	管轄《かんかつ》・所轄《しょかつ》・総轄《そうかつ》・直轄《ちょっかつ》・統轄《とうかつ》
且	音 ― 訓 か(つ)	5	一	いち	その上・一方では	且《か》つ又《また》

筆順

練習問題

1	／24
2	／9
3	／10
4	／24

月　日

1

次の――線の漢字の読みをひらがなで記せ。

1 頭もよく、且つ人情深い人だ。（　　）
2 各人の意見を総括する。（　　）
3 刑事が真相を喝破した。（　　）
4 番犬が侵入者を威嚇する。（　　）
5 黒っぽい茶色を褐色という。（　　）
6 将軍が諸国を統轄する。（　　）
7 のどが渇いたので休憩した。（　　）
8 潮が引くと干潟が現れる。（　　）
9 事件の輪郭を説明する。（　　）
10 幼い頃《ころ》を思うと隔世の感がある。（　　）

11 地震で大きな損害を被る。（　　）
12 彼は批判の矢面に立たされた。（　　）
13 操り人形の劇を上演する。（　　）
14 最近は専ら写真を撮っている。（　　）
15 落とした財布を血眼で探す。（　　）
16 一週間、息子と旅行する。（　　）
17 五月雨式に書類が送られてくる。（　　）
18 交通ルールを遵守する。（　　）
19 うわさは瞬く間に広がった。（　　）
20 馬で草原を駆ける。（　　）
21 香料として珍重される実だ。（　　）
22 山で珍しい植物を見つける。（　　）
23 雨水が大地に浸透する。（　　）
24 切ったリンゴを塩水に浸す。（　　）

2

次の――線のカタカナにあてはまる漢字をそれぞれのア〜オから一つ選び、記号で記せ。

1 政府が直**カツ**する機関で働く。（　）
2 討論した内容を概**カツ**する。（　）
3 資源の枯**カツ**を防ぐ。（　）
（ア 褐　イ 括　ウ 渇　エ 轄　オ 活）

4 彼はよく舌**カ**を引き起こす。（　）
5 祖父は**カ**黙な人だ。（　）
6 **カ**麗な演技に目を奪われる。（　）
（ア 寡　イ 稼　ウ 禍　エ 架　オ 華）

7 道理を**ト**いて聞かせた。（　）
8 心を**ト**ぎすまして筆をとった。（　）
9 契約は今月末で**ト**くことになった。（　）
（ア 研　イ 溶　ウ 遂　エ 解　オ 説）

3

次の漢字の部首を記せ。

〈例〉菜〔艹〕　間〔門〕

1 嚇（　）
2 且（　）
3 括（　）
4 企（　）
5 轄（　）
6 謁（　）
7 褐（　）
8 尉（　）
9 甘（　）
10 浦（　）

4 次の——線のカタカナを漢字に直せ。

1 よく学び、カつよく遊ぶ。
2 この山は市がカンカツしている。
3 カッコに答えを記入する。
4 彼女の髪はカッショクだ。
5 武器を持ち出してイカクした。
6 師が弟子の意見をカッパする。
7 父にカタグルマをしてもらう。
8 うっかりイネムりをした。
9 時代をチョウエツした作品だ。
10 クラスタイコウで野球をする。
11 ソウゴの信頼を深める。
12 彼は事実をコチョウして話す。

13 心臓が激しくコドウする。
14 ブンカツ払いで家具を買った。
15 ケイシャの急な坂道を上る。
16 外界からカクゼツされた島だ。
17 困難にユウカンに立ち向かう。
18 ガガクの調べに身を委ねる。
19 全議案をイッカツ審議にする。
20 会長に大声でイッカツされた。
21 雨にぬれた服がカワく。
22 カワいたのどを清水で潤した。
23 敵の陣地にセめ込む。
24 人の失敗をセめてはいけない。

使い分けよう！ **かわく【乾・渇】**
乾く…例 空気が乾く（物に含まれている水分や湿気がなくなる）
渇く…例 のどが渇く（のどにうるおいがなくなる）

漢字	読み	画数	部首	部首名	漢字の意味	用例	筆順
缶	音 カン 訓 —	6	缶	ほとぎ	ブリキなどの金属で作った入れもの	缶詰《かんづめ》・一斗缶《いっとかん》・製缶《せいかん》	缶
陥	音 カン 訓 おちい(る) おとしい(れる)高	10	阝	こざとへん	おちこむ・おとしいれる・たりないところ	陥没《かんぼつ》・陥落《かんらく》・欠陥《けっかん》・失陥《しっかん》・混乱《こんらん》に陥《おちい》る・敵《てき》を陥《おとしい》れる	陥
患	音 カン 訓 わずら(う)高	11	心	こころ	わずらう・わざわい・心配する	患者《かんじゃ》・患部《かんぶ》・急患《きゅうかん》・疾患《しっかん》・内憂外患《ないゆうがいかん》・長患《ながわずら》い・胸《むね》を患《わずら》う	患
堪	音 カン高 訓 た(える)	12	土	つちへん	こらえる・すぐれている	堪忍《かんにん》・堪忍袋《かんにんぶくろ》・堪能《かんのう》《たんのう》・見《み》るに堪《た》えない	堪
棺	音 カン 訓 —	12	木	きへん	死体を納める箱・ひつぎ	出棺《しゅっかん》・石棺《せっかん》・納棺《のうかん》	棺
款	音 カン 訓 —	12	欠	あくび かける	法律や証書などの項目・心からよろこぶ	借款《しゃっかん》・定款《ていかん》・約款《やっかん》・落款《らっかん》	款
閑	音 カン 訓 —	12	門	もんがまえ	しずか・ひま・いいかげん	閑却《かんきゃく》・閑散《かんさん》・閑職《かんしょく》・閑静《かんせい》・安閑《あんかん》・森閑《しんかん》・等閑視《とうかんし》・繁閑《はんかん》	閑
寛	音 カン 訓 —	13	宀	うかんむり	心がひろい・ゆたか・ゆとりがある	寛厳《かんげん》・寛厚《かんこう》・寛仁《かんじん》・寛大《かんだい》・寛容《かんよう》	寛

ステップ 5

練習問題

1	/24
2	/10
3	/10
4	/24

月　日

1 次の――線の漢字の読みをひらがなで記せ。

1 寛容な態度で年少者に接する。（　　）
2 借款により途上国援助を行う。（　　）
3 堅固な城がついに陥落した。（　　）
4 見るに堪えない惨状だ。（　　）
5 遺体の納棺を済ませる。（　　）
6 温かい缶コーヒーを買う。（　　）
7 駅の北側は閑静な住宅地だ。（　　）
8 胸部疾患の治療をする。（　　）
9 部品に欠陥が見つかる。（　　）
10 山岳部の仲間と登山に行く。（　　）
11 彼は豪胆な勇士に見えた。（　　）
12 完膚なきまでにたたきつぶす。（　　）
13 今回だけは勘弁してください。（　　）
14 朝のあいさつを交わす。（　　）
15 大学の弓道部で活躍する。（　　）
16 紺青の空を見上げる。（　　）
17 経済の要衝として知られている。（　　）
18 為替相場が変動する。（　　）
19 週末になると気持ちが浮つく。（　　）
20 その場には不満が渦巻いていた。（　　）
21 窓を開けて換気する。（　　）
22 美術品をお金に換える。（　　）
23 トンネルの貫通を祝う。（　　）
24 自分の考えを最後まで貫く。（　　）

2 次の各文にまちがって使われている同じ読みの漢字が一字ある。上に誤字を、下に正しい漢字を記せ。

誤 正

1 水道管の破裂で地面が貫没した。（　）（　）
2 看者の多くは風邪で治療を受けた。（　）（　）
3 ここは潮が引くと干型になる。（　）（　）
4 自動製御装置がついた機器だ。（　）（　）
5 市から住民に避難喚告が発令された。（　）（　）
6 薬をまいて害虫の苦除をする。（　）（　）
7 ヒロインとして舞台で客光を浴びる。（　）（　）
8 他人の失敗にも肝大な態度で臨む。（　）（　）
9 株式市場が活境を示した。（　）（　）
10 商店街の発展に寄預する。（　）（　）

3 次の――線のカタカナを漢字一字と送りがな（ひらがな）に直せ。

〈例〉問題にコタエル。（答える）

1 失敗して自己嫌悪《けんお》にオチイル。（　）
2 父は肝臓をワズラッている。（　）
3 クチルことのない名声を求める。（　）
4 二人の間をヘダテル壁を壊す。（　）
5 政治に大きな影響をオヨボス。（　）
6 水やりを忘れて花をカラシた。（　）
7 相手のゴールをセメル。（　）
8 サビレた町のたたずまいを好む。（　）
9 幼いときの思い出にヒタル。（　）
10 資源がツキル前に対策を練る。（　）

4 次の——線のカタカナを漢字に直せ。

1 塗料を入れた**カン**を運ぶ。
2 冬の浜辺は**カンサン**としている。
3 色紙に手作りの**ラッカン**を押す。
4 葬列者が**シュッカン**を見送る。
5 駅前の道路が**カンボツ**した。
6 **カンブ**を消毒してから手当てする。
7 失言を**カンダイ**な心で許す。
8 **サツバツ**とした世情を嘆く。
9 **カンキン**されていた人を助ける。
10 幼児が**ネンド**で遊んでいる。
11 **ヨコナグ**りの雨に降られた。
12 費用には食事代も**フク**まれる。

13 **ハナヨメ**がブーケを投げる。
14 基本**ガイネン**を図示する。
15 過去の心無い言動を**ク**いる。
16 彼はすぐに**テイサイ**を気にする。
17 倉庫に荷物を**ハンニュウ**した。
18 勝利の**エイカン**を手にした。
19 病院に**キュウカン**が運ばれた。
20 月曜が**キュウカン**日の施設が多い。
21 事故の報道に紙面を**サ**く。
22 畑一面にヒマワリが**サ**く。
23 その作品は鑑賞に**タ**えない。
24 夜は人通りが**タ**える。

送りがなで読み分けよう！ **陥**

陥（おちい）る…例 苦境に陥る（よくない状態にはまり込む）

陥（おとしい）れる…例 競争相手を陥れる（だまして苦しい立場に追いやる）

ステップ 6

漢字	読み	画数	部首	部首名	漢字の意味	用例
憾	音 カン 訓 —	16	忄	りっしんべん	残念に思う・うらむ	遺憾《いかん》・遺憾千万《いかんせんばん》
還	音 カン 訓 —	16	辶	しんにょう しんにゅう	もとへもどる・かえる・めぐる	還元《かんげん》・還付《かんぷ》・帰還《きかん》・召還《しょうかん》・生還《せいかん》・奪還《だっかん》・返還《へんかん》
艦	音 カン 訓 —	21	舟	ふねへん	戦争に用いる武装した船	艦船《かんせん》・艦隊《かんたい》・艦長《かんちょう》・艦艇《かんてい》・旗艦《きかん》・軍艦《ぐんかん》・戦艦《せんかん》・潜水艦《せんすいかん》
頑	音 ガン 訓 —	13	頁	おおがい	かたくな・人の意見に耳をかさない・丈夫	頑強《がんきょう》・頑健《がんけん》・頑固《がんこ》・頑丈《がんじょう》・頑迷《がんめい》・頑是《がんぜ》ない笑顔《えがお》
飢	音 キ 訓 う(える)	10	飠	しょくへん	ひもじくなる・穀物が実らない	飢餓《きが》・愛情《あいじょう》に飢《う》える
宜	音 ギ 訓 —	8	宀	うかんむり	よい・都合がよい・当然である	時宜《じぎ》・適宜《てきぎ》・便宜《べんぎ》
偽	音 ギ 訓 いつわ(る) にせ 高	11	亻	にんべん	いつわる・うそ・にせもの	偽証《ぎしょう》・偽装《ぎそう》・偽造《ぎぞう》・虚偽《きょぎ》・真偽《しんぎ》・偽札《にせさつ》・身分《みぶん》を偽《いつわ》る
擬	音 ギ 訓 —	17	扌	てへん	まねる・にせる・みせかける	擬音《ぎおん》・擬似《ぎじ》・擬人法《ぎじんほう》・擬声語《ぎせいご》・擬態《ぎたい》・模擬《もぎ》

筆順

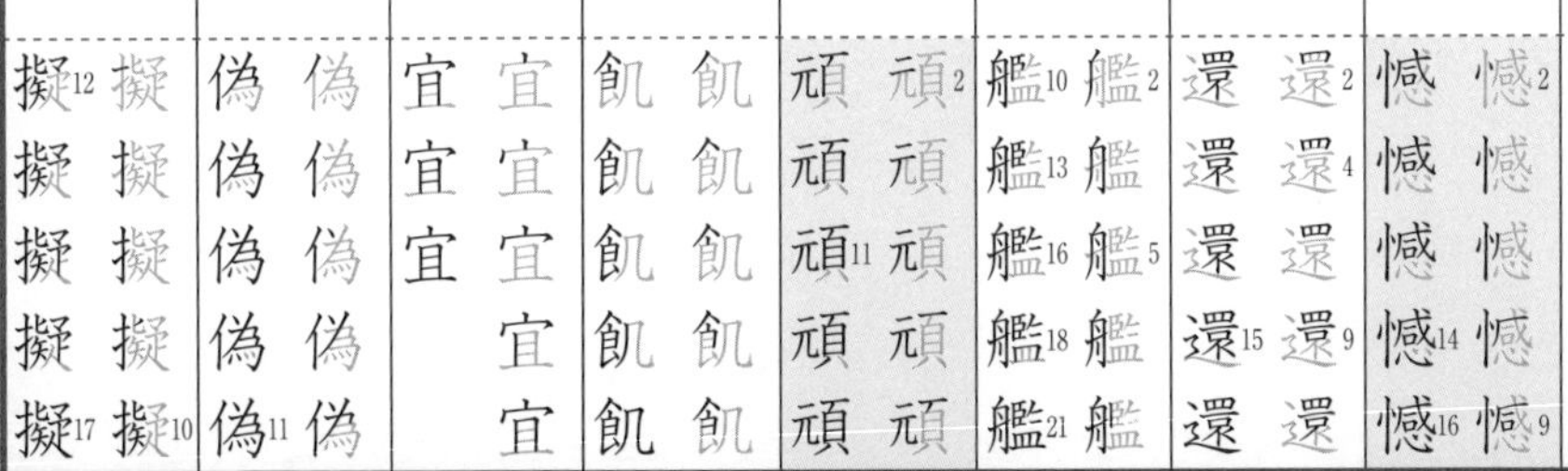

ステップ 6

練習問題

1 ／24
2 ／10
3 ／10
4 ／24

月　日

1 次の——線の漢字の読みをひらがなで記せ。

1 乗組員は艦長の指揮に従った。
2 今年こそ優勝旗を奪還する。
3 片付けが済めば適宜帰ってよい。
4 頑丈な山小屋を建てる。
5 防災施設で地震を擬似体験する。
6 食糧不足で飢餓状態になる。
7 今回の事故は誠に遺憾である。
8 突然大使が召還された。
9 総選挙に向けて世論を喚起する。
10 乾杯の音頭を取る。
11 イベントの企画を持ち込む。
12 道が分岐しているところで迷う。
13 戦に敗れて領地を割譲した。
14 新しい事業が軌道に乗る。
15 納戸に季節外れの衣類をしまう。
16 西の空に宵《よい》の明星が輝く。
17 最寄りの駅で待つことにする。
18 若人らしい力強さがある作品だ。
19 偽証罪に問われる。
20 偽りの証言に激怒した。
21 緩急をつけた投球をする。
22 自宅の前は緩やかな坂道だ。
23 土地の広狭に応じて課税する。
24 二人で暮らすには手狭だ。

2 次の（　）に「カン」と音読みする適切な漢字を入れて熟語を作り、熟語の読みを〈　〉にひらがなで記せ。

1 （　）付　〈　　〉
2 （　）轄　〈　　〉
3 等（　）視　〈　　〉
4 （　）大　〈　　〉
5 勇猛果（　）　〈　　〉
6 首尾一（　）　〈　　〉
7 （　）誘　〈　　〉
8 図（　）　〈　　〉
9 欠（　）　〈　　〉
10 潜水（　）　〈　　〉

3 次の——線のカタカナを漢字一字と送りがな（ひらがな）に直せ。

〈例〉問題に**コタエル**。（答える）

1 腰を**ヌカス**ほど驚いた。（　　）
2 色彩の**アザヤカナ**絵だ。（　　）
3 権利を声高に**ウッタエル**。（　　）
4 傷心の友を**ナグサメル**。（　　）
5 盗みを働くとは**ナゲカワシイ**。（　　）
6 今年は豊作で**ウエル**心配はない。（　　）
7 老後の生活費を**タクワエル**。（　　）
8 ウサギが後足で**ハネル**。（　　）
9 ひどく**ケムタイ**部屋だ。（　　）
10 **イツワラ**ざる気持ちを伝える。（　　）

4 次の——線のカタカナを漢字に直せ。

1 一連の不祥事《ふしょうじ》を**イカン**に思う。

2 子どもたちが**キガ**に苦しむ。

3 宇宙飛行士が地球に**キカン**した。

4 通貨の**ギゾウ**は犯罪だ。

5 得意先の**ベンギ**を図る。

6 動物を**ギジン**化した物語を読む。

7 水を飲んで**ウ**えをしのぐ。

8 弟は父より**ガンコ**な性格だ。

9 連合**カンタイ**の司令部に従う。

10 **フキツ**な予感がする。

11 体育祭で**キバ**戦に出場した。

12 三幕ものの**ギキョク**を書く。

13 近所の寺で**キク**が咲き始めた。

14 あの俳優には**テンプ**の才がある。

15 ダイヤモンドが光り**カガヤ**く。

16 業務提携が**エンカツ**に進む。

17 外は**ドシャブ**りの雨だ。

18 紙面の都合で**カツアイ**する。

19 成功の可能性は**カイム**に等しい。

20 臨時職員を**ジャッカン**名採用した。

21 敵の**シカク**を返り討ちにする。

22 防犯カメラの**シカク**になる。

23 大臣が政務を**ト**る。

24 旅先で記念写真を**ト**る。

遺憾
【意味】 残念に思う・無念だ
自分の行為を釈明したり、相手の行為を非難したりする場合などに用いられます。 例 遺憾の意を表する
※なお、「遺憾なく」は、申し分なく・十分にという意味です。
例 実力を遺憾なく発揮する

ステップ
1-6
力だめし
第1回

総得点
／100

評価
A
80点 B
75点 C
70点 D
60点 E

月　日

1 次の――線の漢字の読みをひらがなで記せ。

1×10　／10

1 興奮の渦に巻き込まれる。（　）
2 自分の権利を頑強に主張する。（　）
3 森閑とした雑木林の中を歩く。（　）
4 衆寡敵せず、敗走した。（　）
5 靴擦れができて歩きづらい。（　）
6 名工の逸品が展示されている。（　）
7 タイの尾頭つきが食卓に上る。（　）
8 町を牛耳る顔役が引退する。（　）
9 薬で痛みを和らげる。（　）
10 祖母は和やかな表情をしている。（　）

2 次の漢字の部首を記せ。また下の熟語の読みをひらがなで記せ。

2×10　／20

	部首		読み
1 劾	（　）	弾劾	（　）
2 拐	（　）	誘拐	（　）
3 亜	（　）	亜鉛	（　）
4 衝	（　）	衝撃	（　）
5 韻	（　）	韻律	（　）
6 缶	（　）	製缶	（　）
7 丹	（　）	丹念	（　）
8 疫	（　）	防疫	（　）
9 殻	（　）	甲殻	（　）
10 掌	（　）	掌握	（　）

3 次の——線のカタカナを漢字一字と送りがな（ひらがな）に直せ。

〈例〉問題にコタエル。（答える）

2×10 ／20

1 イソガシイ毎日を送る。（　）
2 相手のイツワリを見破る。（　）
3 父親の機嫌《きげん》をソコネル。（　）
4 クルオシイ思いに悩まされる。（　）
5 漁夫の利をシメル。（　）
6 アルバイトで学費をカセグ。（　）
7 隣の部屋がサワガシイ。（　）
8 厳しい現実から目をソムケル。（　）
9 遊歩道は傾斜がユルヤカダ。（　）
10 運動をした後はのどがカワク。（　）

4 次のAとBの漢字を一字ずつ組み合わせて二字の熟語を作れ。Bの漢字は必ず一度だけ使う。また、AとBどちらの漢字が上でもよい。

1×10 ／10

A

1 破　2 褐　3 棺　4 潮　5 隊
6 借　7 便　8 返　9 統　10 嚇

B

威　轄　渦　石　款
喝　宜　艦　還　色

1（　）
2（　）
3（　）
4（　）
5（　）
6（　）
7（　）
8（　）
9（　）
10（　）

5 次の各文にまちがって使われている同じ読みの漢字が一字ある。上に誤字を、下に正しい漢字を記せ。

2×5 /10

誤 正

1 傷害罪で起訴された被告人に対して事件の確心を突く尋問がなされた。（　）（　）

2 日本国憲法第九条では、戦争の放軌と戦力の不保持がうたわれている。（　）（　）

3 長時間の運転は疲れるだけでなく、事故の危険があるので適宜休継をはさむべきだ。（　）（　）

4 異国の地で長年生活していると、時折ひどく壊郷の念にかられることがある。（　）（　）

5 男女故用機会均等法の改正を受け、表面上の差別は減少したかに見える。（　）（　）

6 後の□の中の語を必ず一度だけ使って漢字に直し、対義語・類義語を記せ。

1×10 /10

対義語

1 隆起—（　）

2 召還—（　）

3 厳格—（　）

4 諮問—（　）

5 分割—（　）

類義語

6 火急—（　）

7 卓越—（　）

8 受諾—（　）

9 辛抱—（　）

10 根底—（　）

いっかつ・がまん・かんぼつ・かんよう・きばん・しょうち・せっぱく・とうしん・はけん・ばつぐん

7

次の□に入る適切なひらがなを、[ ]の中から選び、漢字に直して四字熟語を完成せよ。[ ]の中のひらがなは一度だけ使うこと。また、その意味を後のア〜オから選び、記号を（ ）に記せ。

2×5 ／10

1 遺憾千□（ ）
2 酔生□死（ ）
3 換□奪胎（ ）
4 孤軍奮□（ ）
5 内憂外□（ ）

かん・こつ・とう・ばん・む

ア 先人の作を元に工夫を加え、自分独自の作を生み出すこと
イ ただ一人で懸命《けんめい》にがんばること
ウ どちらに目を向けても心配事があること
エ 何をするでもなく一生を終えること
オ 非常に残念なこと

8

次の――線のカタカナを漢字に直せ。

1×10 ／10

1 いびきで**アンミン**を妨げられる。（ ）
2 非礼な言動を深く**チンシャ**する。（ ）
3 **ノウリ**に鮮やかによみがえる。（ ）
4 **オウベイ**の文化について学ぶ。（ ）
5 家の周りに**カキネ**を巡らす。（ ）
6 子犬が**アワ**れな声で鳴く。（ ）
7 けんかの**チュウサイ**に入る。（ ）
8 **オウ**レンズは光を発散させる。（ ）
9 盛大な**エンカイ**を開く。（ ）
10 複雑な心境を**トロ**する。（ ）

漢字	読み	画数	部首	部首名	漢字の意味	用例	筆順
糾	音 キュウ 訓 ―	9	糸	いとへん	あわせる・もつれる・取り調べる	糾合《きゅうごう》・糾弾《きゅうだん》・糾明《きゅうめい》・糾問《きゅうもん》・紛糾《ふんきゅう》	糾 糾 糾 糾 糾 糾 糾 糾 糾
窮	音 キュウ 訓 きわ(める)[高] きわ(まる)[高]	15	穴	あなかんむり	ゆきつくす・こまる	窮屈《きゅうくつ》・窮地《きゅうち》・窮迫《きゅうはく》・窮乏《きゅうぼう》・困窮《こんきゅう》・無窮《むきゅう》・進退窮《しんたいきわ》まる	窮 窮3 窮 窮5 窮 窮11 窮 窮 窮 窮
拒	音 キョ 訓 こば(む)	8	扌	てへん	よせつけない・ことわる	拒絶《きょぜつ》・拒否《きょひ》・申《もう》し出《で》を拒《こば》む	拒 拒 拒 拒 拒 拒 拒 拒
享	音 キョウ 訓 ―	8	亠	なべぶた けいさんかんむり	身にうける・すすめる・もてなす	享受《きょうじゅ》・享年《きょうねん》・享有《きょうゆう》・享楽《きょうらく》	享 享 享 享 享 享 享 享
挟	音 キョウ[高] 訓 はさ(む) はさ(まる)	9	扌	てへん	両側からせまる・はさむ	挟撃《きょうげき》・挟《はさ》み撃《う》ち・小耳《こみみ》に挟《はさ》む	挟 挟 挟 挟 挟 挟 挟 挟 挟
恭	音 キョウ 訓 うやうや(しい)[高]	10	㣺	したごころ	かしこまって・ていねいなようす・つつしむ	恭悦《きょうえつ》・恭賀《きょうが》・恭倹《きょうけん》・恭順《きょうじゅん》・恭《うやうや》しく受《う》け取《と》る	恭 恭 恭 恭 恭 恭 恭 恭 恭 恭
矯	音 キョウ 訓 た(める)[高]	17	矢	やへん	ただしくなおす・いつわる・つよい	矯激《きょうげき》・矯飾《きょうしょく》・矯正《きょうせい》・矯風《きょうふう》・奇矯《ききょう》・癖《くせ》を矯《た》める	矯 矯3 矯 矯7 矯9 矯12 矯 矯 矯 矯17
暁	音 ギョウ[高] 訓 あかつき	12	日	ひへん	夜明け・あきらか・よくわかる	暁星《ぎょうせい》・暁天《ぎょうてん》・今暁《こんぎょう》・早暁《そうぎょう》・通暁《つうぎょう》・払暁《ふつぎょう》・暁《あかつき》の空《そら》	暁2 暁4 暁 暁 暁 暁 暁 暁 暁 暁

ステップ 7

練習問題

1 / 24
2 / 20
3 / 10
4 / 24

月　日

1 次の――線の漢字の読みをひらがなで記せ。

1 暁を告げるように鶏が鳴いた。
2 敵を挟み撃ちにして戦う。
3 先方からの提案を拒絶する。
4 市の財政が窮乏する。
5 意見が多く議論が紛糾する。
6 基本的人権を享有する。
7 若いうちに歯並びを矯正する。
8 年賀状に恭賀新年と書く。
9 払暁を待って出発する。
10 その件は既に報告済みだ。
11 選手がけがで試合を棄権した。
12 運動会で騎馬戦に出場する。
13 事故の犠牲者はいなかった。
14 厳しい練習を強いられる。
15 幾重にも色を重ねて絵を描く。
16 経緯は前述したので割愛する。
17 原告の申し出を却下する。
18 脚本どおりに撮影が進行する。
19 品物の受け取りを拒否する。
20 患者は手術を拒んだ。
21 小学校の校舎が老朽化する。
22 朽ち果てた山寺を発見する。
23 車窓から丘陵が見え始めた。
24 丘の上から町をながめる。

2 次の熟語の読みをひらがなで記せ。

1 糾弾（　　）
2 寡聞（　　）
3 恭順（　　）
4 閲覧（　　）
5 喫茶（　　）
6 寛厳（　　）
7 享年（　　）
8 虚像（　　）
9 生還（　　）
10 雅俗（　　）
11 惨禍（　　）
12 破壊（　　）
13 模擬（　　）
14 困窮（　　）
15 直轄（　　）
16 通暁（　　）
17 真偽（　　）
18 頑健（　　）
19 概括（　　）
20 境涯（　　）

3 後の［　］の中の語を必ず一度だけ使って漢字に直し、対義語・類義語を記せ。

対義語

1 解放―（　　）
2 禁欲―（　　）
3 閑暇―（　　）
4 威圧―（　　）
5 湿潤―（　　）

類義語

6 残念―（　　）
7 秀逸―（　　）
8 紛糾―（　　）
9 難局―（　　）
10 親友―（　　）

いかん・かいじゅう・かんそう・きゅうち・きょうらく・こんらん・そくばく・たぼう・ちき・ばつぐん

4 次の——線のカタカナを漢字に直せ。

1 その一言でキュウチに陥る。
2 キョウジュンの意を伝える。
3 読みかけの本にしおりをハサむ。
4 新薬にキョゼツ反応を示す。
5 美しいアカツキの空を見上げる。
6 汚職を紙面でキュウダンする。
7 彼は体重百キロのキョカンだ。
8 広島をキョテンに全国展開する。
9 駅までのキョリを確認する。
10 ウワグツに履《は》き替えて中に入る。
11 あまりの悲しみにゴウキュウする。
12 師のアリュウでは終わらない。
13 この辺りはキフクに富んでいる。
14 ヤバンな行為に顔をしかめる。
15 高額のキンカイが盗まれた。
16 家族を伴って中国にフニンする。
17 ノウコウな味わいのシチューだ。
18 雄大な景色にエイタンする。
19 携帯電話がフキュウしている。
20 この映画はフキュウの名作だ。
21 心理学のキョウジュに取材する。
22 大自然の恵みをキョウジュする。
23 歯列をキョウセイする。
24 キョウセイ的に参加させる。

使い分けよう！ **きゅうめい【究明・糾明】**

究明…例 原因を究明する・事件の真相を究明する
（本質・原因などを突き詰めて明らかにすること）

糾明…例 犯人を糾明する・罪状を糾明する
（問いただして罪や不正を明らかにすること）

漢字	読み（音）	読み（訓）	画数	部首	部首名	漢字の意味	用例
菌	キン	―	11	艹	くさかんむり	キノコやカビの類・ばいきん	菌類《きんるい》・抗菌《こうきん》・細菌《さいきん》・殺菌《さっきん》・雑菌《ざっきん》・無菌《むきん》・滅菌《めっきん》
琴	キン	こと	12	王	おう	弦《げん》楽器の「こと」	琴線《きんせん》・馬頭琴《ばとうきん》・風琴《ふうきん》・木琴《もっきん》
謹	キン	つつし(む)	17	言	ごんべん	かしこまる・つつしむ・おもんじる	謹厳《きんげん》・謹慎《きんしん》・謹聴《きんちょう》・謹呈《きんてい》・不謹慎《ふきんしん》・謹《つつし》んで承《うけたまわ》る
襟	キン 高	えり	18	衤	ころもへん	えり・むねのうち・こころの中	開襟《かいきん》・胸襟《きょうきん》・襟足《えりあし》・襟首《えりくび》・襟元《えりもと》・詰襟《つめえり》
吟	ギン	―	7	口	くちへん	うめく・うたう・詩歌をつくる・調べる	吟詠《ぎんえい》・吟醸《ぎんじょう》・吟味《ぎんみ》・苦吟《くぎん》・詩吟《しぎん》・独吟《どくぎん》・放歌高吟《ほうかこうぎん》
隅	グウ	すみ	12	阝	こざとへん	かど・すみ	一隅《いちぐう》・辺隅《へんぐう》・片隅《かたすみ》
勲	クン	―	15	力	ちから	国家のために立てた手柄	勲功《くんこう》・勲章《くんしょう》・元勲《げんくん》・殊勲《しゅくん》・叙勲《じょくん》・武勲《ぶくん》
薫	クン 高	かお(る)	16	艹	くさかんむり	かおる・におう・人を感化する・いぶす	薫育《くんいく》・薫陶《くんとう》・薫風《くんぷう》・余薫《よくん》・風薫《かぜかお》る五月《ごがつ》

筆順

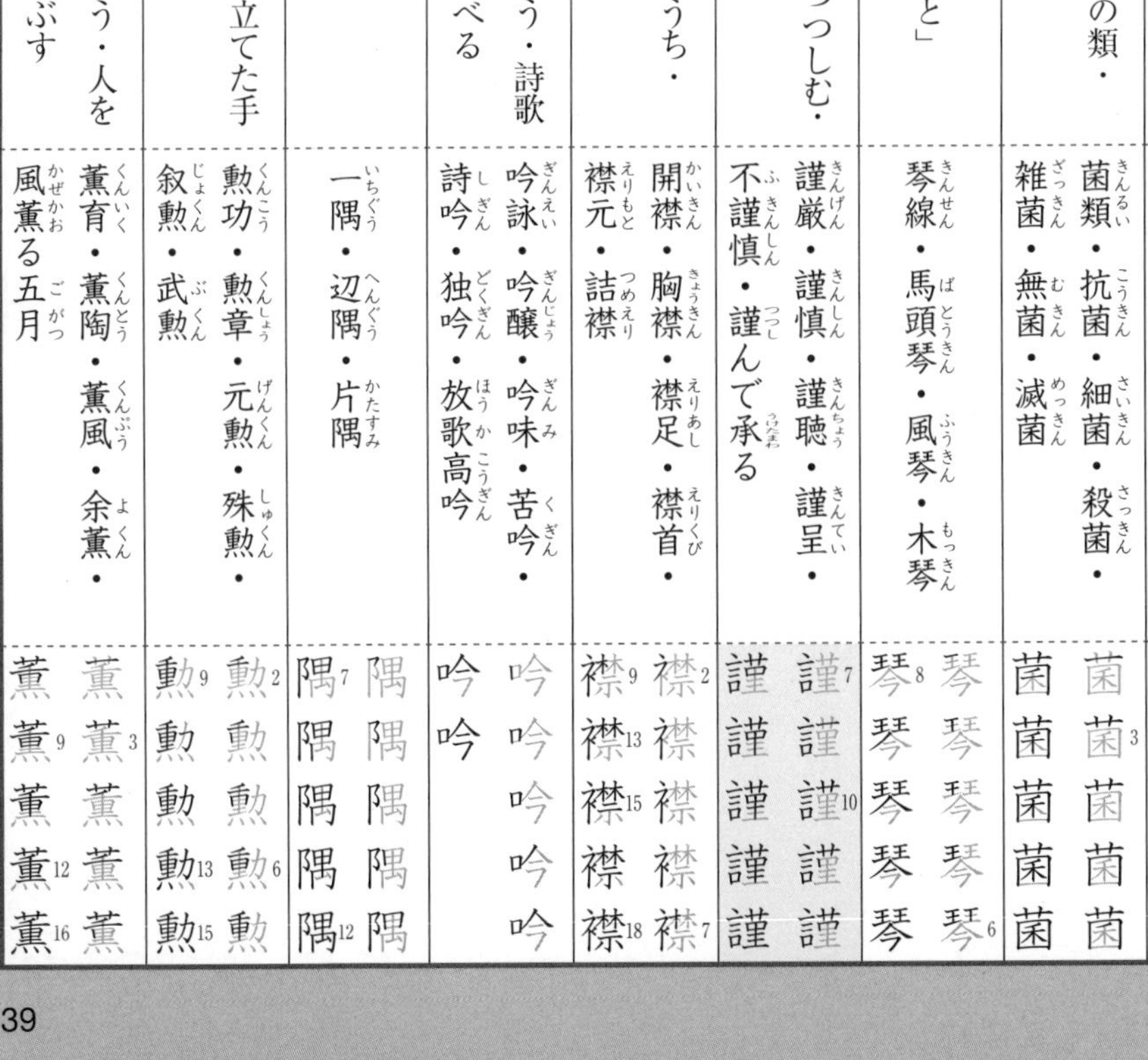

ステップ 8

練習問題

1	/24
2	/10
3	/9
4	/24

月　日

1 次の——線の漢字の読みをひらがなで記せ。

1 すばらしい木琴の演奏だった。（　）
2 朗々と漢詩を吟詠する。（　）
3 博士の話は謹聴に値する。（　）
4 手術で使う器具を滅菌する。（　）
5 戦争で勲功を立てる。（　）
6 重箱の隅をつつくような発言だ。（　）
7 シャツの襟元をきちんと直す。（　）
8 風薫る五月となる。（　）
9 胸襟を開いて語り合う。（　）
10 その件は謹んで承ります。（　）

11 学長の薫陶を受ける。（　）
12 面接を前にして緊張する。（　）
13 祖父の形見に懐中時計をもらう。（　）
14 駅前で偶然友人に出会う。（　）
15 使節団は派遣先で厚遇を受けた。（　）
16 荷物運びを助太刀する。（　）
17 財産の多寡は問題にならない。（　）
18 彼女の最新作は秀逸だ。（　）
19 初めて馬頭琴の音を聞いた。（　）
20 長年、お琴を習っている。（　）
21 ジェットコースターで絶叫する。（　）
22 甲高い声で叫び続ける。（　）
23 工事の音が壁に反響する。（　）
24 物価の上昇が家計に響く。（　）

2 次のAとBの漢字を一字ずつ組み合わせて二字の熟語を作れ。Bの漢字は必ず一度だけ使う。また、AとBどちらの漢字が上でもよい。

A
1 謹 2 規 3 足 4 維 5 大
6 還 7 独 8 失 9 屈 10 統

B
遺 模 括 窮 襟
吟 厳 持 奪 偉

1 （ ）
2 （ ）
3 （ ）
4 （ ）
5 （ ）
6 （ ）
7 （ ）
8 （ ）
9 （ ）
10 （ ）

3 次の――線のカタカナを漢字に直せ。

1 公文書が**ギ**造される。（ ）
2 彼の言動に**ギ**惑を抱く。（ ）
3 入会の便**ギ**を図ってもらう。（ ）

4 眼鏡で視力を**キョウ**正する。（ ）
5 生きる権利を**キョウ**有する。（ ）
6 超人的な演技に**キョウ**嘆した。（ ）

7 白い開**キン**シャツを着る。（ ）
8 消毒して雑**キン**を除去する。（ ）
9 自宅**キン**慎処分を受ける。（ ）

4 次の——線のカタカナを漢字に直せ。

1 まな板を熱湯でサッキンする。
2 三日間のキンシンを命じられる。
3 部屋のカタスミにたなを置いた。
4 エリを正して社長の話を聞く。
5 美しいコトの調べに時を忘れる。
6 食材をよくギンミして選ぶ。
7 文化クンショウを授与された。
8 校庭のイチグウに花を植える。
9 お話をツツシんでお受けします。
10 「風カオる」は夏の季語だ。
11 事件のゲンキョウを突き止める。
12 友人にキンキョウを伝える。

13 フクツの精神で乗り切る。
14 優秀な人材をハックツしたい。
15 選手のキンパクした表情が映る。
16 自分の感情をセイギョする。
17 夏をカンセイな避暑地で過ごす。
18 部下にカンヨウな態度で接する。
19 山でシカにソウグウした。
20 生命保険のケイヤクをする。
21 終業式にカイキン賞をもらう。
22 アユつりがカイキンになった。
23 心のキンセンに触れる音楽だ。
24 キンセン的な援助を求める。

馬頭琴
モンゴルの伝統的な弦楽器《げんがっき》。弦・弓ともに馬の毛が用いられています。さお（弦を張る、長い柄の部分）の先端に馬の頭部の彫刻があるため、馬頭琴といいます。

ステップ 9

漢字	読み	画数	部首	部首名	漢字の意味	用例	筆順
茎	音 ケイ 訓 くき	8	艹	くさかんむり	くき・はしら	塊茎《かいけい》・球茎《きゅうけい》・地下茎《ちかけい》・歯茎《はぐき》	茎 茎 茎 茎 茎 茎 茎 茎
渓	音 ケイ 訓 ―	11	氵	さんずい	谷間を流れる川	渓谷《けいこく》・渓声《けいせい》・渓流《けいりゅう》・虎渓三笑《こけいさんしょう》・雪渓《せっけい》	渓2 渓 渓 渓 渓 渓 渓 渓 渓 渓
蛍	音 ケイ 訓 ほたる	11	虫	むし	昆虫《こんちゅう》のホタル・ホタルのような光を出すもの	蛍光灯《けいこうとう》・蛍雪《けいせつ》・蛍窓《けいそう》・蛍袋《ほたるぶくろ》・海蛍《うみほたる》	蛍2 蛍 蛍 蛍 蛍 蛍 蛍 蛍 蛍 蛍
慶	音 ケイ 訓 ―	15	心	こころ	よろこぶ・めでたいこと	慶賀《けいが》・慶事《けいじ》・慶祝《けいしゅく》・慶弔《けいちょう》・同慶《どうけい》	慶2 慶 慶 慶6 慶 慶 慶12 慶 慶 慶
傑	音 ケツ 訓 ―	13	亻	にんべん	すぐれる・すぐれた人	傑作《けっさく》・傑出《けっしゅつ》・傑物《けつぶつ》・英俊豪傑《えいしゅんごうけつ》・俊傑《しゅんけつ》	傑2 傑4 傑 傑 傑 傑 傑 傑 傑 傑13
嫌	音 ケン ゲン 訓 きら(う) いや	13	女	おんなへん	いやがる・うたがう	嫌悪《けんお》・嫌疑《けんぎ》・機嫌《きげん》・毛嫌《けぎら》い・嫌気《いやけ》・嫌《いや》な予感《よかん》	嫌 嫌 嫌 嫌6 嫌 嫌 嫌 嫌11 嫌 嫌
献	音 ケン コン 訓 ―	13	犬	いぬ	ささげる・すすめる・かしこい人の言い伝え	献金《けんきん》・献身《けんしん》・献呈《けんてい》・献杯《けんぱい》・貢献《こうけん》・文献《ぶんけん》・献立《こんだて》・一献《いっこん》	献2 献 献 献6 献8 献 献 献 献 献
謙	音 ケン 訓 ―	17	言	ごんべん	へりくだる・うやまう・つつしむ	謙虚《けんきょ》・謙譲《けんじょう》・謙遜《けんそん》・恭謙《きょうけん》	謙7 謙9 謙 謙 謙 謙 謙 謙 謙 謙

ステップ 9

練習問題

1 ／24
2 ／10
3 ／10
4 ／24

月　日

1 次の――線の漢字の読みをひらがなで記せ。

1 全員合格して慶賀に堪えない。
2 神社の由来を文献で調べる。
3 部屋の蛍光灯をつける。
4 山奥の渓谷でキャンプをする。
5 彼は聴力が傑出している。
6 レンコンはハスの地下茎だ。
7 清流に蛍を見に行く。
8 忠告を謙虚に受け入れる。
9 花束の茎を切りそろえた。
10 合宿中の献立を決める。
11 どうも嫌な予感がする。
12 法事でお坊さんにお布施を渡す。
13 引退して安逸に暮らす。
14 死にかけて幽明の境をさまよう。
15 脱いだ靴をそろえる。
16 消毒して雑菌の繁殖を防ぐ。
17 会社の後継者を育てたい。
18 犬が芝生の上を駆け回る。
19 弟にかけられた嫌疑を晴らす。
20 精密機械は湿気を嫌う。
21 新聞に写真が掲載された。
22 優勝旗を高く掲げる。
23 厚生年金を受給する。
24 生糸の取り引きに携わる。

2 次の漢字の部首を記せ。

〈例〉菜〔艹〕 間〔門〕

1 献（　）
2 蛍（　）
3 傑（　）
4 壱（　）
5 夢（　）
6 慕（　）
7 翻（　）
8 致（　）
9 赴（　）
10 釈（　）

3 熟語の構成のしかたには次のようなものがある。

ア 同じような意味の漢字を重ねたもの（岩石）
イ 反対または対応の意味を表す字を重ねたもの（高低）
ウ 上の字が下の字を修飾しているもの（洋画）
エ 下の字が上の字の目的語・補語になっているもの（着席）
オ 上の字が下の字の意味を打ち消しているもの（非常）

次の熟語は右のア～オのどれにあたるか、一つ選び、記号で記せ。

1 献杯（　）
2 謙譲（　）
3 殊勲（　）
4 乾湿（　）
5 謹慎（　）
6 緩急（　）
7 検疫（　）
8 不遇（　）
9 雪渓（　）
10 弾劾（　）

4 次の——線のカタカナを漢字に直せ。

1 **ケイコウ**色のステッカーをはる。
2 **ケイリュウ**でイワナを釣《つ》る。
3 **ハグキ**がはれてひどく痛む。
4 **ケンジョウ**語を使いこなす。
5 ご**ドウケイ**の至りに存じます。
6 **イヤ**な癖を直したい。
7 政治団体に**ケンキン**する。
8 日本映画の**ケッサク**を鑑賞する。
9 **ホタル**が辺りを飛び交う。
10 妹は人一倍負けず**ギラ**いだ。
11 領土の**ヘンカン**を要求する。
12 相手の提案を**キョヒ**する。

13 海外からの客を**カンゲイ**する。
14 兄はとても**カタハバ**が広い。
15 **エリモト**に社章をつける。
16 **ニセサツ**の使用を取り締まる。
17 君も**スミ**に置けない男だ。
18 事件の**カチュウ**に巻き込まれる。
19 姉は朝から**キゲン**が悪いようだ。
20 本の貸し出し**キゲン**を確かめる。
21 病人のために**ケンシン**的に働く。
22 水道メーターの**ケンシン**をする。
23 終了時間が予定より五分**ノ**びた。
24 学力が**ノ**びたと弟が喜んでいる。

部首を間違えやすい漢字 **【慶・募・黙】**
Q…次の漢字の部首は? ①慶 ②募 ③黙
A…①「心(こころ)」 ②「力(ちから)」 ③「黒(くろ)」
①は「广(まだれ)」、②は「艹(くさかんむり)」、③は「灬(れんが・れっか)」と間違えやすい漢字です。注意しましょう。

ステップ 10

漢字	読み	画数	部首	部首名	漢字の意味	用例	筆順
繭	音 ケン 高 訓 まゆ	18	糸	いと	まゆ・わたいれ・きぬもの	繭糸《けんし》・蚕繭《さんけん》・繭玉《まゆだま》	繭 繭 繭 繭 繭 繭 繭 繭 繭 繭
顕	音 ケン 訓 ―	18	頁	おおがい	あきらか・あらわれる・名高い	顕在《けんざい》・顕示《けんじ》・顕正《けんしょう》・顕彰《けんしょう》・顕著《けんちょ》・顕微鏡《けんびきょう》・隠顕《いんけん》・露顕《ろけん》	顕 顕 顕 顕 顕 顕 顕 顕 顕 顕
懸	音 ケン・ケ 高 訓 か(ける)・か(かる)	20	心	こころ	つりさげる・かかげしめす・心にひっかかる	懸案《けんあん》・懸賞《けんしょう》・懸垂《けんすい》・懸命《けんめい》・一所懸命《いっしょけんめい》・懸念《けねん》・命懸《いのちが》け	懸 懸 懸 懸 懸 懸 懸 懸 懸 懸
弦	音 ゲン 訓 つる 高	8	弓	ゆみへん	弓のつる・半月・楽器に張る糸	弦楽《げんがく》・下弦《かげん》・管弦《かんげん》・上弦《じょうげん》・弦音《つるおと》・弦《つる》を離《はな》れた矢《や》	弦 弦 弦 弦 弦 弦 弦 弦
呉	音 ゴ 訓 ―	7	口	くち	中国の古い国名・大きい・やかましい	呉越同舟《ごえつどうしゅう》・呉音《ごおん》・呉服《ごふく》	呉 呉 呉 呉 呉 呉 呉
碁	音 ゴ 訓 ―	13	石	いし	ご	碁石《ごいし》・碁盤《ごばん》・囲碁《いご》	碁 碁 碁 碁 碁 碁 碁 碁 碁 碁
江	音 コウ 訓 え	6	氵	さんずい	大きな川・もとは揚子江《ようすこう》のこと	江湖《こうこ》・長江《ちょうこう》・江戸《えど》・入《い》り江《え》	江 江 江 江 江 江
肯	音 コウ 訓 ―	8	肉	にく	ききいれる・うなずく	肯定《こうてい》・首肯《しゅこう》	肯 肯 肯 肯 肯 肯 肯 肯

練習問題

1	／24
2	／6
3	／20
4	／24

月　日

1 次の――線の漢字の読みをひらがなで記せ。

1 薬の顕著な効果が見られる。
2 彼は老舗の呉服屋の跡取りだ。
3 碁盤の目のように道路が走る。
4 空に下弦の月が出ている。
5 蚕の繭から生糸をとる。
6 その見解には首肯しかねる。
7 渓声が耳に心地よい。
8 虫が枯れ葉に擬態する。
9 自動車保険の契約を結ぶ。
10 婚姻の無効を申し立てる。
11 憩いのひとときを過ごす。
12 軒先につららが下がっていた。
13 今年の夏は殊の外暑いようだ。
14 髪を襟足あたりで切りそろえる。
15 才能の差を如実に示す。
16 試合は互角の勝負だった。
17 波止場で積み荷を降ろす。
18 地域包括支援センターで働く。
19 懸案の問題を解決する。
20 月が中天に懸かる。
21 長江は中国最長の河川だ。
22 江戸時代の文化を研究する。
23 世話役に推されて当惑する。
24 林の中を逃げ惑う夢を見た。

2 次の□に入る適切なひらがなを、□の中から選び、漢字に直して四字熟語を完成せよ。□の中のひらがなは一度だけ使うこと。また、その意味を後のア〜カから選び、記号を（　）に記せ。

1 呉□同舟（　）
2 謹□実直（　）
3 一所□命（　）
4 一朝一□（　）
5 夏炉冬□（　）
6 当意□妙（　）

えつ・けん・げん・せき・せん・そく

ア ほんのわずかな期間
イ 時宜にかなわず役に立たぬもののたとえ
ウ 敵対する者同士が同じ場所に居合わせること
エ 浮つかず真面目なこと
オ 必死になって物事に当たること
カ その場に合わせて機転をきかすこと

3 次の漢字の右の（　）には音読みを、左の（　）には訓読みをひらがなで記せ。

1 需要（　）
2 要（　）る
3 謹慎（　）
4 慎（　）む
5 採掘（　）
6 掘（　）る
7 偽装（　）
8 偽（　）る
9 管弦（　）
10 弦（　）
11 繭糸（　）
12 繭玉（　）
13 反映（　）
14 映（　）える
15 陥落（　）
16 陥（　）る
17 笑納（　）
18 笑（　）む
19 窮迫（　）
20 迫（　）る

4 次の——線のカタカナを漢字に直せ。

1 ゲンガク四重奏を聴く。
2 蚕が糸をはいてマユを作る。
3 入りエに漁船が停泊している。
4 ケンビキョウで細胞を観察する。
5 ゴフク屋で着物をあつらえる。
6 物事をコウテイ的にとらえる。
7 兄はイゴの有段者になった。
8 先行きがケネンされる。
9 ウヤウヤしい態度をとる。
10 ケンヤクして開業資金をためる。
11 カンヌシが家内安全を祈願する。
12 連続ドラマがカキョウに入った。
13 ゲンソウ的な風景に言葉を失う。
14 サミダレがしとしとと降り続く。
15 優勝争いのケンガイに去った。
16 ケンジツな人生を歩む。
17 ゲンマイ茶をゆっくりと飲む。
18 クジラの生態を調査している。
19 高熱のためオカンがする。
20 ケッシュツした能力を誇る。
21 エイリな小刀で木像を彫る。
22 エイリ目的の事業を始める。
23 自分の命をカけて子どもを守る。
24 犬が草原をカけ回る。

間違えやすい四字熟語

Q…空欄に入る漢字は？ ①呉越□□《どうしゅう》 ②□□《えいこ》盛衰 ③□□《ちんし》黙考

A…①同舟 ②栄枯 ③沈思

①は「呉越同衆」、②は「栄古盛衰」、③は「珍思黙考」などと書き誤らないように注意しましょう。

漢字表

ステップ 11

漢字	読み	画数	部首	部首名	漢字の意味	用例
侯	音 コウ 訓 —	9	亻	にんべん	とのさま・きみ・こうしゃく	侯爵《こうしゃく》・王侯《おうこう》・君侯《くんこう》・諸侯《しょこう》
洪	音 コウ 訓 —	9	氵	さんずい	大量にあふれてひろがる・大きい・ひろい	洪恩《こうおん》・洪水《こうずい》・洪積層《こうせきそう》
貢	音 コウ ク 高 訓 みつ（ぐ） 高	10	貝	かい こがい	さしだす・すすめる・みつぎもの	貢献《こうけん》・朝貢《ちょうこう》・来貢《らいこう》・年貢《ねんぐ》・貢《みつ》ぎ物《もの》・財宝《ざいほう》を貢《みつ》ぐ
溝	音 コウ 訓 みぞ	13	氵	さんずい	くぼみ・みぞ	海溝《かいこう》・深溝高塁《しんこうこうるい》・側溝《そっこう》・地溝《ちこう》・両者間《りょうしゃかん》の溝《みぞ》
衡	音 コウ 訓 —	16	行	ぎょうがまえ ゆきがまえ	はかり・よこ・つりあい	合従連衡《がっしょうれんこう》・均衡《きんこう》・度量衡《どりょうこう》・平衡《へいこう》
購	音 コウ 訓 —	17	貝	かいへん	お金をだして自分のものにする・あがなう	購読《こうどく》・購入《こうにゅう》・購買《こうばい》
拷	音 ゴウ 訓 —	9	扌	てへん	たたいてせめる	拷問《ごうもん》
剛	音 ゴウ 訓 —	10	刂	りっとう	かたい・つよい	剛健《ごうけん》・剛柔《ごうじゅう》・剛胆《ごうたん》・剛直《ごうちょく》・剛腹《ごうふく》・外柔内剛《がいじゅうないごう》・質実剛健《しつじつごうけん》

ステップ 11

練習問題

1	/24
2	/9
3	/10
4	/24

月　日

1 次の――線の漢字の読みをひらがなで記せ。

1 亡き師の洪恩に深く感謝する。（　　）
2 王侯貴族がぜいたくに暮らす。（　　）
3 彼の研究は医学の進歩に貢献した。（　　）
4 父は無骨で剛直な性格だ。（　　）
5 両国間の溝を埋める努力をする。（　　）
6 平衡感覚に優れた政治家だ。（　　）
7 大雨で側溝から水があふれた。（　　）
8 科学雑誌を毎月購読している。（　　）
9 拷問の体験を著書に記す。（　　）
10 剛胆な人物と評されている。（　　）
11 長年、領主に貢いできた。（　　）
12 管轄裁判所を確認する。（　　）
13 尾根伝いに北へ進む。（　　）
14 夢と現実の相克に苦しむ。（　　）
15 巧妙な手口の犯罪が増えている。（　　）
16 大豆を発酵させてみそを作る。（　　）
17 鶏を放し飼いにする。（　　）
18 伝染病の防疫対策を講じる。（　　）
19 大企業で顧問を務める。（　　）
20 危険も顧みず突き進む。（　　）
21 不当な解雇に異議を申し立てる。（　　）
22 アルバイトとして学生を雇う。（　　）
23 地震対策の要綱を説明する。（　　）
24 馬の手綱を握り締める。（　　）

2 次の（　）に「コウ」と音読みする適切な漢字を入れて熟語を作り、熟語の読みを〈　〉にひらがなで記せ。

1 （　）積層〈　〉
2 度量（　）〈　〉
3 （　）菌〈　〉
4 （　）買〈　〉
5 （　）辛料〈　〉
6 破天（　）〈　〉
7 （　）穀類〈　〉
8 （　）脈〈　〉
9 （　）久的〈　〉

3 次の漢字の部首を記せ。

〈例〉菜〔艹〕　間〔門〕

1 窮（　）
2 貢（　）
3 拷（　）
4 麗（　）
5 侯（　）
6 碁（　）
7 堪（　）
8 頑（　）
9 恭（　）
10 薫（　）

4 次の――線のカタカナを漢字に直せ。

1 収支のキンコウを保つ。
2 コウズイで被害を受ける。
3 日本カイコウは太平洋側にある。
4 父は質実ゴウケンを尊ぶ。
5 敷居のミゾにほこりがたまる。
6 参考書をコウニュウする。
7 有力ショコウが将軍の下に集う。
8 この暑さはゴウモンに等しい。
9 会議でコウゴに発言する。
10 美術品のサンイツを防ぐ。
11 運転免許証をコウシンする。
12 毎年コウレイの花火大会を行う。
13 規約にジョウコウを付け加える。
14 東京キンコウの行楽地を探す。
15 店の紹介記事のゲンコウを書く。
16 契約書にオウインする。
17 モッキンは打楽器の一種だ。
18 自分の力を周囲にコジする。
19 大活躍し、優勝にコウケンした。
20 甥《おい》のコウケン人を引き受ける。
21 ハンコウ期の子どもを理解する。
22 ハンコウ現場に警察が到着した。
23 病気の母には気ヅカいが必要だ。
24 あの人は、人ヅカいが荒い。

同音で字形の似ている漢字　コウ【侯・候】
侯…領主・侯爵《こうしゃく》 例 王侯
候…①待つ 例 候補 ②きざし 例 兆候 ③とき 例 時候
どちらも部首は「亻(にんべん)」です。

漢字	読み	画数	部首	部首名	漢字の意味	用例	筆順
酷	音 コク 訓 ―	14	酉	とりへん	はなはだしい・むごい・きびしい	酷使《こくし》・酷似《こくじ》・酷暑《こくしょ》・酷評《こくひょう》・酷寒《こっかん》・過酷《かこく》・残酷《ざんこく》・冷酷《れいこく》	
昆	音 コン 訓 ―	8	日	ひ	虫・多い・兄・あとに続くもの・子孫	昆虫《こんちゅう》・昆弟《こんてい》・昆布《こんぶ》《こぶ》	
懇	音 コン 訓 ねんご(ろ) 高	17	心	こころ	うちとける・心をこめる・ていねい	懇意《こんい》・懇願《こんがん》・懇親《こんしん》・懇請《こんせい》・懇切《こんせつ》・懇談《こんだん》・懇《ねんご》ろな間柄《あいだがら》	
唆	音 サ 訓 そそのか(す) 高	10	口	くちへん	そそのかす・けしかける	教唆《きょうさ》・教唆扇動《きょうさせんどう》・示唆《しさ》・悪事《あくじ》を唆《そそのか》す	
詐	音 サ 訓 ―	12	言	ごんべん	いつわる・だます・うそ	詐欺《さぎ》・詐取《さしゅ》・詐称《さしょう》・巧詐《こうさ》	
砕	音 サイ 訓 くだ(く) くだ(ける)	9	石	いしへん	くだく・こな・わずらわしい	砕石《さいせき》・玉砕《ぎょくさい》・破砕《はさい》・粉砕《ふんさい》・心《こころ》を砕《くだ》く・砕《くだ》けた口調《くちょう》	
宰	音 サイ 訓 ―	10	宀	うかんむり	とりしまる・つかさどる・かしら	宰相《さいしょう》・宰領《さいりょう》・主宰《しゅさい》	

練習問題

1	2	3	4
/24	/10	/10	/24

月　日

1 次の――線の漢字の読みをひらがなで記せ。

1 機械で大岩を粉砕する。（　　）
2 彼にとって酷な経験だった。（　　）
3 先生と保護者が懇談する。（　　）
4 詩の同人雑誌を主宰する。（　　）
5 脱税を教唆した罪に問われた。（　　）
6 作家の学歴詐称が発覚した。（　　）
7 昆虫の生態を観察する。（　　）
8 兄に唆され二人でいたずらした。（　　）
9 大統領を補佐する仕事に就く。（　　）
10 脂肪分を控えた食事にする。（　　）
11 襟首をつかんで捕まえる。（　　）
12 地獄のような苦しみを味わう。（　　）
13 外交使節が謁見の間に通される。（　　）
14 巨額の負債を抱えて倒産する。（　　）
15 役者の演技に忘我の境に入る。（　　）
16 囲碁の大会で優勝する。（　　）
17 勢力の均衡が崩れる。（　　）
18 雄々しく問題に立ち向かう。（　　）
19 鉄道の線路に砕石を敷く。（　　）
20 易しくかみ砕いて説明した。（　　）
21 市民祭りが開催される。（　　）
22 グループで展覧会を催す。（　　）
23 何か魂胆がありそうな表情だ。（　　）
24 魂を込めて刀を鍛える。（　　）

2 次の各文にまちがって使われている同じ読みの漢字が一字ある。上に誤字を、下に正しい漢字を記せ。

誤　正

1 彼とは古くから魂意にしている。（　）（　）

2 坑菌加工を施した靴下を買う。（　）（　）

3 批評家に作品を告評される。（　）（　）

4 台風で作物が疲害を受ける。（　）（　）

5 件案事項について協議を開始する。（　）（　）

6 電子書籍の普究について検討する。（　）（　）

7 模偽試験の結果に一喜一憂する。（　）（　）

8 採相の威厳を保って欲しい。（　）（　）

9 物資を漫載した貨物船が着いた。（　）（　）

10 元政治家が回故録を執筆する。（　）（　）

3 次の（　）に入る適切なひらがなを、後の□の中から選び、漢字に直して四字熟語を完成せよ。□の中のひらがなは一度だけ使うこと。

1 粉（　）砕身

2 信賞必（　）

3 才色（　）備

4 自己（　）盾

5 迷（　）千万

6 静（　）閑雅

7 （　）思黙考

8 同（　）異夢

9 詩歌管（　）

10 意志（　）弱

けん・げん・こつ・じゃく・しょう・ちん・はく・ばつ・む・わく

4 次の——線のカタカナを漢字に直せ。

1 部員同士で**コンシン**会を開く。
2 パソコン作業で目を**コクシ**する。
3 高齢者の**サギ**被害が増えている。
4 税率の引き上げを**シサ**する。
5 岩をダイナマイトで**フンサイ**する。
6 各国の**サイショウ**が会談した。
7 **コンブ**で取っただしで煮る。
8 円をドルに**カンサン**する。
9 消費者の**コウバイ**意欲を高める。
10 自動車工場が**ヘイサ**される。
11 **シキサイ**の調和が美しい。
12 誘いの返事を**サイソク**する。
13 兄は**コンイロ**の背広を着ている。
14 人混みで**コドク**を感じる。
15 表紙の**エガラ**が変化する。
16 山の**シャメン**を登る。
17 厳しく**ネング**を取り立てる。
18 **ゴウカイ**な笑い声を上げる。
19 その姉妹は声が**コクジ**している。
20 選挙の日程を**コクジ**する。
21 **コウセイ**物質を投与された。
22 福利**コウセイ**が充実《じゅうじつ》した会社だ。
23 無期懲役《ちょうえき》を**キュウケイ**する。
24 店員は交替で**キュウケイ**を取る。

使い分けよう! **しゅさい【主催・主宰】**

主催…例 大会の主催者・市が主催する運動会
(中心となって行事をもよおすこと)

主宰…例 会議を主宰する・同人誌の主宰者
(多くの人の上に立って物事を行うこと)

ステップ 7-12

力だめし

第2回

総得点 /100

評価

A
80点 B
75点 C
70点 D
60点 E

月　日

1

次の――線の漢字の読みをひらがなで記せ。

1×10 /10

1 低温殺菌の牛乳を買う。（　）
2 襟の形に特徴があるシャツだ。（　）
3 不謹慎極まりない話だ。（　）
4 部屋の隅々まで探し回る。（　）
5 電車のドアにカバンが挟まる。（　）
6 会社の不正を糾明した。（　）
7 渓流沿いにテントを張る。（　）
8 碁石を並べる。（　）
9 強力な諸侯が一堂に会する。（　）
10 心の琴線に触れるよい詩だ。（　）

2

次の漢字の部首を記せ。また下の熟語の読みをひらがなで記せ。

2×10 /20

	漢字	部首	熟語	読み
1	宰	（　）	宰領	（　）
2	昆	（　）	昆虫	（　）
3	款	（　）	定款	（　）
4	呉	（　）	呉音	（　）
5	矯	（　）	矯飾	（　）
6	辛	（　）	辛口	（　）
7	匠	（　）	巨匠	（　）
8	享	（　）	享有	（　）
9	卑	（　）	尊卑	（　）
10	還	（　）	送還	（　）

3 次の――線のカタカナを漢字一字と送りがな（ひらがな）に直せ。

〈例〉問題にコタエル。（答える）

2×10 /20

1 年始のあいさつにウカガウ。（　）
2 相手の申し出をコバム。（　）
3 人のイヤガルことはしない。（　）
4 話し合いはナゴヤカニ進んだ。（　）
5 伝言をウケタマワル。（　）
6 国道が町を南北にツラヌク。（　）
7 少年の顔が期待でカガヤイた。（　）
8 ホコラシイ思いに満たされる。（　）
9 アイスピックで氷をクダク。（　）
10 妹はアマヤカサれて育った。（　）

4 熟語の構成のしかたには次のようなものがある。

1×10 /10

ア 同じような意味の漢字を重ねたもの（岩石）
イ 反対または対応の意味を表す字を重ねたもの（高低）
ウ 上の字が下の字を修飾しているもの（洋画）
エ 下の字が上の字の目的語・補語になっているもの（着席）
オ 上の字が下の字の意味を打ち消しているもの（非常）

次の熟語は右のア〜オのどれにあたるか、一つ選び、記号で記せ。

1 鎮魂（　）
2 免疫（　）
3 逸脱（　）
4 筆禍（　）
5 寡少（　）
6 隠顕（　）
7 不朽（　）
8 酷似（　）
9 未踏（　）
10 剛柔（　）

5 次の各文にまちがって使われている同じ読みの漢字が一字ある。上に誤字を、下に正しい漢字を記せ。

2×5 ／10

誤 正

1 量販店で必要な資材を向入し、不眠不休で舞台の大道具を作り上げた。（　）（　）

2 提防の決壊による水害で、世界遺産に登録されている遺跡の一部が崩れ落ちた。（　）（　）

3 彼は、孤独と闘いながらも、単独で太平洋をヨットで横断し、世界記録を肯新した。（　）（　）

4 国会図書館所蔵の古い文件を研究して執筆した論文で、博士号を取得した。（　）（　）

5 病巣の一部を敵出して検査を行い、その結果により治療方法を決めるそうだ。（　）（　）

6 後の□の中の語を必ず一度だけ使って漢字に直し、対義語・類義語を記せ。

1×10 ／10

対義語

1 傑物―（　）

2 恭順―（　）

3 記憶―（　）

4 隆起―（　）

5 尊大―（　）

類義語

6 無視―（　）

7 祝福―（　）

8 懇意―（　）

9 貧苦―（　）

10 抵当―（　）

けいが・けんきょ・こんきゅう・しんみつ・たんぽ・ちんこう・はんこう・ぼうきゃく・ぼんじん・もくさつ

7 次の（　）に入る適切なひらがなを、後の[　]の中から選び、漢字に直して四字熟語を完成せよ。[　]の中のひらがなは一度だけ使うこと。

1×10　／10

1 千載一（　　）
2 一喜一（　　）
3 一念（　　）起
4 言行一（　　）
5 質実剛（　　）
6 好機（　　）来
7 自暴自（　　）
8 無（　　）自然
9 （　　）機応変
10 率先垂（　　）

い・き・ぐう・けん・ち・とう・はん・ほっ・ゆう・りん

8 次の——線のカタカナを漢字に直せ。

1×10　／10

1 ヒマワリの**クキ**が伸びる。（　　）
2 **キッポウ**を首を長くして待つ。（　　）
3 **カゲン**の月は深夜に出る。（　　）
4 **エラ**い人物の伝記を読む。（　　）
5 長年の**ケンアン**が解決した。（　　）
6 **ケイセツ**の功なって合格する。（　　）
7 暖房中は**カンキ**が必要だ。（　　）
8 経営陣の交代を**ヨギ**なくされた。（　　）
9 思わぬ失敗に**ドウヨウ**する。（　　）
10 入学のお祝いに赤飯を**タ**く。（　　）

漢字	栽	斎	索	酢	桟	傘	肢
読み	音 サイ 訓 —	音 サイ 訓 —	音 サク 訓 —	音 サク 訓 す	音 サン 訓 —	音 サン 高 訓 かさ	音 シ 訓 —
画数	10	11	10	12	10	12	8
部首	木	斉	糸	酉	木	人	月
部首名	き	せい	いと	とりへん	きへん	ひとやね	にくづき
漢字の意味	植える・植えこみ・わかい芽	つつしむ・いえ・へや・ものいみ	なわ・さがしもとめる・ものさびしい	す・すっぱい	かけはし・さんばし・たな	かさ	てあし・もとからわかれたもの
用例	栽培《さいばい》・植栽《しょくさい》・盆栽《ぼんさい》	斎日《さいじつ》・斎場《さいじょう》・潔斎《けっさい》・精進潔斎《しょうじんけっさい》・書斎《しょさい》	索引《さくいん》・検索《けんさく》・思索《しさく》・詮索《せんさく》・捜索《そうさく》・探索《たんさく》・模索《もさく》	酢酸《さくさん》・酢豚《すぶた》・甘酢《あまず》・黒酢《くろず》・三杯酢《さんばいず》	桟道《さんどう》・桟橋《さんばし》・桟敷《さじき》	傘下《さんか》・鉄傘《てっさん》・落下傘《らっかさん》・雨傘《あまがさ》・日傘《ひがさ》	肢体《したい》・下肢《かし》・義肢《ぎし》・四肢《しし》・選択肢《せんたくし》
筆順							

ステップ 13

練習問題

1	/24
2	/10
3	/9
4	/24

月　日

1 次の――線の漢字の読みをひらがなで記せ。

1 儀式の前に潔斎を行う。（　）
2 折り畳みの雨傘を持っていく。（　）
3 ケヤキを街路樹として植栽する。（　）
4 幾つかの検索エンジンを使う。（　）
5 四肢を伸ばして寝転がる。（　）
6 こわごわと桟道を行く。（　）
7 両者の対立が顕在化する。（　）
8 乾電池を並列につなぐ。（　）
9 運動で脂肪を燃焼させる。（　）
10 学生たちは知識に飢えていた。（　）
11 薬の影響で幻覚を見る。（　）
12 キーワードを括弧でくくる。（　）
13 資本家が労働者を搾取する。（　）
14 福祉事業に全力を注ぐ。（　）
15 母が作る煮物の味を思い出す。（　）
16 兄はその画家と懇意にしている。（　）
17 軽はずみな行いを悔いる。（　）
18 小さなことを気に病む。（　）
19 酢酸を化学の実験に使う。（　）
20 昨日の夕食は酢豚だった。（　）
21 風袋を引くと五百グラム弱だ。（　）
22 袋からお菓子を取り出す。（　）
23 急いで潜水服を身につける。（　）
24 避難訓練で机の下に潜る。（　）

2 後の□の中の語を必ず一度だけ使って漢字に直し、対義語・類義語を記せ。

対義語

1 鈍重—（　）
2 絶賛—（　）
3 高慢—（　）
4 購買—（　）
5 受理—（　）

類義語

6 殊勲—（　）
7 貢献—（　）
8 幽閉—（　）
9 普通—（　）
10 是認—（　）

かんきん・きびん・きゃっか・きよ・けんきょ・こうてい・こくひょう・じんじょう・てがら・はんばい

3 次の——線のカタカナにあてはまる漢字をそれぞれのア〜オから一つ選び、記号で記せ。

1 新聞の連**サイ**小説を読む。（　）
2 大統領の**サイ**断を仰ぐ。（　）
3 音楽界で異**サイ**を放つ。（　）
（ア債　イ載　ウ栽　エ裁　オ彩）

4 解決方法を模**サク**する。（　）
5 軍事予算が**サク**減された。（　）
6 災害時の対**サク**を立てる。（　）
（ア削　イ策　ウ錯　エ索　オ酢）

7 **ゴウ**華な宝石に見とれる。（　）
8 輸送車から現金が**ゴウ**奪される。（　）
9 悔しさの余り**ゴウ**泣する。（　）
（ア強　イ号　ウ剛　エ豪　オ業）

4 次の――線のカタカナを漢字に直せ。

1 **ショサイ**にこもって論文を読む。（　　）

2 祖父が**ボンサイ**の手入れをする。（　　）

3 **サンバシ**に船を横付けにする。（　　）

4 この本は巻末に**サクイン**がある。（　　）

5 **ス**には殺菌効果がある。（　　）

6 **センタクシ**から正答を探す。（　　）

7 電車に**カサ**を置き忘れた。（　　）

8 **ケンメイ**の救助作業が続く。（　　）

9 栄養**ザイ**を飲む習慣がある。（　　）

10 先生に意見を**ウカガ**った。（　　）

11 生活**カンキョウ**を整備する。（　　）

12 恩師の言葉を**キモ**に銘《めい》じる。（　　）

13 川の下流に**シツゲン**が広がる。（　　）

14 ヨーグルトは**ハッコウ**食品だ。（　　）

15 企業努力で**フサイ**を完済する。（　　）

16 不安と期待が**コウサク**する。（　　）

17 デジタルカメラで**サツエイ**した。（　　）

18 **サイフ**から千円札を取り出した。（　　）

19 自尊心を**クダ**かれる。（　　）

20 **アズキ**入りのお手玉を作る。（　　）

21 **ケイジ**ドラマで犯人を当てる。（　　）

22 お知らせを**ケイジ**板に張り出す。（　　）

23 運動靴のひもが**ト**けた。（　　）

24 暑さでチョコレートが**ト**けた。（　　）

同音で字形の似ている漢字　**サイ【栽・裁】**

栽…①植える 例 栽培《さいばい》 ②植えこみ 例 盆栽

裁…①たつ 例 裁断 ②さばく 例 裁判 ③ようす 例 体裁

「栽」の部首は「木(き)」、「裁」の部首は「衣(ころも)」です。

ステップ 14

漢字	読み	画数	部首	部首名	漢字の意味	用例	筆順
嗣	音 シ 訓 —	13	口	くち	〔家などの〕あとをつぐ	嗣子《しし》・継嗣《けいし》・嫡嗣《ちゃくし》	2 13
賜	音 シ 高 訓 たまわ(る)	15	貝	かいへん	身分の高い人からいただく・めぐむ	賜暇《しか》・賜金《しきん》・賜杯《しはい》・恩賜《おんし》・下賜《かし》・祝辞《しゅくじ》を賜《たまわ》る	2 5 7 11
璽	音 ジ 訓 —	19	玉	たま	天子、国王の印・しるし	印璽《いんじ》・御璽《ぎょじ》・玉璽《ぎょくじ》・国璽《こくじ》	3 5 8 10 14 16 18
漆	音 シツ 訓 うるし	14	氵	さんずい	うるし・うるしをぬる・うるしのように黒い	漆器《しっき》・漆黒《しっこく》・乾漆《かんしつ》・漆塗《うるしぬ》り	3 12 14
遮	音 シャ 訓 さえぎ(る)	14	辶	しんにょう しんにゅう	さえぎる・とどめる・おおいかくす	遮音《しゃおん》・遮光《しゃこう》・遮断《しゃだん》・遮二無二《しゃにむに》・遮蔽《しゃへい》・行《ゆ》く手《て》を遮《さえぎ》る	2 11
蛇	音 ジャ ダ 訓 へび	11	虫	むしへん	ヘビ・ヘビに似た形のもの	蛇口《じゃぐち》・蛇腹《じゃばら》・大蛇《だいじゃ》・蛇行《だこう》・蛇足《だそく》・長蛇《ちょうだ》・竜頭蛇尾《りゅうとうだび》	2
酌	音 シャク 訓 く(む) 高	10	酉	とりへん	くむ・さかずき・事情をくみとる	酌量《しゃくりょう》・参酌《さんしゃく》・手酌《てじゃく》・独酌《どくしゃく》・媒酌《ばいしゃく》・晩酌《ばんしゃく》・酌《く》み交《か》わす	

ステップ 14

練習問題

1	/24
2	/10
3	/5
4	/24

月　日

1 次の――線の漢字の読みをひらがなで記せ。

1 キュウリを蛇腹切りにして盛る。（　）
2 祖父と父は毎日、晩酌する。（　）
3 国王から恩賞を賜る。（　）
4 国璽は勲記に使用する。（　）
5 彼は旧家の嗣子である。（　）
6 滋味に富んだ郷土料理を頂く。（　）
7 新党の旗揚げが決定した。（　）
8 寝ぼけ眼で返事をする。（　）
9 念願の賜杯を手中にした。（　）
10 旧友と酒を酌み交わす。（　）
11 無菌の状態で実験を行う。（　）
12 参加を懇願する手紙を書く。（　）
13 祖母を献身的に看病する。（　）
14 紫外線予防のクリームを塗る。（　）
15 休日は趣味の読書に没頭する。（　）
16 緩やかな斜面をボールが転がる。（　）
17 上司の機嫌を損ねてしまった。（　）
18 バナナが熟れて食べごろになる。（　）
19 分厚いカーテンで遮光する。（　）
20 倒れた木が行く手を遮る。（　）
21 漆器に和菓子が映える。（　）
22 漆で手がかぶれた。（　）
23 湿度が高くて不快だ。（　）
24 大量の汗で上着が湿った。（　）

2 熟語の構成のしかたには次のようなものがある。

ア 同じような意味の漢字を重ねたもの （岩石）
イ 反対または対応の意味を表す字を重ねたもの （高低）
ウ 上の字が下の字を修飾しているもの （洋画）
エ 下の字が上の字の目的語・補語になっているもの （着席）
オ 上の字が下の字の意味を打ち消しているもの （非常）

次の熟語は右のア～オのどれにあたるか、一つ選び、記号で記せ。

1 遮音 （　）
2 寛厳 （　）
3 不粋 （　）
4 惜別 （　）
5 漆黒 （　）
6 疾患 （　）
7 逸話 （　）
8 災禍 （　）
9 多寡 （　）
10 脚韻 （　）

3 次の熟語はA・Bどちらかに漢字の誤りがある。正しい方を選び、記号で記せ。

1 A 奇想天外　B 希想天外 （　）
2 A 悪戦苦倒　B 悪戦苦闘 （　）
3 A 意味深長　B 意味真長 （　）
4 A 医食同源　B 医食同元 （　）
5 A 一念発気　B 一念発起 （　）

4 次の――線のカタカナを漢字に直せ。

1 友人は**シッコク**の髪が美しい。
2 音を**シャダン**した部屋を作る。
3 店の前に**チョウダ**の列ができた。
4 貴重なご意見を**タマワ**る。
5 **ウルシ**細工の技術を伝承する。
6 **ヘビ**にまつわる伝説を聞いた。
7 相手の発言を**サエギ**る。
8 **ダイジャ**がとぐろを巻く。
9 **ギョジ**とは天皇の公印である。
10 将軍の**ケイシ**の誕生を祝う。
11 情状**シャクリョウ**の余地はない。
12 雪の**ケッショウ**を観察する。

13 何事も善意に**カイシャク**する。
14 彼が党の活動を**ギュウジ**る。
15 森は**セイジャク**に包まれていた。
16 やり場のない怒りで壁を**ナグ**る。
17 日本語を英語に**ヘンカン**する。
18 従業員が**タイグウ**改善を訴える。
19 講演の**ヨウシ**をまとめる。
20 美しい**ヨウシ**も彼女の魅力だ。
21 花模様が**ホ**られた小箱を買う。
22 畑でサツマイモを**ホ**る。
23 相手を巧妙に**カイジュウ**する。
24 鯨などの**カイジュウ**が生息する。

次の語と熟語の構成が同じものはどれ?

Q…漆黒　①遮光　②酷似　③破砕

A…②「漆黒」は「漆のように黒い」、②は「はなはだしく（=酷）似ている」で、上の字が下の字を修飾しています。①は「光を遮る」で、下の字が上の字の目的語になっています。③は同じような意味の漢字を重ねています。

ステップ 15

漢字	読み	画数	部首	部首名	漢字の意味	用例
爵	音 シャク　訓 —	17	爫	つめかんむり つめがしら	貴族の等級をあらわすことば・栄誉	爵位《しゃくい》・公爵《こうしゃく》・侯爵《こうしゃく》・男爵《だんしゃく》・伯爵《はくしゃく》
珠	音 シュ　訓 —	10	王	おうへん たまへん	たま・物事の美称	珠玉《しゅぎょく》・珠算《しゅざん》・真珠《しんじゅ》・念珠《ねんじゅ》
儒	音 ジュ　訓 —	16	亻	にんべん	学者・孔子の教え	儒家《じゅか》・儒学《じゅがく》・儒教《じゅきょう》
囚	音 シュウ　訓 —	5	囗	くにがまえ	とらえる・とりこ・とらわれた人	囚人《しゅうじん》・脱獄囚《だつごくしゅう》・幽囚《ゆうしゅう》・虜囚《りょしゅう》
臭	音 シュウ　訓 くさ(い)　にお(う)	9	自	みずから	いやなにおい・くさい・好ましくない	臭気《しゅうき》・悪臭《あくしゅう》・異臭《いしゅう》・消臭《しょうしゅう》・腐臭《ふしゅう》・生臭《なまぐさ》い
愁	音 シュウ　訓 うれ(える)高　うれ(い)高	13	心	こころ	ものさびしさに気持ちがしずむ・かなしむ	愁傷《しゅうしょう》・愁嘆場《しゅうたんば》・哀愁《あいしゅう》・郷愁《きょうしゅう》・憂愁《ゆうしゅう》・旅愁《りょしゅう》・愁《うれ》い嘆《なげ》く
酬	音 シュウ　訓 —	13	酉	とりへん	むくいる・お返しをする・酒をすすめる	応酬《おうしゅう》・貴酬《きしゅう》・献酬《けんしゅう》・報酬《ほうしゅう》
醜	音 シュウ　訓 みにく(い)	17	酉	とりへん	みにくい・にくむ・けがれ	醜悪《しゅうあく》・醜態《しゅうたい》・醜聞《しゅうぶん》・美醜《びしゅう》・醜《みにく》い争《あらそ》い

筆順

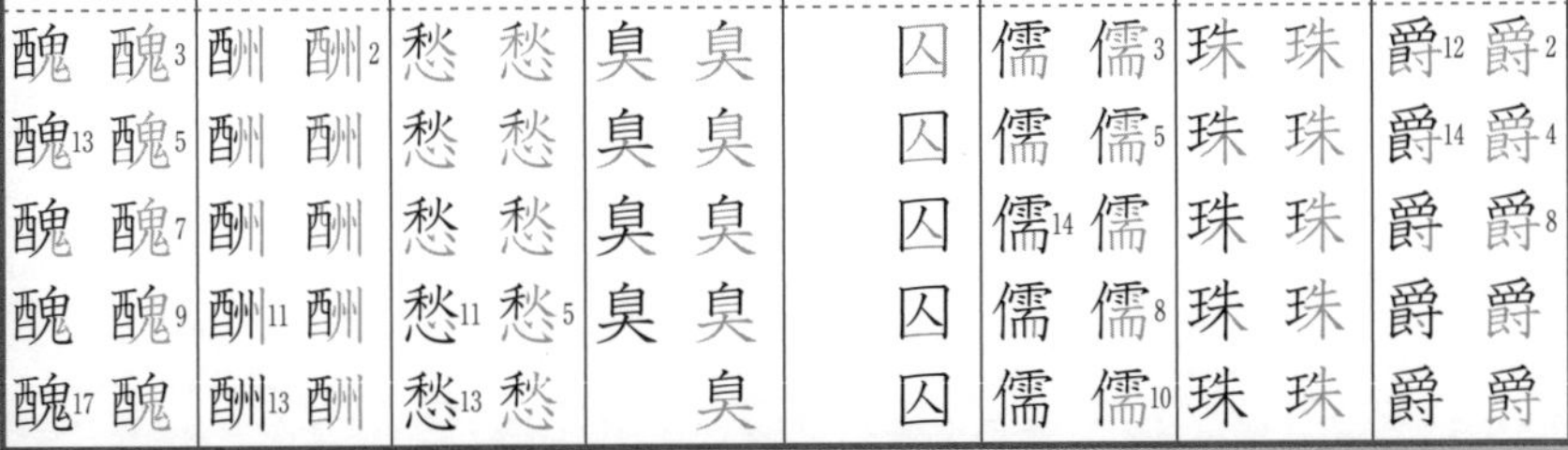

練習問題

1	／24
2	／20
3	／10
4	／24

月　日

1 次の――線の漢字の読みをひらがなで記せ。

1 友情を描いた珠玉の短編だ。
2 侯爵家に執事として仕える。
3 儒学は中国古来の思想体系だ。
4 仕事に見合う報酬を受け取る。
5 幽囚の身を嘆き悲しむ。
6 ふるさとの言葉に郷愁を感じる。
7 興奮して醜態をさらした。
8 ほどいていた毛糸が絡まる。
9 授与された勲章を身につける。
10 嫌いなピーマンを食べてみる。
11 前例のない特殊な事件だ。
12 和平の方法を模索する。
13 後輩に仲介の労を取ってもらう。
14 マンションを賃借する。
15 薬を飲んでせきを鎮める。
16 自治会の会長に推される。
17 不得手な科目に力を注ぐ。
18 澄んだ青空に紅葉が映える。
19 牧師が福音書を朗読する。
20 下肢の筋肉をほぐす運動をする。
21 ごみ置き場から腐臭が漂う。
22 魚の調理で手が生臭くなる。
23 収穫の祭りを盛大に行う。
24 スポーツが盛んな高校だ。

2 次の漢字の右の（　）には音読みを、左の（　）には訓読みをひらがなで記せ。

1 破砕（　）
2 砕（　）く
3 悪臭（　）
4 臭（　）う
5 偽造（　）
6 偽物（　）
7 遮光（　）
8 遮（　）る
9 旅愁（　）
10 愁（　）い

11 蛍窓（　）
12 蛍（　）
13 海溝（　）
14 溝（　）
15 潤沢（　）
16 潤（　）す
17 捕獲（　）
18 獲（　）る
19 地殻（　）
20 殻（　）

3 次の――線のカタカナを漢字一字と送りがな（ひらがな）に直せ。

〈例〉問題に**コタエル**。（答える）

1 **クサイ**においの元を探す。（　）
2 **ミニクイ**争いはもうやめる。（　）
3 服が**ヨゴレル**のを嫌がる。（　）
4 友人の**サソイ**に乗って出かける。（　）
5 **オソロシク**て身をすくませる。（　）
6 表示価格に税金を**フクメル**。（　）
7 洗って乾かしたタオルを**タタム**。（　）
8 赤ん坊を**ネカシ**つける。（　）
9 途中でガラスの靴が**ヌゲル**。（　）
10 電話の声が**ハズン**でいた。（　）

4

次の――線のカタカナを漢字に直せ。

1 外見の**ビシュウ**は気にしない。
2 **アイシュウ**が漂う曲を好む。
3 脱獄**シュウ**が捕まった。
4 子どものころ**シュザン**を習った。
5 四書五経は**ジュキョウ**の経典だ。
6 腐った野菜が**イシュウ**を放つ。
7 **シャクイ**は旧華族制度の階級だ。
8 激しい意見の**オウシュウ**が続く。
9 人間の**ミニク**さを描いた小説だ。
10 **オモムキ**のある庭園を歩く。
11 **ジュヨウ**と供給の均衡を保つ。
12 家元を代々**セシュウ**してきた。
13 優勝カップを**ジュヨ**する。
14 名人位を**ダッカン**する。
15 **モクゲキ**者が法廷で証言する。
16 ゴールまで全力で**シッソウ**する。
17 **オンシャ**により減刑される。
18 このイチョウには**メバナ**がつく。
19 飛行機の**ビヨク**の形状を変える。
20 印鑑と**シュニク**を用意する。
21 キノコで**ゲンカク**症状《しょうじょう》を起こす。
22 制度を**ゲンカク**に運用する。
23 刑務所へ**シュウジン**を護送する。
24 **シュウジン**環視の中で恥をかく。

使い分けよう！ **うれい【憂・愁】**
憂い…例 後顧の憂いがある（心配すること）
愁い…例 愁いに沈む（もの悲しい気持ち）

ステップ16

漢字	読み	画数	部首	部首名	漢字の意味	用例	筆順
汁	音 ジュウ 訓 しる	5	氵	さんずい	つゆ・しる	一汁一菜《いちじゅういっさい》・果汁《かじゅう》・苦汁《くじゅう》・胆汁《たんじゅう》・墨汁《ぼくじゅう》・汁粉《しるこ》	
充	音 ジュウ 訓 あ(てる)高	6	儿	ひとあし にんにょう	みちる・みたす・あてる	充実《じゅうじつ》・充足《じゅうそく》・充電《じゅうでん》・充当《じゅうとう》・充満《じゅうまん》・拡充《かくじゅう》・学費《がくひ》に充《あ》てる	
渋	音 ジュウ 訓 しぶ しぶ(い) しぶ(る)	11	氵	さんずい	しぶる・しぶい・とどこおる	渋滞《じゅうたい》・渋面《じゅうめん》・苦渋《くじゅう》・難渋《なんじゅう》・渋柿《しぶがき》・渋皮《しぶかわ》・返事《へんじ》を渋《しぶ》る	
銃	音 ジュウ 訓 —	14	金	かねへん	てっぽう・じゅう	銃撃《じゅうげき》・銃口《じゅうこう》・銃声《じゅうせい》・銃創《じゅうそう》・銃弾《じゅうだん》・銃刀《じゅうとう》・拳銃《けんじゅう》・猟銃《りょうじゅう》	
叔	音 シュク 訓 —	8	又	また	父母の弟、妹・兄弟の順で上から三番目	伯叔《はくしゅく》・叔父《おじ》・叔母《おば》	
淑	音 シュク 訓 —	11	氵	さんずい	しとやか・尊敬してしたう	淑女《しゅくじょ》・淑徳《しゅくとく》・私淑《ししゅく》・貞淑《ていしゅく》	
粛	音 シュク 訓 —	11	聿	ふでづくり	つつしむ・おごそか・しずか	粛粛《しゅくしゅく》・粛正《しゅくせい》・粛清《しゅくせい》・粛然《しゅくぜん》・厳粛《げんしゅく》・自粛《じしゅく》・静粛《せいしゅく》	
塾	音 ジュク 訓 —	14	土	つち	学問や技芸を教える私設の学舎	塾生《じゅくせい》・学習塾《がくしゅうじゅく》・私塾《しじゅく》	

ステップ 16

練習問題

1	／24
2	／9
3	／10
4	／24

月　日

1 次の――線の漢字の読みをひらがなで記せ。

1 パート代を教育費に充当する。
2 小学生対象の私塾を経営する。
3 叔父さんに腕時計をもらった。
4 苦汁をなめて奮起する。
5 かねてから彼に私淑している。
6 クリの渋皮をむく。
7 会議中は静粛に願います。
8 激しい銃撃戦を繰り広げる。
9 読書は豊かな心を育む。
10 新しい文化を創る。
11 豪傑らしく高笑いする。
12 動物の虐待は許されないことだ。
13 紅葉の名所で秋を満喫する。
14 施設の老朽化は等閑視できない。
15 観桜シーズンが訪れる。
16 辛うじて難を逃れた。
17 地球温暖化を憂える。
18 再会の日を待ち焦がれる。
19 兄が爵位を継承した。
20 人気の連載漫画が映画化された。
21 オレンジの果汁を搾る。
22 お汁粉をごちそうになる。
23 苦渋に満ちた表情をする。
24 役者の渋い演技が光る。

2 次の――線のカタカナを漢字に直せ。

1 銃**コウ**を的に向ける。（　）
2 バラの芳**コウ**が漂う。（　）
3 敵の城を**コウ**略する。（　）

4 図書館の設備を**ジュウ**実させる。（　）
5 休日は高速道路が**ジュウ**滞する。（　）
6 飛行機を操**ジュウ**してみたい。（　）

7 会議の準備に時間を**サ**いた。（　）
8 くぎにひっかけて服が**サ**けた。（　）
9 大きな音で目が**サ**めた。（　）

3 次の各文にまちがって使われている同じ読みの漢字が一字ある。上に誤字を、下に正しい漢字を記せ。

		誤	正
1	健康保険の支払い問題について検当する。	（　）	（　）
2	大型の台風が就来して作物に被害を与えた。	（　）	（　）
3	勧められて従電式の電池を使う。	（　）	（　）
4	専伝文句におどらされて新製品を買う。	（　）	（　）
5	新技術を苦使して超高層ビルを建設する。	（　）	（　）
6	彼は新入生の中で異才を放っている。	（　）	（　）
7	契約書の連体保証人の欄に署名をする。	（　）	（　）
8	地場産業の振向に多大な功績が認められる。	（　）	（　）
9	地道に努力し、純調に成績を伸ばしていく。	（　）	（　）
10	来る本試験に向けて真剣に対作を練る。	（　）	（　）

4 次の——線のカタカナを漢字に直せ。

1 数学の**ジュク**に通っている。
2 寝不足で目が**ジュウケツ**する。
3 舞踏会に**シュクジョ**が集まる。
4 近所に住む**オバ**は父の妹だ。
5 忠告を**ゲンシュク**に受け止めた。
6 山林に**ジュウセイ**がとどろく。
7 **ボクジュウ**をすずりに流し込む。
8 依頼への返事を**シブ**られた。
9 **カンゲン**楽団に所属する。
10 猟師が**ケモノミチ**に分け入る。
11 **エンリョ**がちに意見を述べる。
12 寒さがだんだん**ユル**んできた。

13 この冷蔵庫はもう**ジュミョウ**だ。
14 罰ゲームは**カンベン**してほしい。
15 言葉の裏を**ジャスイ**してしまう。
16 食卓に**ゴウカ**な料理が並んだ。
17 親の恩に**ムク**いたいと思う。
18 冷たい**シグレ**が降り始めた。
19 悪天候で工事が**ナンジュウ**した。
20 **ナンジュウ**にも色をかさねる。
21 猿が**キセイ**を発している。
22 有害な添加物を**キセイ**する。
23 旅の安全を神社で**キネン**する。
24 旅行の**キネン**写真を見せる。

部首を間違えやすい漢字　粛・臭・辱

Q…次の漢字の部首は？　①粛　②臭　③辱

A…①「聿（ふでづくり）」、②「自（みずから）」、③「辰（しんのたつ）」。それぞれ「粛」を「米」、「臭」を「大」、「辱」を「寸」と間違えないよう、注意しましょう。

漢字	読み	画数	部首	部首名	漢字の意味	用例
俊	音 シュン / 訓 —	9	亻	にんべん	すぐれる・すぐれた人・たかい	俊傑《しゅんけつ》・俊才《しゅんさい》・俊秀《しゅんしゅう》・俊足《しゅんそく》・俊敏《しゅんびん》・英俊《えいしゅん》・英俊豪傑《えいしゅんごうけつ》
准	音 ジュン / 訓 —	10	冫	にすい	なぞらえる・ある地位に次ぐ・ゆるす	准教授《じゅんきょうじゅ》・准将《じゅんしょう》・批准《ひじゅん》
殉	音 ジュン / 訓 —	10	歹	かばねへん いちたへん がつへん	あとを追って死ぬ・命を捨てて事に従う	殉教《じゅんきょう》・殉国《じゅんこく》・殉死《じゅんし》・殉職《じゅんしょく》・殉難《じゅんなん》
循	音 ジュン / 訓 —	12	彳	ぎょうにんべん	従う・めぐる	循環《じゅんかん》・循環器《じゅんかんき》・循行《じゅんこう》・因循《いんじゅん》
庶	音 ショ / 訓 —	11	广	まだれ	いろいろの・正妻でない女性が生んだ子	庶民《しょみん》・庶務《しょむ》・衆庶《しゅうしょ》
緒	音 ショ チョ / 訓 お	14	糸	いとへん	物事のはじめ・心の動き・細いひも	緒戦《しょせん》・緒論《しょろん》・一緒《いっしょ》・端緒《たんしょ》《たんちょ》・内緒《ないしょ》・由緒《ゆいしょ》・情緒《じょうしょ》《じょうちょ》・鼻緒《はなお》
叙	音 ジョ / 訓 —	9	又	また	順序に従ってのべる・位につける	叙勲《じょくん》・叙景《じょけい》・叙事《じょじ》・叙述《じょじゅつ》・叙情《じょじょう》・叙任《じょにん》・自叙伝《じじょでん》
升	音 ショウ / 訓 ます	4	十	じゅう	ます・容量の単位・のぼる	一升《いっしょう》・升席《ますせき》・升目《ますめ》

筆順

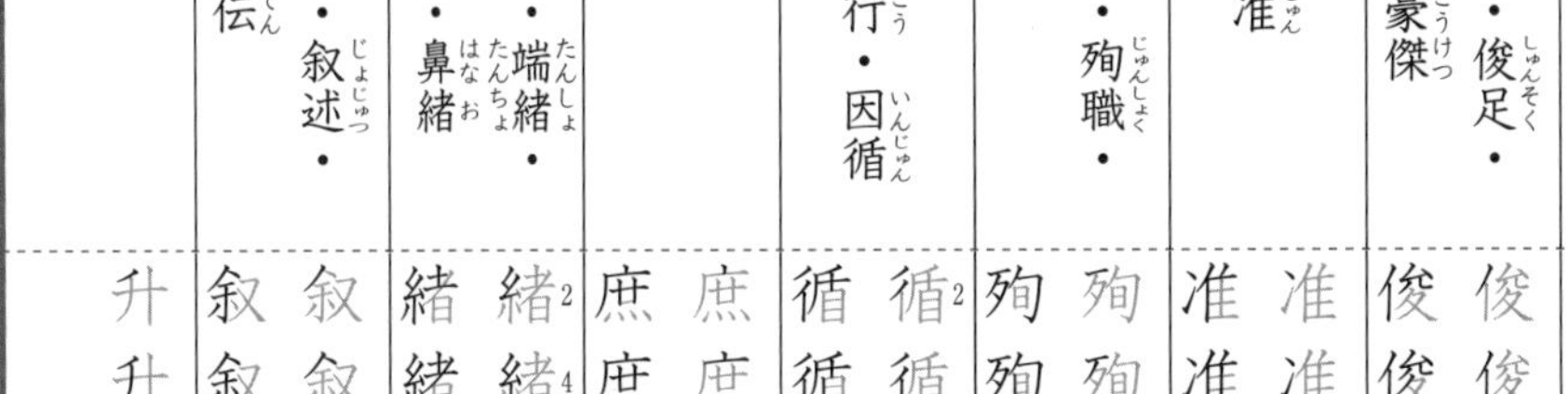

練習問題

1	/24
2	/10
3	/10
4	/24

月　日

1 次の――線の漢字の読みをひらがなで記せ。

1 商社で庶務課に配属された。
2 俊敏な判断で難を逃れた。
3 げたに鼻緒をすげる。
4 講和条約を批准する。
5 一升瓶《びん》入りの日本酒を買う。
6 捜査中の警察官が殉職した。
7 循環器系の病気を患う。
8 両親と一緒に旅行したい。
9 自叙伝を執筆する。
10 原稿用紙の升目を埋める。
11 謙譲の美徳を発揮する。
12 粛然として声もない。
13 委員会の主軸として活躍する。
14 別れの愁嘆場を演じる。
15 祖父には頑固な一面がある。
16 浴室のカビを除去する。
17 風に吹かれて旗が翻る。
18 今後は慎重な態度で臨む。
19 平均寿命は延びる傾向にある。
20 昇進、結婚と寿を重ねる。
21 検察官が冒頭陳述を行う。
22 あえて危険を冒すことはない。
23 穏健な意見が多かった。
24 穏やかな気候が続く。

2 次のAとBの漢字を一字ずつ組み合わせて二字の熟語を作れ。Bの漢字は必ず一度だけ使う。また、AとBどちらの漢字が上でもよい。

A

1 循　2 殉　3 緒　4 俊　5 叙
6 血　7 塾　8 厳　9 純　10 巡

B

粛　業　私　粋　充
因　論　足　難　勲

1（　）　2（　）　3（　）　4（　）　5（　）
6（　）　7（　）　8（　）　9（　）　10（　）

3 次の漢字の部首を記せ。

〈例〉菜〔艹〕　間〔門〕

1 酌（　）
2 遵（　）
3 璽（　）
4 殉（　）
5 閑（　）
6 嗣（　）
7 准（　）
8 叙（　）
9 伐（　）
10 循（　）

4 次の――線のカタカナを漢字に直せ。

1 堪忍《かんにん》袋の**オ**が切れた。

2 彼は数学の**シュンサイ**だ。

3 下町の**ジョウチョ**を楽しむ。

4 信仰を貫いて**ジュンキョウ**する。

5 **マス**でみそを量り売りする。

6 血液が体の中を**ジュンカン**する。

7 **ショミン**的な店でくつろぐ。

8 軍隊で**ジュンショウ**に昇進する。

9 行事の様子を**ジョジュツ**する。

10 示し合わせてひと**シバイ**打つ。

11 **サンガク**救助隊が活躍する。

12 試合は来月**ジョウジュン**に行う。

13 **ショウシュウ**スプレーをまく。

14 容疑が晴れて**シャクホウ**された。

15 失敗談は**マイキョ**にいとまがない。

16 決定的**シュンカン**を目撃する。

17 **カジュウ**入り飲料を飲む。

18 絶海の**コトウ**にたどりついた。

19 被災地で医薬品が**フソク**する。

20 **フソク**の事態が起きてしまった。

21 職務怠慢を理由に**カイコ**される。

22 昔の写真を見て**カイコ**にふける。

23 合成**センザイ**で汚れを落とす。

24 訓練で**センザイ**能力を引き出す。

正しい漢字はどれ？

Q…勝ってかぶとのオを締めよ。　①尾　②雄　③緒

A…③この「緒」はかぶとを結ぶひものことです。戦いに勝って、ほっとしてかぶとを脱いだときに、敵が襲ってくるかもしれないから、勝っても油断するなということで、成功しても安心せず、さらに用心せよという意味を表します。

漢字	読み	画数	部首	部首名	漢字の意味	用例
抄	音 ショウ 訓 —	7	扌	てへん	ぬきがき・書き写す・かすめとる・紙をすく	抄紙《しょうし》・抄出《しょうしゅつ》・抄本《しょうほん》・抄訳《しょうやく》・抄録《しょうろく》
肖	音 ショウ 訓 —	7	肉	にく	形が似ている・似せる・ちいさい	肖似《しょうじ》・肖像《しょうぞう》・肖像画《しょうぞうが》・不肖《ふしょう》
尚	音 ショウ 訓 —	8	⺌	しょう	なお・まだ・たいせつにする・程度が高い	尚古《しょうこ》・尚歯《しょうし》・尚早《しょうそう》・尚武《しょうぶ》・和尚《おしょう》・高尚《こうしょう》・好尚《こうしょう》
宵	音 ショウ 高 訓 よい	10	宀	うかんむり	よい・よる	春宵《しゅんしょう》・春宵一刻《しゅんしょういっこく》・徹宵《てっしょう》・宵越《よいご》し・宵《よい》っ張《ば》り・宵闇《よいやみ》
症	音 ショウ 訓 —	10	疒	やまいだれ	病気の様子が現れたしるし	症状《しょうじょう》・症例《しょうれい》・炎症《えんしょう》・既往症《きおうしょう》・軽症《けいしょう》・重症《じゅうしょう》・発症《はっしょう》
祥	音 ショウ 訓 —	10	礻	しめすへん	めでたいこと・物事の起こり	祥雲《しょううん》・祥月《しょうつき》・吉祥《きっしょう》・清祥《せいしょう》・発祥《はっしょう》・不祥《ふしょう》・不祥事《ふしょうじ》
渉	音 ショウ 訓 —	11	氵	さんずい	わたる・広く見聞きする・かかわる	渉外《しょうがい》・渉外部《しょうがいぶ》・渉猟《しょうりょう》・干渉《かんしょう》・交渉《こうしょう》
訟	音 ショウ 訓 —	11	言	ごんべん	うったえる・あらそう・やかましい	訟獄《しょうごく》・訴訟《そしょう》・争訟《そうしょう》

筆順

ステップ 18

練習問題

1	/24
2	/5
3	/9
4	/24

月　日

1 次の——線の漢字の読みをひらがなで記せ。

1 公害問題で訴訟を起こす。
2 のどに軽い炎症がある。
3 外国文学を児童用に抄訳する。
4 ご清祥のことと存じます。
5 不肖ながら努力します。
6 兄は宵っ張りの朝寝坊だ。
7 会社の渉外係に電話する。
8 方針を変更するのは時期尚早だ。
9 春宵一刻価千金という。
10 顕微鏡で雪の結晶を見た。
11 ぬれた衣類を乾燥機に入れる。
12 優れた叙景詩を味わう。
13 いずれ劣らぬ俊傑ぞろいだ。
14 猟銃の所持には許可がいる。
15 雑誌の懸賞に当選する。
16 面白い夢を見たのに忘れた。
17 淑女らしく振る舞う。
18 切れにくくなった包丁を研ぐ。
19 大企業の傘下に入る。
20 傘の水を切って閉じる。
21 仕事の制服が貸与される。
22 教授が学生に課題を与える。
23 競合する店を視察する。
24 兄弟で料理の腕を競う。

2 1〜5の三つの□に共通する漢字を入れて熟語を作れ。漢字はア〜コから一つ選び、記号で記せ。

1 □本・□出・□録 （　）
2 吉□・発□・不□ （　）
3 □世・□絶・□離 （　）
4 □納・爆□・微□ （　）
5 □党・□美・□受 （　）

ア 尚　イ 笑　ウ 甘　エ 抄　オ 肖
カ 較　キ 隔　ク 緩　ケ 祥　コ 渉

3 次の——線のカタカナにあてはまる漢字をそれぞれのア〜オから一つ選び、記号で記せ。

1 風邪のショウ状がひどくなる。 （　）
2 事件のショウ細を調べる。 （　）
3 親友と愛ショウで呼び合う。 （　）
（ア 渉　イ 称　ウ 症　エ 詳　オ 祥）

4 囲碁の団体戦でシュ勲を立てる。 （　）
5 冠にシュ玉をちりばめる。 （　）
6 シュ味と実益を兼ねている。 （　）
（ア 趣　イ 狩　ウ 珠　エ 殊　オ 朱）

7 梅の名所で記念写真をトる。 （　）
8 他国に対して門戸をトざす。 （　）
9 示唆にトんだ話を聞く。 （　）
（ア 留　イ 閉　ウ 撮　エ 捕　オ 富）

4 次の——線のカタカナを漢字に直せ。

1 結核の**ショウレイ**が報告された。
2 民事**ソショウ**の手続きをする。
3 戸籍**ショウホン**を提出する。
4 新聞記者が**フショウジ**を暴く。
5 歴代藩主の**ショウゾウ**画を見た。
6 和平**コウショウ**が決裂する。
7 **ヨイゴ**しの茶は体に悪いらしい。
8 **コウショウ**過ぎる話題だった。
9 聴衆に**セイシュク**を求める。
10 **シャショウ**に切符を手渡した。
11 **モンショウ**の入った旗を掲げる。
12 レンズの**ショウテン**を合わせる。

13 **キョショウ**と称される画家だ。
14 会社の**ショウシン**試験を受けた。
15 死亡事故数が**ケンチョ**に減る。
16 祖父の代から金物を**アキナ**う。
17 お互いに**ジョウホ**して合意する。
18 消防士が**ジュンショク**した。
19 毎朝、五時に**キショウ**する。
20 姉は**キショウ**が激しい。
21 現代社会に**ケイショウ**を鳴らす。
22 王位を**ケイショウ**する。
23 **カンショウ**材でグラスをくるむ。
24 名曲を**カンショウ**する。

使い分けよう! とる【取・執・撮・採・捕】
一般的には「取る」を使いますが、次のように使い分けましょう。
執る…例 事務を執る（役目として行う）
撮る…例 写真を撮る（撮影する）
採る…例 きのこを採る（採取する）
捕る…例 球を捕る（つかまえる）

ステップ
13－18

力だめし

第3回

総得点 ／100

評価
A
80点 B
75点 C
70点 D
60点 E

月　日

1 次の――線の漢字の読みをひらがなで記せ。

1×10 ／10

1 滋養のあるものを食べる。（　　）
2 出来事をありのままに叙述する。（　　）
3 中国から黒酢を取り寄せる。（　　）
4 美醜にばかりこだわるな。（　　）
5 盆栽を台に並べる。（　　）
6 本を読んで思索にふける。（　　）
7 新居には書斎が欲しい。（　　）
8 決勝戦で負けて号泣する。（　　）
9 症状は少しずつ改善している。（　　）
10 宇宙飛行士が無事帰還する。（　　）

2 次の漢字の部首を記せ。

〈例〉菜〔艹〕　間〔門〕

1×10 ／10

1 酢（　　）
2 虐（　　）
3 臭（　　）
4 升（　　）
5 囚（　　）
6 克（　　）
7 宵（　　）
8 隷（　　）
9 髄（　　）
10 淑（　　）

3 次の——線のカタカナを漢字一字と送りがな（ひらがな）に直せ。

〈例〉問題にコタエル。（答える）

2×10 ／20

1 ブラインドで日光をサエギル。（　）
2 雨が降って草木がウルオウ。（　）
3 打てばヒビクように返事をする。（　）
4 古いお札をスカシて見る。（　）
5 必要にセマラれて資格を取る。（　）
6 日差しを避けてナナメを向いた。（　）
7 銀行が貸し出しをシブル。（　）
8 トマトが真っ赤にウレル。（　）
9 ひもをゆるめにユワエル。（　）
10 傷にサワルと痛みが走った。（　）

4 熟語の構成のしかたには次のようなものがある。

1×10 ／10

ア 同じような意味の漢字を重ねたもの（岩石）
イ 反対または対応の意味を表す字を重ねたもの（高低）
ウ 上の字が下の字を修飾しているもの（洋画）
エ 下の字が上の字の目的語・補語になっているもの（着席）
オ 上の字が下の字の意味を打ち消しているもの（非常）

次の熟語は右のア～オのどれにあたるか、一つ選び、記号で記せ。

1 破砕（　）
2 不祥（　）
3 渉外（　）
4 詐欺（　）
5 繁閑（　）
6 虚像（　）
7 賢愚（　）
8 旅愁（　）
9 未了（　）
10 殉教（　）

5 次の各文にまちがって使われている同じ読みの漢字が一字ある。上に誤字を、下に正しい漢字を記せ。

2×5 /10

誤　正

1 下馬評では弱小チームとされていたが強敵を次々と破り、ついに甲子園への出場権を拡得した。（　）（　）

2 終電を逃した人たちがタクシー乗り場に超蛇の列を作っていて、何時に帰れるか見当もつかない。（　）（　）

3 突然の大雪によって、実施が予定されていた多くの行事が、自粛や延期を余技なくされた。（　）（　）

4 慰安旅行先で、郷愁を誘う叙状的な風景を目にした私は、思わず感涙にむせんだ。（　）（　）

5 大雨で川が警壊水位を超えそうなので、急いで避難するよう消防団が住民を誘導して回った。（　）（　）

6 後の［　］の中の語を必ず一度だけ使って漢字に直し、対義語・類義語を記せ。

2×10 /20

対義語

1 売却—（　）

2 欠乏—（　）

3 純白—（　）

4 醜悪—（　）

5 高尚—（　）

類義語

6 懇切—（　）

7 酌量—（　）

8 冷酷—（　）

9 庶民—（　）

10 突飛—（　）

きばつ・こうにゅう・こうりょ・しっこく・じゅうそく・たいしゅう・ていぞく・ていちょう・はくじょう・びれい

7 次の□に入る適切なひらがなを、［　］の中から選び、漢字に直して四字熟語を完成せよ。［　］の中のひらがなは一度だけ使うこと。また、その意味を後のア〜オから選び、記号を（　）に記せ。

2×5　／10

1 鶏口□後（　）

2 危機一□（　）

3 縦横無□（　）

4 英俊□傑（　）

5 七転八□（　）

ぎゅう・ごう・じん・とう・ぱつ

ア 大きな集団で人の下にいるより小さな集団でも人の上に立つ方がよいこと
イ 激しい苦痛にひどく苦しむさま
ウ きわどいところで助かること
エ 無類にすぐれた人物
オ 自由自在であるさま

8 次の――線のカタカナを漢字に直せ。

1×10　／10

1 難問解決のタンショをつかむ。（　）

2 イセイよく飛び出していく。（　）

3 相応のホウシュウを希望する。（　）

4 姉は流行にビンカンだ。（　）

5 テッペキのアリバイを崩す。（　）

6 与党が新コウリョウを発表する。（　）

7 トクシュな事例を研究する。（　）

8 チンタイ住宅で生活する。（　）

9 窓のサンのほこりをふき取る。（　）

10 布をはさみでタつ。（　）

ステップ 19

漢字	読み	画数	部首	部首名	漢字の意味	用例
硝	音 ショウ 訓 —	12	石	いしへん	鉱物の名・火薬	硝煙《しょうえん》・硝酸《しょうさん》・硝石《しょうせき》
粧	音 ショウ 訓 —	12	米	こめへん	よそおう・かざる	化粧《けしょう》・淡粧《たんしょう》・美粧《びしょう》
詔	音 ショウ 訓 みことのり 高	12	言	ごんべん	天皇が正式に述べることば・つげる	詔書《しょうしょ》・詔勅《しょうちょく》・国分寺《こくぶんじ》創建《そうけん》の詔《みことのり》
奨	音 ショウ 訓 —	13	大	だい	すすめる・助けはげます・とりもつ	奨学《しょうがく》・奨励《しょうれい》・勧奨《かんしょう》・推奨《すいしょう》・報奨《ほうしょう》
彰	音 ショウ 訓 —	14	彡	さんづくり	あきらかにする・あらわれる・あや	彰功《しょうこう》・彰徳《しょうとく》・顕彰《けんしょう》・表彰《ひょうしょう》
償	音 ショウ 訓 つぐな(う)	17	亻	にんべん	うめ合わせをする・むくいる	償還《しょうかん》・償却《しょうきゃく》・賠償《ばいしょう》・弁償《べんしょう》・補償《ほしょう》・無償《むしょう》・罪《つみ》を償《つぐな》う
礁	音 ショウ 訓 —	17	石	いしへん	水面に見えかくれする岩・水底の岩	暗礁《あんしょう》・環礁《かんしょう》・岩礁《がんしょう》・座礁《ざしょう》・離礁《りしょう》
浄	音 ジョウ 訓 —	9	氵	さんずい	きよい・きよめる・けがれがなくきよらか	浄化《じょうか》・浄財《じょうざい》・浄水《じょうすい》・浄土《じょうど》・自浄《じじょう》・清浄《せいじょう》・洗浄《せんじょう》・不浄《ふじょう》

ステップ 19

練習問題

1	／24
2	／10
3	／10
4	／24

月　日

1 次の――線の漢字の読みをひらがなで記せ。

1 硝煙反応の有無を調べる。（　　）
2 早期退職を勧奨された。（　　）
3 汚染された川の水を浄化する。（　　）
4 舞台の前に念入りに化粧をする。（　　）
5 長年の功労を顕彰する。（　　）
6 国会の召集詔書が公布される。（　　）
7 小学生にこの本を推奨します。（　　）
8 交渉は暗礁に乗り上げた。（　　）
9 地震の損害を補償してもらう。（　　）
10 登記簿抄本のコピーをとる。（　　）
11 協力するよう懇請する。（　　）
12 国境に緩衝地帯を設ける。（　　）
13 憂さ晴らしに大声で歌う。（　　）
14 日照り続きで慈雨を待つ。（　　）
15 最新作が人気の試金石となる。（　　）
16 氏神がまつられた神社に行く。（　　）
17 証拠を吟味して裁判に臨む。（　　）
18 離島での医療活動を志す。（　　）
19 割ったガラスを弁償する。（　　）
20 一生かけても罪を償いたい。（　　）
21 新薬の臨床テストを行う。（　　）
22 重要な会議に臨む。（　　）
23 我慢比べには自信がある。（　　）
24 我が家でくつろぐ。（　　）

2 次のAとBの漢字を一字ずつ組み合わせて二字の熟語を作れ。Bの漢字は必ず一度だけ使う。また、AとBどちらの漢字が上でもよい。

A

1 早
2 熱
3 漢
4 美
5 元
6 契
7 礁
8 有
9 戯
10 及

B

曲 約 還 第 償
岩 狂 粧 尚 巨

1（　　）
2（　　）
3（　　）
4（　　）
5（　　）
6（　　）
7（　　）
8（　　）
9（　　）
10（　　）

3 次の（　）に入る適切なひらがなを、後の□の中から選び、漢字に直して四字熟語を完成せよ。□の中のひらがなは一度だけ使うこと。

1 愛別（　　）苦
2（　　）楽浄土
3 異国（　　）緒
4 意気消（　　）
5 異（　　）邪説
6 深山幽（　　）
7（　　）天動地
8 一（　　）千里
9 一罰百（　　）
10 妙計（　　）策

かい・き・きょう・こく・ごく・じょう・たん・ちん・ぼう・り

4 次の――線のカタカナを漢字に直せ。

1 傷口を水で**センジョウ**する。（　　）
2 顔全体に**ケショウ**水をつける。（　　）
3 金属を**ショウサン**に溶かす。（　　）
4 **ショウガク**金を申請する。（　　）
5 車いすを**ムショウ**で貸し出す。（　　）
6 省エネルギーを**ショウレイ**する。（　　）
7 優勝して**ヒョウショウ**台に上る。（　　）
8 タンカーが沖合で**ザショウ**した。（　　）
9 終戦の**ショウ**勅《ちょく》が出された。（　　）
10 相手に与えた損害を**ツグナ**う。（　　）
11 目の**サッカク**を利用する。（　　）
12 **ビネツ**があるので早く寝る。（　　）

13 横綱を破り**シュクン**賞を受けた。（　　）
14 昨年の**セツジョク**を果たす。（　　）
15 従業員は**ズイジ**募集している。（　　）
16 不意に**キョウシュウ**にかられる。（　　）
17 車の**トソウ**がはがれる。（　　）
18 成功の**シュクハイ**を交わした。（　　）
19 警備員が施設を**ジュンカイ**する。（　　）
20 新たにチームの**シュジク**となる。（　　）
21 減価**ショウキャク**の計算をする。（　　）
22 **ショウキャク**炉でごみを燃やす。（　　）
23 10対0の**カンショウ**に狂喜する。（　　）
24 ビキニ**カンショウ**は太平洋にある。（　　）

使い分けよう！ **ほしょう【保証・保障・補償】**
保証…例 品質を保証する・保証人（間違いないと請け合う）
保障…例 権利を保障する・社会保障（状態や地位を保護する）
補償…例 損害を補償する・補償金（損害などをつぐなう）

ステップ20

漢字	読み	画数	部首	部首名	漢字の意味	用例	筆順
剰	音 ジョウ 訓 ―	11	刂	りっとう	あまる・のこり・あまつさえ	剰員《じょういん》・剰余《じょうよ》・過剰《かじょう》・余剰《よじょう》	剰 11
壌	音 ジョウ 訓 ―	16	土	つちへん	つち・みのる	撃壌《げきじょう》・土壌《どじょう》・豊壌《ほうじょう》	壌 5 8 10 12 16
醸	音 ジョウ 訓 かも(す)高	20	酉	とりへん	かもす・酒をつくる	醸成《じょうせい》・醸造《じょうぞう》・吟醸《ぎんじょう》・醸《かも》し出《だ》す・物議《ぶつぎ》を醸《かも》す	醸 3 6 11 14 16 20
津	音 シン高 訓 つ	9	氵	さんずい	みなと・きし・あふれ出る・体から出る液体	興味津津《きょうみしんしん》・津津浦浦《つつうらうら》・津波《つなみ》	津
唇	音 シン高 訓 くちびる	10	口	くち	くちびる	紅唇《こうしん》・読唇術《どくしんじゅつ》・唇《くちびる》をかむ	唇
娠	音 シン 訓 ―	10	女	おんなへん	みごもる	妊娠《にんしん》	娠
紳	音 シン 訓 ―	11	糸	いとへん	教養のある、りっぱな男性・身分の高い男性	紳士《しんし》・貴紳《きしん》	紳 6

ステップ20 練習問題

1	/24
2	/9
3	/20
4	/24

月　日

1 次の——線の漢字の読みをひらがなで記せ。

1 不満そうに唇をとがらせる。（　）
2 剰余金の配当を受ける。（　）
3 肥えた土壌で野菜を育てる。（　）
4 紳士服売り場に向かう。（　）
5 各地の吟醸酒を取りそろえる。（　）
6 妊《にん》娠中なので食事に気を配る。（　）
7 芸能人のうわさに興味津津だ。（　）
8 進退窮まるとはこのことだ。（　）
9 事故に遭ったが軽症で済んだ。（　）
10 閑却を許さない状況になる。（　）

11 哀愁を帯びた音色に耳を傾ける。（　）
12 伸縮する包帯を患部に巻く。（　）
13 岩礁にすむ魚を釣《つ》る。（　）
14 そろいの法被を着る。（　）
15 取引先との商談が調う。（　）
16 夕暮れ時にカラスが飛び交う。（　）
17 逃走した囚人を捕まえる。（　）
18 相手の虚をつき、得点した。（　）
19 上申書を裁判所に提出する。（　）
20 卵巣がんを早期発見する。（　）
21 悲しみに耐え気丈に振る舞う。（　）
22 背丈が伸びて大人びる。（　）
23 財産を子どもに譲渡する。（　）
24 バスで老人に席を譲った。（　）

2 次の――線のカタカナにあてはまる漢字をそれぞれのア～オから一つ選び、記号で記せ。

1 水道の水を**ジョウ**水器に通す。（　　）
2 作物がよく育つ豊**ジョウ**な地域だ。（　　）
3 頑**ジョウ**な建物に避難する。（　　）
（ア 壌　イ 醸　ウ 譲　エ 浄　オ 丈）

4 危険を感じて警**ショウ**を鳴らす。（　　）
5 「ご愁**ショウ**様でした」と挨拶《あいさつ》する。（　　）
6 会場が爆**ショウ**の渦に包まれる。（　　）
（ア 証　イ 鐘　ウ 承　エ 笑　オ 傷）

7 荷物をダンボールに**ツ**める。（　　）
8 朝畑から**ツ**んだイチゴを食べる。（　　）
9 トラックに商品を**ツ**む。（　　）
（ア 津　イ 詰　ウ 突　エ 積　オ 摘）

3 次の漢字の右の（　）には音読みを、左の（　）には訓読みをひらがなで記せ。

1 震源（　　）
2 震（　　）える
3 一升（　　）
4 升目（　　）
5 隣接（　　）
6 接（　　）ぐ
7 栄誉（　　）
8 誉（　　）れ
9 波及（　　）
10 及（　　）ぶ

11 醸成（　　）
12 醸（　　）す
13 醜聞（　　）
14 醜（　　）い
15 繁殖（　　）
16 殖（　　）やす
17 警戒（　　）
18 戒（　　）める
19 重畳（　　）
20 畳（　　）

4 次の——線のカタカナを漢字に直せ。

1 自由な校風をジョウセイする。（　）
2 彼は自信カジョウな人だ。（　）
3 相手とシンシ的に交渉する。（　）
4 ツナミに備えて避難訓練を行う。（　）
5 研究支援が盛んなドジョウがある。（　）
6 悔しそうにクチビルをかんだ。（　）
7 日本酒は米をジョウゾウして作る。（　）
8 姉が二人目を妊《にん》シンした。（　）
9 ジュウダンが的に命中する。（　）
10 夢がかなった喜びにヒタる。（　）
11 選手の士気をコブする。（　）
12 滑らかなシタザワりを楽しむ。（　）
13 風邪のショウジョウが悪化する。（　）
14 服のエリクビの汚れを落とす。（　）
15 定年後もショクタクとして働く。（　）
16 児童ギャクタイを取り締まる。（　）
17 証拠がなくて不キソ処分になる。（　）
18 肉のカタマリを料理する。（　）
19 ビョウショウの祖母に付き添う。（　）
20 所得を税務署にシンコクする。（　）
21 ビタミンのジョウザイを飲んだ。（　）
22 本堂修理のジョウザイを募る。（　）
23 ジョウヨ金は次回に繰り越す。（　）
24 国有地が県にジョウヨされる。（　）

「々」って何？

「々」は同じ字を二度書く手間を省く符号で「踊り字（繰り返し符号）」といいます。これは「人々」「年々」などの漢字一字の繰り返しのみに用います。「不承不承」といった熟語の繰り返しや「民主主義」「学生生活」のように複合語と認められる語句には用いません。

ステップ21

漢字	読み	画数	部首	部首名	漢字の意味	用例	筆順
診	音 シン 訓 み(る)	12	言	ごんべん	病気のぐあいを調べる・うらなう	診察《しんさつ》・診断《しんだん》・診療《しんりょう》・休診《きゅうしん》・受診《じゅしん》・打診《だしん》・患者《かんじゃ》を診《み》る	診 診 診 診 診 診 診 診 診 診
刃	音 ジン 高 訓 は	3	刀	かたな	刀剣類のは・やいば・刀で切る	凶刃《きょうじん》・自刃《じじん》・刃先《はさき》・刃物《はもの》	刃 刃 刃
迅	音 ジン 訓 —	6	辶	しんにょう しんにゅう	はやい・はげしい	迅速《じんそく》・迅速果断《じんそくかだん》・迅雷《じんらい》・疾風迅雷《しっぷうじんらい》・奮迅《ふんじん》	迅 迅 迅 迅 迅 迅
甚	音 ジン 高 訓 はなは(だ) はなは(だしい)	9	甘	かん あまい	はなはだしい・非常に・度を過ごす	甚大《じんだい》・激甚《げきじん》・幸甚《こうじん》・甚《はなは》だ迷惑《めいわく》だ・誤解《ごかい》も甚《はなは》だしい	甚 甚 甚 甚 甚 甚 甚 甚 甚
帥	音 スイ 訓 —	9	巾	はば	ひきいる・したがう・軍を指揮する最高官	元帥《げんすい》・将帥《しょうすい》・総帥《そうすい》・統帥《とうすい》	帥 帥 帥 帥 帥 帥 帥 帥 帥
睡	音 スイ 訓 —	13	目	めへん	ねむる・ねむり	睡魔《すいま》・睡眠《すいみん》・仮睡《かすい》・午睡《ごすい》・熟睡《じゅくすい》	睡 睡 睡 睡 睡 睡 睡 睡 睡 睡
枢	音 スウ 訓 —	8	木	きへん	物事のかなめとなるところ・からくり	枢機《すうき》・枢軸《すうじく》・枢要《すうよう》・中枢《ちゅうすう》	枢 枢 枢 枢 枢 枢 枢 枢
崇	音 スウ 訓 —	11	山	やま	けだかい・たかい・あがめる・尊ぶ	崇敬《すうけい》・崇高《すうこう》・崇信《すうしん》・崇拝《すうはい》・崇仏《すうぶつ》・尊崇《そんすう》	崇 崇 崇 崇 崇 崇 崇 崇 崇 崇

ステップ 21

練習問題

1	／24
2	／10
3	／10
4	／24

月　日

1 次の――線の漢字の読みをひらがなで記せ。

1 熟睡したので疲れが取れた。（　　）

2 熱が出たので内科を受診する。（　　）

3 刃物の専門店ではさみを買う。（　　）

4 苦情を迅速に処理する。（　　）

5 日曜・祝日は休診だ。（　　）

6 甚だ残念な結果だった。（　　）

7 彼は大企業の総帥だ。（　　）

8 英雄に崇敬の念を抱く。（　　）

9 寝不足で睡魔に襲われる。（　　）

10 国政の枢機に参与している。（　　）

11 志半ばで凶刃に倒れる。（　　）

12 彼は堅物で無粋な男である。（　　）

13 提出する書類に押印する。（　　）

14 川の中州に取り残される。（　　）

15 事故で道路が渋滞する。（　　）

16 瓶《びん》を洗浄して再利用する。（　　）

17 漆黒のマントに身を包む。（　　）

18 友人から愛称で呼ばれている。（　　）

19 本日の診療は終了しました。（　　）

20 医者に足のけがを診てもらう。（　　）

21 手工業の衰退が止まらない。（　　）

22 足の筋力が衰えてきた。（　　）

23 計画の完遂は難しい。（　　）

24 技術は格段の進歩を遂げている。（　　）

2 後の□の中の語を必ず一度だけ使って漢字に直し、対義語・類義語を記せ。

対義語

1 汚染―（　）
2 末端―（　）
3 剛健―（　）
4 飽食―（　）
5 醜聞―（　）

類義語

6 起源―（　）
7 真髄―（　）
8 調和―（　）
9 昼寝―（　）
10 座視―（　）

きが・きんこう・ごくい・ごすい・じょうか・ちゅうすう・にゅうじゃく・はっしょう・びだん・ぼうかん

3 次の――線のカタカナを漢字一字と送りがな（ひらがな）に直せ。

〈例〉問題にコタエル。（答える）

1 花束にカードをソエル。（　）
2 郵便局までの道をタズネル。（　）
3 今年の運勢をウラナウ。（　）
4 ハナハダシイ損害が生じる。（　）
5 法にフレル行為はしない。（　）
6 事情をクワシク説明した。（　）
7 服にレースのカザリをつける。（　）
8 二人はオドロクほど似ている。（　）
9 寒さで指先の感覚がニブル。（　）
10 自分の犯した罪をツグナウ。（　）

4 次の——線のカタカナを漢字に直せ。

1 非常識も**ハナハ**だしい行動だ。
2 県知事選への出馬を**ダシン**する。
3 **ジンソク**な処置が命を救った。
4 十分な**スイミン**時間を確保する。
5 かみそりの**ハ**を取り替える。
6 **スウコウ**な理想を掲げる。
7 企業の**チュウスウ**で働く。
8 病院で虫垂炎と**シンダン**される。
9 軍の**ゲンスイ**が隊を指揮する。
10 毎日三十分の**ゴスイ**をとる。
11 母の作るお**シルコ**は絶品だ。
12 警察に**ジンモン**される。

13 与えられた任務を**カンスイ**した。
14 船が**アンショウ**に乗り上げる。
15 予算案を慎重に**シンギ**する。
16 **ジュンスイ**な思いを大切にする。
17 山頂から大声で**サケ**んだ。
18 **シンショク**を忘れて勉強した。
19 要点を手帳に**ヒカ**える。
20 のしに「**コトブキ**」と書く。
21 裁判所に**サイシン**を請求する。
22 **サイシン**の注意を払う。
23 空気が**ス**んで星がきらめく。
24 見事な**ス**かし彫りだ。

使い分けよう！ **みる【見・診】**
見る…例 景色を見る（眺《なが》める）・調子を見る（調べる）・面倒を見る（世話をする）
診る…例 患者を診る（診察する）

ステップ22

漢字	読み	画数	部首	部首名	漢字の意味	用例	筆順
据	音 — 訓 す(える)・す(わる)	11	扌	てへん	そのままにしておく・すえる	据《す》え置《お》き・据《す》え物《もの》・見《み》据《す》える・度胸《どきょう》を据《す》える・首《くび》が据《す》わる	据 据 据 据 据 据 据 据 据(10) 据
杉	音 — 訓 すぎ	7	木	きへん	すぎ	杉菜《すぎな》・杉並木《すぎなみき》・縄文杉《じょうもんすぎ》	杉 杉 杉 杉 杉 杉 杉
斉	音 セイ 訓 —	8	斉	せい	そろう・そろえる・ととのえる・ひとしい	斉唱《せいしょう》・斉民《せいみん》・一斉《いっせい》・均斉《きんせい》	斉 斉 斉 斉 斉 斉 斉 斉
逝	音 セイ 訓 ゆ(く)高・い(く)高	10	辶	しんにょう・しんにゅう	ゆく・去る・死亡する	逝去《せいきょ》・急逝《きゅうせい》・長逝《ちょうせい》・文豪《ぶんごう》ついに逝《ゆ》く《い》	逝 逝 逝 逝 逝 逝 逝 逝 逝 逝
誓	音 セイ 訓 ちか(う)	14	言	げん	ちかう・ちかい・かたく約束する	誓願《せいがん》・誓詞《せいし》・誓約《せいやく》・宣誓《せんせい》・将来《しょうらい》を誓《ちか》う	誓 誓 誓 誓 誓 誓 誓 誓(11) 誓(13) 誓
析	音 セキ 訓 —	8	木	きへん	さく・こまかくわける・分解する	析出《せきしゅつ》・解析《かいせき》・透析《とうせき》・分析《ぶんせき》	析 析 析 析 析 析 析 析
拙	音 セツ 訓 つたな(い)	8	扌	てへん	つたない・へた・自分の謙称	拙速《せっそく》・拙宅《せったく》・拙劣《せつれつ》・古拙《こせつ》・巧拙《こうせつ》・稚拙《ちせつ》・拙《つたな》い文章《ぶんしょう》	拙 拙 拙 拙 拙 拙 拙 拙
窃	音 セツ 訓 —	9	穴	あなかんむり	ぬすむ・ぬすびと・ひそか	窃視《せっし》・窃取《せっしゅ》・窃盗《せっとう》	窃 窃 窃 窃 窃 窃 窃 窃 窃

練習問題

1	2	3	4
/24	/10	/9	/24

月　日

1 次の――線の漢字の読みをひらがなで記せ。

1 杉並木を抜けて大通りに出る。
2 人気俳優が急逝した。
3 金品の窃取は犯罪になる。
4 稚拙な絵だが味わいがある。
5 カメラを三脚に据えて撮る。
6 優勝校が校歌を斉唱する。
7 幼児が拙い文字を書いた。
8 事故機の飛行データを解析する。
9 拙速にならないよう注意する。
10 彼はまさに自己顕示欲の塊だ。
11 川の浅瀬で子どもたちが遊ぶ。
12 花婿の友人が祝辞を述べる。
13 崇高な目的のために努力する。
14 賃金格差を是正する。
15 心の内奥に情熱を宿す。
16 面接は随時受け付けている。
17 潔く自分の非を認めて謝る。
18 写真と酷似した男を見つける。
19 開会式で選手代表が宣誓する。
20 目標達成を誓う。
21 ビザの申請方法を確かめる。
22 建築工事の下請けをする。
23 接戦の末、惜敗する。
24 捨てるには惜しいきれいな箱だ。

2 次の漢字の部首を記せ。また下の熟語の読みをひらがなで記せ。

	部首		読み	
1	崇	（　）	崇仏	（　）
2	逝	（　）	長逝	（　）
3	誓	（　）	誓詞	（　）
4	盗	（　）	盗難	（　）
5	刃	（　）	刃先	（　）
6	朱	（　）	朱肉	（　）
7	般	（　）	諸般	（　）
8	奨	（　）	奨励	（　）
9	帥	（　）	統帥	（　）
10	斉	（　）	均斉	（　）

3 次の――線のカタカナを漢字に直せ。

1 データを分**セキ**する。（　）
2 遺**セキ**を修復する。（　）
3 即**セキ**の料理だがおいしい。（　）

4 神に**セイ**願を立てる。（　）
5 イベントは大**セイ**況だった。（　）
6 代表チームが海外遠**セイ**をする。（　）

7 あの人は目が**コ**えている。（　）
8 助け合って山を**コ**える。（　）
9 昨日から肩が**コ**っている。（　）

4

次の——線のカタカナを漢字に直せ。

1 生涯変わらぬ愛を**チカ**う。
2 病状が急変し惜しまれながら**ユ**く。
3 赤ちゃんの首が**ス**わる。
4 湖の白鳥が**イッセイ**に飛び立つ。
5 **スギ**の苗木を植林する。
6 少子化の原因を**ブンセキ**する。
7 **セットウ**犯が逮捕された。
8 ご**セイキョ**を心から悼《いた》む。
9 **セツレツ**な演技にうんざりした。
10 **ウデキ**きの職人の技に見とれる。
11 **ヒトキワ**目立つ集団がある。
12 洪水に備え**ギセイ**者を出さない。

13 **ス**り傷がひりひりと痛む。
14 猛暑で**ダッスイ**症状になる。
15 決勝に**ショウジュン**を合わせる。
16 **ジュウジツ**した休暇を過ごす。
17 食糧の**ヨジョウ**は備蓄しておく。
18 医師の**ゴシン**を疑う。
19 **テンジョウ**員が旅行に同行する。
20 **テンジョウ**裏にネズミがいる。
21 **ユウシュウ**の美を飾る。
22 **ユウシュウ**な成績を修めた。
23 車のシートベルトを**シ**める。
24 身内が重要な地位を**シ**める。

間違えやすい送りがな　**拙（つたない）**

Q…「拙」の訓読み「つたない」の送りがなは?
　①拙たない　②拙ない　③拙い

A…③この場合、「活用のある語は活用語尾を送る」という送りがなの通則に従い、活用語尾の「い」を送ります。

漢字表

ステップ 23

漢字	読み	画数	部首	部首名	漢字の意味	用例	筆順
仙	音 セン 訓 —	5	亻	にんべん	せんにん・高尚な人・傑出した芸術家	仙境《せんきょう》・仙骨《せんこつ》・仙人《せんにん》・詩仙《しせん》・酒仙《しゅせん》・水仙《すいせん》	仙
栓	音 セン 訓 —	10	木	きへん	穴などをふさぐもの	栓抜《せんぬ》き・血栓《けっせん》・消火栓《しょうかせん》・耳栓《みみせん》・元栓《もとせん》	栓
旋	音 セン 訓 —	11	方	ほうへん かたへん	めぐる・ぐるぐるまわる・かえる・もどる	旋回《せんかい》・旋盤《せんばん》・旋風《せんぷう》・旋律《せんりつ》・周旋《しゅうせん》	旋
践	音 セン 訓 —	13	𧾷	あしへん	おこなう・ふむ・したがう・位につく	実践《じっせん》	践
遷	音 セン 訓 —	15	辶	しんにょう しんにゅう	かえる・移り変わる・うつる・うつす	遷延《せんえん》・遷宮《せんぐう》・遷都《せんと》・左遷《させん》・変遷《へんせん》	遷
薦	音 セン 訓 すす(める)	16	艹	くさかんむり	すすめる・こも・むしろ	自薦《じせん》・推薦《すいせん》・会長候補《かいちょうこうほ》として薦《すす》める	薦
繊	音 セン 訓 —	17	糸	いとへん	細い糸・うすぎぬ・ほっそりしている	繊維《せんい》・繊細《せんさい》・繊弱《せんじゃく》・繊毛《せんもう》・化繊《かせん》	繊
禅	音 ゼン 訓 —	13	礻	しめすへん	ゆずる・しずか・まつり	禅宗《ぜんしゅう》・禅譲《ぜんじょう》・禅僧《ぜんそう》・禅問答《ぜんもんどう》・座禅《ざぜん》・参禅《さんぜん》	禅

ステップ23 練習問題

1 2 3 4
月 日

1 次の――線の漢字の読みをひらがなで記せ。

1 外出前にガスの元栓を閉める。
2 寺で座禅を組む。
3 仙境での暮らしを夢見る。
4 学んだ技術を実践してみる。
5 姉は繊細な神経の持ち主だ。
6 流行の変遷について語る。
7 彼らの会話は禅問答のようだ。
8 学界に旋風を巻き起こした。
9 森の中の探索は困難を極めた。
10 作家の逝去後、遺作が世に出た。
11 花を祖父の墓に手向ける。
12 桃の節句には内裏びなを飾る。
13 仰々しく式場を飾り立てる。
14 それは内政干渉だと反発する。
15 戯れに描いた絵が評判になる。
16 事故の原因を分析してまとめる。
17 自薦は認められない。
18 先生が薦める問題集を買った。
19 見事な跳躍を見せる。
20 池の魚が跳ね上がった。
21 甚大な被害に頭を抱える。
22 両者の立場は甚だしく異なる。
23 緊張で全身が硬直する。
24 硬い表情で口をきかない。

2 熟語の構成のしかたには次のようなものがある。

ア 同じような意味の漢字を重ねたもの（岩石）
イ 反対または対応の意味を表す字を重ねたもの（高低）
ウ 上の字が下の字を修飾しているもの（洋画）
エ 下の字が上の字の目的語・補語になっているもの（着席）
オ 上の字が下の字の意味を打ち消しているもの（非常）

次の熟語は右のア～オのどれにあたるか、一つ選び、記号で記せ。

1 遷都（　）
2 出納（　）
3 繊毛（　）
4 拙劣（　）
5 不肖（　）
6 誓詞（　）
7 旋回（　）
8 無尽（　）
9 合掌（　）
10 美醜（　）

3 次の各文にまちがって使われている同じ読みの漢字が一字ある。上に誤字を、下に正しい漢字を記せ。

誤　正

1 入浴で血液の循間を促す。（　）（　）
2 奇抜な試みが成功して気嫌がいい。（　）（　）
3 病弱な皇帝は善譲を余儀なくされた。（　）（　）
4 聞き覚えのある宣律が流れている。（　）（　）
5 証拠を押さえて調停に望んだ。（　）（　）
6 爆薬で岩石を一気に噴砕する。（　）（　）
7 父の処斎に絵画をかける。（　）（　）
8 偽造硬価が市中に出回る。（　）（　）
9 丈夫で安価な化学繊衣が普及した。（　）（　）
10 山奥で伐栽した木材を搬出する。（　）（　）

4

次の――線のカタカナを漢字に直せ。

1 学んだ健康法をジッセンする。

2 ワインのセンを抜く。

3 飛行機が上空をセンカイする。

4 絹にセンサイな刺しゅうを施す。

5 ザゼンを組んで雑念を払う。

6 仕事でミスをしてサセンされた。

7 センニンのように山で暮らす。

8 もの悲しいセンリツの曲だ。

9 脳のケッセンを手術で除去した。

10 うっかりして魚をコがす。

11 ろうそくのホノオを吹き消す。

12 間違いなく姉のヒッセキだ。

13 壊れた屋根をシュウゼンする。

14 家族総出で米をシュウカクする。

15 スイマと戦いながら原稿を書く。

16 コンジャク物語集を読む。

17 遺言書の真偽をカンテイする。

18 車のセッショク事故があった。

19 高価な陶器をシンチョウに運ぶ。

20 夫のスーツをシンチョウした。

21 豚ばら肉にはシボウ分が多い。

22 交通事故でシボウ者が出た。

23 学生に良書をススめる。

24 療養のため転地をススめる。

使い分けよう！ **すすめる【進・勧・薦】**

進める…例 時計を進める（前のほうに動かす）

勧める…例 入会を勧める（ある行為をするように働き掛ける）

薦める…例 候補者として薦める（特定の物や人を望ましいとして推薦する）

漢字表

ステップ24

漢字	読み	画数	部首	部首名	漢字の意味	用例	筆順
漸	音 ゼン / 訓 ―	14	氵	さんずい	だんだん・次第に・ようやく・すすむ	漸減《ぜんげん》・漸次《ぜんじ》・漸進《ぜんしん》・漸増《ぜんぞう》・西漸《せいぜん》・東漸《とうぜん》	3 8 14
租	音 ソ / 訓 ―	10	禾	のぎへん	ねんぐ・借りる	租界《そかい》・租借《そしゃく》・租税《そぜい》・地租《ちそ》・免租《めんそ》	
疎	音 ソ / 訓 うと(い)高 うと(む)高	12	⻊	ひきへん	あらい・うとい・おおまか・親しくない	疎遠《そえん》・疎外《そがい》・疎通《そつう》・疎密《そみつ》・疎略《そりゃく》・過疎《かそ》・空疎《くうそ》・世情《せじょう》に疎《うと》い	9
塑	音 ソ / 訓 ―	13	土	つち	土人形・粘土などで形をつくる	塑像《そぞう》・可塑《かそ》・彫塑《ちょうそ》	2 8 10
壮	音 ソウ / 訓 ―	6	士	さむらい	はたらきざかり・つよい・勇ましい・りっぱだ	壮健《そうけん》・壮絶《そうぜつ》・壮大《そうだい》・強壮《きょうそう》・少壮気鋭《しょうそうきえい》・悲壮《ひそう》・勇壮《ゆうそう》	
荘	音 ソウ / 訓 ―	9	艹	くさかんむり	おごそか・別宅・宿泊設備	荘厳《そうごん》・荘重《そうちょう》・山荘《さんそう》・別荘《べっそう》	
捜	音 ソウ / 訓 さが(す)	10	扌	てへん	さがす・さぐる・たずねもとめる	捜査《そうさ》・捜索《そうさく》・犯人《はんにん》を捜《さが》す	
挿	音 ソウ / 訓 さ(す)	10	扌	てへん	さしはさむ・さしこむ・さす	挿入《そうにゅう》・挿話《そうわ》・挿絵《さしえ》・挿《さ》し木《き》・髪《かみ》に花《はな》を挿《さ》す	

ステップ24

練習問題

1	/24
2	/10
3	/10
4	/24

月　日

1 次の――線の漢字の読みをひらがなで記せ。

1 文書にグラフを挿入する。（　　）
2 可塑性のある物質を用いる。（　　）
3 悲壮な覚悟で試合に臨む。（　　）
4 荘重な鎮魂歌に耳を傾ける。（　　）
5 挿し木でふやす植物がある。（　　）
6 大連は日本の租借地だった。（　　）
7 勇壮な音楽と共に行進する。（　　）
8 夏は高原の別荘で暮らす。（　　）
9 薬の量を漸増していく。（　　）
10 帝位の禅譲を迫る。（　　）
11 地方に遷都する案がある。（　　）
12 美しい旋律の曲が流れる。（　　）
13 その場で適切な措置を講じた。（　　）
14 労働者が職場の窮状を訴える。（　　）
15 遅刻の理由を難詰される。（　　）
16 自分の浅慮を恥じる。（　　）
17 野暮な服装を一新したい。（　　）
18 選挙結果は下馬評通りだった。（　　）
19 警察が犯罪の捜査を行う。（　　）
20 財布の落とし主を捜す。（　　）
21 卒業後は学友と疎遠になった。（　　）
22 世の中の流行に疎い。（　　）
23 旧校舎は修繕中だ。（　　）
24 その場を何とか繕う。（　　）

2 次の――線のカタカナを漢字一字と送りがな（ひらがな）に直せ。

〈例〉問題にコタエル。（答える）

1 軽々しい言動をツツシム。（　）
2 銀行が強盗にオソワれた。（　）
3 専門家の判断をアオグ。（　）
4 神にチカッて真実だ。（　）
5 時間をずらして混雑をサケル。（　）
6 責任をノガレル。（　）
7 厳しい言葉が胸にササル。（　）
8 ツタナイ文章を手直しされた。（　）
9 塩分はヒカエルよう心掛ける。（　）
10 ドアに上着がハサマル。（　）

3 次の（　）に入る適切なひらがなを、後の□の中から選び、漢字に直して四字熟語を完成せよ。□の中のひらがなは一度だけ使うこと。

1 少壮気（　）
2 雲散（　）消
3 栄（　）盛衰
4 疾風迅（　）
5 （　）止千万
6 外（　）内剛
7 複雑怪（　）
8 暗雲低（　）
9 気炎万（　）
10 狂喜乱（　）

えい・き・こ・じゅう・しょう・じょう・ぶ・む・めい・らい

4 次の——線のカタカナを漢字に直せ。

1 文章に語句をソウニュウする。（　）
2 美術館でソゾウを展示する。（　）
3 八十歳になる祖父はソウケンだ。（　）
4 合宿でサンソウに宿泊する。（　）
5 地方のカソ化が問題だ。（　）
6 人口はゼンジ減少する見込みだ。（　）
7 重いソゼイを課された。（　）
8 バラをサし木してふやす。（　）
9 クウソな議論はやめたい。（　）
10 記憶がセンメイによみがえる。（　）
11 放置自転車が道をセバめている。（　）
12 毎朝、家のニワトリが卵を産む。（　）
13 闇《やみ》を切り裂いてイナズマが走る。（　）
14 書斎の窓際に机をスえる。（　）
15 ケンキョな態度が好ましい。（　）
16 国民は女王をスウハイしている。（　）
17 部活動のコモンを引き受ける。（　）
18 大学で考古学をセンコウする。（　）
19 画家のソウサク意欲を刺激する。（　）
20 事務所が家宅ソウサクされた。（　）
21 救急車の出動をヨウセイする。（　）
22 コーチのヨウセイ講座を催す。（　）
23 手アツいもてなしを受ける。（　）
24 部屋がアツいので上着を脱いだ。（　）

使い分けよう！ そがい【疎外・阻害】

疎外…例 自分だけ疎外される・疎外感（よそよそしくして、のけ者にすること）

阻害…例 発達を阻害する・計画を阻害する（物事の進行を妨げること）

力だめし

第4回

総得点 ／100

評価

A
80点 B
75点 C
70点 D
60点 E

月　日

1 次の——線の漢字の読みをひらがなで記せ。

1×10 ／10

1 作品の巧拙は問わない。（　）
2 河川には自浄作用がある。（　）
3 毎日の睡眠時間は六時間だ。（　）
4 男には窃盗の余罪があった。（　）
5 誓約書に署名した。（　）
6 病院で人工透析を受ける。（　）
7 卒業式で一斉に起立する。（　）
8 国家の枢要な地位に就く。（　）
9 問診票に記入する。（　）
10 制度を漸進的に改革していく。（　）

2 次の——線のカタカナを漢字一字と送りがな（ひらがな）に直せ。

〈例〉問題にコタエル。（答える）

2×10 ／20

1 罪のツグナイをする。（　）
2 穏やかな雰囲気《ふんいき》をカモシ出す。（　）
3 彼を部長の候補者にススメル。（　）
4 道具を大切にアツカウ。（　）
5 廊下をカケル音がする。（　）
6 タガイニ顔を見あわせる。（　）
7 スープのニエルいい匂《にお》いがする。（　）
8 清流に足をヒタス。（　）
9 寒さでガタガタとフルエル。（　）
10 娘はハジラッて母の陰に隠れた。（　）

3 次の――線のカタカナを漢字に直せ。

1×10 ／10

1 海辺の別ソウに避暑に行く。（　）
2 禅ソウが修行している。（　）
3 工事のソウ音に耐えられない。（　）

4 一大セン風が吹き荒れた。（　）
5 証人としてセン誓する。（　）
6 セン水艦で海底を調べる。（　）
7 魚のセン度を保つ工夫をする。（　）

8 ソ外感を抱かずにいられない。（　）
9 彼はソ封家の一人息子だ。（　）
10 必要ならばソ訟も辞さない。（　）

4 熟語の構成のしかたには次のようなものがある。

1×10 ／10

ア 同じような意味の漢字を重ねたもの（岩石）
イ 反対または対応の意味を表す字を重ねたもの（高低）
ウ 上の字が下の字を修飾しているもの（洋画）
エ 下の字が上の字の目的語・補語になっているもの（着席）
オ 上の字が下の字の意味を打ち消しているもの（非常）

次の熟語は右のア～オのどれにあたるか、一つ選び、記号で記せ。

1 奨学（　）
2 叙情（　）
3 正邪（　）
4 出没（　）
5 暗礁（　）

6 仙境（　）
7 俊秀（　）
8 不審（　）
9 充満（　）
10 未婚（　）

5 次の各文にまちがって使われている同じ読みの漢字が一字ある。上に誤字を、下に正しい漢字を記せ。

2×5 /10

誤 正

1 母は、この梅酒を飲むと、途嘆に強烈な睡魔に襲われて、数時間眠り込んでしまうそうだ。（　）（　）

2 人権侵害を防止するため、争査の過程において裁判官の令状を必要とする場合がある。（　）（　）

3 原告の請求が棄却された今回の裁判の判決は、確期的といえる。（　）（　）

4 新製法を導入して開発された化硝品のサンプルが、街頭にて無料で提供されていた。（　）（　）

5 いくら学んでも机上の空論では役に立たず、理論と実栓のバランスを取ることが重要だ。（　）（　）

6 後の□の中の語を必ず一度だけ使って漢字に直し、対義語・類義語を記せ。

1×10 /10

対義語

1 清浄―（　）

2 中枢―（　）

3 緩慢―（　）

4 粗略―（　）

5 不足―（　）

類義語

6 他界―（　）

7 無窮―（　）

8 降格―（　）

9 手本―（　）

10 対価―（　）

えいえん・おだく・かじょう・させん・じんそく・せいきょ・ていちょう・ほうしゅう・まったん・もはん

7 次の（　）に入る適切なひらがなを、後の［　］の中から選び、漢字に直して四字熟語を完成せよ。［　］の中のひらがなは一度だけ使うこと。

2×10　／20

1 気（　　）壮大
2 不（　　）不離
3 巧（　　）拙速
4 旧態（　　）然
5 面目（　　）如
6 青息（　　）息
7 熟（　　）断行
8 （　　）舞激励
9 一汁一（　　）
10 （　　）想天外

い・う・き・こ・さい・そく・ち・と・やく・りょ

8 次の――線のカタカナを漢字に直せ。

1×10　／10

1 にこやかに握手を**カ**わす。
2 **スギナミキ**を通り抜ける。
3 壁面に細かい**ソウショク**を施す。
4 事件の**ホッタン**を話す。
5 壊した商品を**ベンショウ**する。
6 他人に対して**レットウ**感を抱く。
7 侵入者を**ハイジョ**する。
8 **キソ**をしっかりと身につける。
9 傷口が**エンショウ**を起こした。
10 **ソウスイ**としての器に欠ける。

ステップ25

漢字	読み	画数	部首	部首名	漢字の意味	用例	筆順
曹	音 ソウ 訓 ―	11	日	ひらび いわく	裁判にかかわる人・軍隊の階級の一つ・部屋	軍曹《ぐんそう》・重曹《じゅうそう》・法曹《ほうそう》	曹 曹 曹 曹5 曹 曹 曹 曹 曹 曹
喪	音 ソウ 訓 も	12	口	くち	も・とむらい・失う・なくす	喪失《そうしつ》・喪心《そうしん》・得喪《とくそう》・喪主《もしゅ》・喪中《もちゅう》・喪服《もふく》・喪《も》が明《あ》ける	喪 喪 喪 喪 喪 喪8 喪 喪 喪 喪
槽	音 ソウ 訓 ―	15	木	きへん	おけ・おけに似たもの	浄化槽《じょうかそう》・水槽《すいそう》・浴槽《よくそう》	槽 槽4 槽 槽7 槽 槽 槽 槽 槽13 槽15
霜	音 ソウ(高) 訓 しも	17	雨	あめかんむり	しも・年のめぐり・しらが	霜害《そうがい》・秋霜烈日《しゅうそうれつじつ》・星霜《せいそう》・風霜《ふうそう》・霜降《しもふ》り・霜焼《しもや》け	霜 霜3 霜 霜6 霜8 霜10 霜12 霜 霜 霜17
藻	音 ソウ 訓 も	19	艹	くさかんむり	も・水草の総称・文飾・あや	藻類《そうるい》・海藻《かいそう》・詞藻《しそう》・文藻《ぶんそう》・藻《も》くず	藻 藻3 藻6 藻9 藻12 藻15 藻 藻 藻 藻
妥	音 ダ 訓 ―	7	女	おんな	あてはまる・おれあう・ゆずりあう	妥協《だきょう》・妥結《だけつ》・妥当《だとう》・普遍妥当《ふへんだとう》	妥 妥 妥 妥 妥 妥 妥
堕	音 ダ 訓 ―	12	土	つち	おちる・おろす・くずれる・おこたる	堕胎《だたい》・堕落《だらく》・腐敗堕落《ふはいだらく》・低俗《ていぞく》に堕《だ》した本《ほん》	堕 堕 堕 堕 堕 堕7 堕9 堕 堕 堕
惰	音 ダ 訓 ―	12	忄	りっしんべん	なまける・意欲を失う・ある状態が続くこと	惰弱《だじゃく》・惰性《だせい》・惰眠《だみん》・惰力《だりょく》・怠惰《たいだ》・遊惰《ゆうだ》	惰2 惰 惰 惰 惰 惰 惰 惰 惰 惰12

ステップ 25

練習問題

1	/24
2	/10
3	/9
4	/24

月　日

1 次の――線の漢字の読みをひらがなで記せ。

1 この木は十年の星霜を経ている。（　）
2 低俗に堕したテレビ番組だ。（　）
3 早朝の畑に霜が降りた。（　）
4 車両が惰性で動いた。（　）
5 先方との交渉が妥結した。（　）
6 定期的に浄化槽を点検する。（　）
7 重曹は洗剤としても使える。（　）
8 この草には解毒作用がある。（　）
9 トビが空を旋回している。（　）
10 右肩に銃創を負う。（　）

11 友人は親子そろって面長だ。（　）
12 自治会で公園内を清掃する。（　）
13 迷子の子どもを捜索する。（　）
14 先輩を疎略にはできない。（　）
15 悪事が露顕して逃げる。（　）
16 戦争で多くの若者が玉砕した。（　）
17 近所で放火が続いていて物騒だ。（　）
18 カタログから贈答品を選ぶ。（　）
19 海藻類はミネラルが豊富だ。（　）
20 水中に漂う藻の陰に魚が隠れる。（　）
21 突然の悲報に喪心する。（　）
22 喪中につき欠礼いたします。（　）
23 冬山での遭難には注意したい。（　）
24 事故でひどい目に遭った。（　）

2 後の□の中の語を必ず一度だけ使って漢字に直し、対義語・類義語を記せ。

対義語

1 巧妙―（　）
2 栄転―（　）
3 理論―（　）
4 希薄―（　）
5 喪失―（　）

類義語

6 湯船―（　）
7 継承―（　）
8 安眠―（　）
9 将来―（　）
10 適切―（　）

かくとく・させん・じっせん・じゅくすい・せつれつ・ぜんと・だとう・とうしゅう・のうこう・よくそう

3 次の―線のカタカナを漢字に直せ。

1 新しい仕事を打**シン**する。（　）
2 指導者の考えが**シン**透している。（　）
3 著作権を**シン**害する。（　）

4 高**ショウ**な趣味にあこがれる。（　）
5 心の緩みが不**ショウ**事を招いた。（　）
6 **ショウ**像画を描いてもらう。（　）

7 相手との妥**キョウ**点を探る。（　）
8 童謡に**キョウ**愁を誘われる。（　）
9 驚きのあまり絶**キョウ**する。（　）

4

次の――線のカタカナを漢字に直せ。

1 **ダラク**した生活を改める。
2 船は海の**モ**くずとなった。
3 祖父の**モ**に服する。
4 **ヨクソウ**に湯をためる。
5 兵が**グンソウ**に敬礼した。
6 足の指が**シモヤ**けになった。
7 気が緩んで**ダミン**をむさぼった。
8 すっかり自信を**ソウシツ**する。
9 心理描写など**ブンソウ**が豊かだ。
10 弾丸が左腕を**カンツウ**する。
11 川の**アサセ**で水遊びをする。
12 **ザッキン**が繁殖する。
13 **ソッキョウ**で俳句を詠む。
14 **ゾクセツ**をうのみにしない。
15 **スデ**に矢は放たれた。
16 一月分の**コンダテ**を作る。
17 子どもの人気を**ドクセン**する。
18 大統領が就任の**センセイ**をする。
19 金魚を大きな**スイソウ**に入れた。
20 **スイソウ**楽部の顧問をする。
21 会費としては**ダトウ**な金額だ。
22 政権の**ダトウ**が企てられた。
23 コーヒー豆を**アラ**くひく。
24 台風の影響で波が**アラ**い。

禍福得喪（かふくとくそう）
【意味】よいこともあれば悪いこともあるということ
「禍福」はわざわいと幸い、「得喪」は地位を得ることと失うことという意味です。ともに反対の意味を表す字を重ねた熟語で、これらを組み合わせた四字熟語になります。

漢字表

ステップ26

漢字	読み	画数	部首	部首名	漢字の意味	用例
駄	音 ダ／訓 —	14	馬	うまへん	負わせる・はきもの・つまらない・粗末な	駄菓子《だがし》・駄作《ださく》・駄賃《だちん》・駄文《だぶん》・駄弁《だべん》・駄目《だめ》・足駄《あしだ》・無駄《むだ》
泰	音 タイ／訓 —	10	氺	したみず	おちついている・やすらか・きわめて	泰山《たいざん》・泰西《たいせい》・泰然《たいぜん》・泰斗《たいと》・泰平《たいへい》・安泰《あんたい》
濯	音 タク／訓 —	17	氵	さんずい	あらう・すすぐ・きよめる	洗濯《せんたく》・洗濯機《せんたくき》
但	音 —／訓 ただ(し)	7	亻	にんべん	ただ・それだけ・けれども・しかし	但《ただ》し書《が》き・但《ただ》し、雨天《うてん》の場合《ばあい》は中止《ちゅうし》
棚	音 —／訓 たな	12	木	きへん	たな・かけはし	棚上《たなあ》げ・棚卸《たなおろ》し・網棚《あみだな》・戸棚《とだな》
痴	音 チ／訓 —	13	疒	やまいだれ	おろか・みだらな色情・異常に熱中する	痴漢《ちかん》・痴情《ちじょう》・痴人《ちじん》・痴態《ちたい》・痴話《ちわ》・音痴《おんち》・愚痴《ぐち》
逐	音 チク／訓 —	10	辶	しんにょう しんにゅう	おう・おい払う・順をおって進む・きそう	逐一《ちくいち》・逐次《ちくじ》・逐条《ちくじょう》・逐電《ちくでん》・角逐《かくちく》・駆逐《くちく》・放逐《ほうちく》
秩	音 チツ／訓 —	10	禾	のぎへん	順序・地位・ふち	秩序《ちつじょ》・安寧秩序《あんねいちつじょ》

ステップ 26

練習問題

1	/24
2	/10
3	/10
4	/24

月　日

1 次の――線の漢字の読みをひらがなで記せ。

1 状況を逐次報告する。（　　）
2 木製の棚に人形を並べる。（　　）
3 酒に酔って痴態を演じた。（　　）
4 年中無休。但し年末年始は除く。（　　）
5 一家の安泰を祈願する。（　　）
6 物事を秩序立てて考える。（　　）
7 駄弁を弄《ろう》して時間をつぶす。（　　）
8 ユニフォームを洗濯する。（　　）
9 社長はいつも泰然としている。（　　）
10 この小説は駄作だと思う。（　　）
11 家族に仕事の愚痴をこぼす。（　　）
12 組織の規律を破り、放逐される。（　　）
13 専門家の指導のもと断食をする。（　　）
14 道路交通法違反で逮捕される。（　　）
15 幼いなりに度胸が据わっている。（　　）
16 抜本的な改革を行う。（　　）
17 光沢のある布地の服を選んだ。（　　）
18 口幅ったいことを申しました。（　　）
19 職場の勤怠表に記入する。（　　）
20 日課のストレッチを怠けた。（　　）
21 海外に長期間滞在していた。（　　）
22 家賃の支払いが滞る。（　　）
23 借金を返すよう矢の催促をする。（　　）
24 体調管理への注意を促す。（　　）

2 次の漢字の部首を記せ。

〈例〉菜〔艹〕 間〔門〕

1 痴（　　）
2 旋（　　）
3 薦（　　）
4 塑（　　）
5 充（　　）
6 漸（　　）
7 喪（　　）
8 逐（　　）
9 駄（　　）
10 泰（　　）

3 次の各文にまちがって使われている同じ読みの漢字が一字ある。上に誤字を、下に正しい漢字を記せ。

	誤	正
1 報告への加剰な反応に驚く。	（　）	（　）
2 堕文を書き連ねて紙面を埋める。	（　）	（　）
3 赴人した土地で紛争が起こった。	（　）	（　）
4 彼は折盗の罪で起訴された。	（　）	（　）
5 仕事の報収を受け取る。	（　）	（　）
6 敵の艦隊を駆蓄するべく出動する。	（　）	（　）
7 震災後の街の復興に迅力する。	（　）	（　）
8 圧政に苦しむ民衆が一勢に反抗する。	（　）	（　）
9 物的詳拠が乏しく立件できない。	（　）	（　）
10 郵便物の配達が遅援して困る。	（　）	（　）

4 次の――線のカタカナを漢字に直せ。

1 **タイゼン**自若とした態度をとる。（　　）
2 **アミダナ**に荷物を置き忘れる。（　　）
3 上司に**チクイチ**報告する。（　　）
4 方向**オンチ**なのでよく道に迷う。（　　）
5 **チツジョ**を乱す生徒を注意する。（　　）
6 **センタク**機を買い替えたい。（　　）
7 弟にお**ダチン**として菓子をやる。（　　）
8 説明書の**タダ**し書きを確かめる。（　　）
9 練習を**ナマ**けてしかられた。（　　）
10 **ジュウタイ**を避けて運転する。（　　）
11 新しい販路を**カイタク**する。（　　）
12 川の**オダク**の原因を究明する。（　　）

13 **ショウトツ**を回避する。（　　）
14 条件の変更を**ショウダク**する。（　　）
15 畑に植えた**イモ**を掘り出す。（　　）
16 社会**フクシ**を勉強している。（　　）
17 **カタミ**の狭い思いをする。（　　）
18 **タイキュウ**性のある器を選ぶ。（　　）
19 栄養を食物から**セッシュ**する。（　　）
20 新しい教科書が**サイタク**される。（　　）
21 病気の**ハッショウ**を予防する。（　　）
22 文明**ハッショウ**の地を探す。（　　）
23 野の花を**ツ**んで花飾りを作る。（　　）
24 目の**ツ**んだ布は丈夫だ。（　　）

泰然自若（たいぜんじじゃく）
【意味】何か起きても落ち着いて少しも動じない様子
「泰然」は落ち着いて物事に動じない様子、「自若」は大事に直面しても静かに落ち着いている様子を意味します。対義語に「右往左往」などがあります。

ステップ 27

漢字	読み	画数	部首	部首名	漢字の意味	用例	筆順
嫡	音 チャク 訓 —	14	女	おんなへん	正妻の生んだ子・本家をつぐ血すじ	嫡子《ちゃくし》・嫡嗣《ちゃくし》・嫡出《ちゃくしゅつ》・嫡男《ちゃくなん》・嫡流《ちゃくりゅう》・廃嫡《はいちゃく》	嫡 嫡 嫡 嫡5 嫡7 嫡 嫡 嫡 嫡 嫡14
衷	音 チュウ 訓 —	9	衣	ころも	まごころ・なかほど・はだぎ	衷情《ちゅうじょう》・衷心《ちゅうしん》・苦衷《くちゅう》・折衷《せっちゅう》・和衷協同《わちゅうきょうどう》・和洋折衷《わようせっちゅう》	衷 衷 衷 衷 衷 衷 衷 衷 衷
弔	音 チョウ 訓 とむら(う)	4	弓	ゆみ	とむらう・人の死をいたむ・つる	弔意《ちょうい》・弔慰金《ちょういきん》・弔辞《ちょうじ》・弔電《ちょうでん》・弔問《ちょうもん》・慶弔《けいちょう》・死者《ししゃ》を弔《とむら》う	弔 弔 弔 弔
挑	音 チョウ 訓 いど(む)	9	扌	てへん	いどむ・しかける・かかげる・たわむれる	挑戦《ちょうせん》・挑発《ちょうはつ》・戦《たたか》いを挑《いど》む・難問《なんもん》に挑《いど》む	挑 挑 挑 挑 挑 挑 挑 挑 挑
眺	音 チョウ 訓 なが(める)	11	目	めへん	ながめる・ながめ	眺望《ちょうぼう》・眺望絶佳《ちょうぼうぜっか》・満天《まんてん》の星《ほし》を眺《なが》める	眺 眺 眺4 眺 眺 眺 眺 眺 眺 眺
釣	音 チョウ 高 訓 つ(る)	11	金	かねへん	魚をとる・ぶらさげる・人をおびきだす	釣果《ちょうか》・釣《つ》り合《あ》い・釣《つ》り銭《せん》・釣《つ》り堀《ぼり》	釣 釣 釣4 釣 釣 釣 釣 釣 釣 釣
懲	音 チョウ 訓 こ(りる) こ(らす) こ(らしめる)	18	心	こころ	こらす・こらしめる・こりごりする	懲悪《ちょうあく》・懲役《ちょうえき》・懲戒《ちょうかい》・懲罰《ちょうばつ》・性懲《しょうこ》りもなく・悪《あく》を懲《こ》らす	懲3 懲6 懲 懲 懲10 懲12 懲 懲 懲16 懲18
勅	音 チョク 訓 —	9	力	ちから	天子のことば・命令・いましめる	勅語《ちょくご》・勅使《ちょくし》・勅書《ちょくしょ》・勅命《ちょくめい》・勅令《ちょくれい》・詔勅《しょうちょく》	勅 勅 勅 勅 勅 勅 勅 勅 勅

ステップ 27

練習問題

1	2	3	4
/24	/10	/10	/24

月　日

1 次の――線の漢字の読みをひらがなで記せ。

1 殺人犯は無期懲役となった。
2 勅使が天皇の言葉を伝える。
3 屋上から夜景を眺める。
4 午前四時に釣り舟を出す。
5 貴族の嫡子は大切に育てられた。
6 眺望のよい席に座る。
7 犯した罪を衷心からわびる。
8 苦手な分野に挑戦する。
9 慶弔の行事が重なった。
10 仲間に釣果を自慢する。

11 奇妙なうわさが流布する。
12 己の非を認めて反省する。
13 売り上げの一割の歩合をとる。
14 期待外れで落胆する。
15 課長は生真面目な性格だ。
16 縄文杉は屋久島《やくしま》に自生している。
17 節電のため営業を自粛する。
18 公園に塑像が設置される。
19 反則行為には懲罰がある。
20 何度も失敗して懲りた。
21 生徒代表が弔辞を読む。
22 弔いの鐘が辺りに鳴り響く。
23 会員相互の懇親を図る。
24 旅人を懇ろにもてなす。

2 次の——線のカタカナを漢字一字と送りがな（ひらがな）に直せ。

〈例〉問題にコタエル。（答える）

1 日がだいぶカタムイてきた。（　）
2 転職した会社に腰をスエル。（　）
3 メズラシイ洋酒を手に入れた。（　）
4 油絵の具で故郷の風景をエガク。（　）
5 落雷で大木がタオレル。（　）
6 砲丸投げの新記録にイドム。（　）
7 正義の味方が悪者をコラシメた。（　）
8 門出の朝をムカエル。（　）
9 戦没者をトムラウ式典を行う。（　）
10 若者はタノモシク成長した。（　）

3 次の（　）に入る適切なひらがなを、後の□の中から選び、漢字に直して四字熟語を完成せよ。□の中のひらがなは一度だけ使うこと。

1 和洋（　）衷
2 疑心暗（　）
3 喜色（　）面
4 金城鉄（　）
5 率先垂（　）
6 （　）風堂堂
7 （　）善懲悪
8 色即（　）空
9 主（　）転倒
10 （　）田引水

い・が・かく・かん・き・ぜ・せっ・はん・ぺき・まん

4 次の——線のカタカナを漢字に直せ。

1 山に登ると**チョウボウ**が開けた。（　　）
2 友人の**クチュウ**を察する。（　　）
3 横領で**チョウカイ**免職になる。（　　）
4 二人は**ツリ**合いのとれた夫婦だ。（　　）
5 病死した愛犬の**トムラ**いをする。（　　）
6 絵のような**ナガ**めが広がる。（　　）
7 水泳選手が世界記録に**イド**む。（　　）
8 教育**チョクゴ**は廃止《はいし》された。（　　）
9 遺族の家を**チョウモン**に訪れる。（　　）
10 新たな事業に**チョウセン**したい。（　　）
11 武家では**チャクナン**を重んじた。（　　）
12 彼の**レイタン**な態度に傷つく。（　　）

13 頑固な汚れを**タンネン**に洗う。（　　）
14 運動をして体を**キタ**える。（　　）
15 **ソウガンキョウ**で鳥を観察する。（　　）
16 転んだはずみで靴が片方**ヌ**げた。（　　）
17 現代を**ショウチョウ**する事件だ。（　　）
18 思い切った**ソチ**を講じる。（　　）
19 副委員長と書記を**ケンム**する。（　　）
20 背筋が**コオ**る思いがする。（　　）
21 経験を**フ**まえて後輩に助言する。（　　）
22 折に**フ**れて手紙を書いている。（　　）
23 無礼を働いた若者を**コ**らす。（　　）
24 目を**コ**らして絵を見つめる。（　　）

和洋折衷（わようせっちゅう）
【意味】日本と西洋の様式を取り合わせること。また、取り合わせたもの。
「和洋」は日本と西洋、「折衷」はいろいろなものを取捨選択してほどよく調和させることを意味します。

ステップ28

漢字	読み（音）	読み（訓）	画数	部首	部首名	漢字の意味	用例	筆順
朕	チン	—	10	月	つきへん	天子の自称	朕《ちん》は国家《こっか》なり（フランス国王ルイ14世）	朕朕朕朕朕朕朕朕朕朕
塚	—	つか	12	土	つちへん	つか・墓・おか	一里塚《いちりづか》・貝塚《かいづか》	塚 3 塚塚塚塚塚塚塚塚塚
漬	—	つ(ける) つ(かる)	14	氵	さんずい	液体の中にひたす・つけものにする	漬物《つけもの》・塩漬《しおづ》け・茶漬《ちゃづ》け・湯《ゆ》に漬《つ》かる	漬 3 漬漬漬漬漬漬 12 漬漬漬
坪	—	つぼ	8	土	つちへん	土地の面積の単位・たいらか	坪庭《つぼにわ》・建坪《たてつぼ》	坪坪坪坪坪坪坪坪
呈	テイ	—	7	口	くち	さしあげる・はっきりとあらわす・すすめる	呈示《ていじ》・謹呈《きんてい》・献呈《けんてい》・進呈《しんてい》・贈呈《ぞうてい》・露呈《ろてい》・活況《かっきょう》を呈《てい》する	呈呈呈呈呈呈呈
廷	テイ	—	7	廴	えんにょう	政治を行う所・訴えをきいて裁く所・裁判所	開廷《かいてい》・宮廷《きゅうてい》・出廷《しゅってい》・退廷《たいてい》・朝廷《ちょうてい》・法廷《ほうてい》	廷廷廷廷廷廷廷
邸	テイ	—	8	阝	おおざと	りっぱな住宅・やしき	邸宅《ていたく》・邸内《ていない》・官邸《かんてい》・公邸《こうてい》・豪邸《ごうてい》・私邸《してい》・別邸《べってい》	邸邸邸邸邸邸邸邸
亭	テイ	—	9	亠	なべぶた けいさんかんむり	しゅくば・やどや・あずまや・高くそびえる	亭主《ていしゅ》・駅亭《えきてい》・料亭《りょうてい》	亭亭亭亭亭亭亭亭亭

ステップ 28

練習問題

1	/24
2	/10
3	/5
4	/24

月　日

1 次の――線の漢字の読みをひらがなで記せ。

1 貝塚から縄文式土器が見つかる。（　）
2 争いは法廷に持ち込まれた。（　）
3 恩師に還暦祝いの品を謹呈する。（　）
4 首相官邸前に報道陣が集まる。（　）
5 宿の亭主が客を出迎えた。（　）
6 この店は漬物の種類が豊富だ。（　）
7 宮廷の様子を描いた絵だ。（　）
8 「朕」は天子の自称である。（　）
9 新製品の見本を進呈する。（　）
10 家の建坪を父に尋ねた。（　）
11 木立に囲まれた邸宅がある。（　）
12 サケの稚魚を川に放流する。（　）
13 知り合いの家に居候する。（　）
14 大量の煙で窒息しそうになった。（　）
15 車輪が惰力で動いている。（　）
16 祖父はひげを蓄えている。（　）
17 史実に潤色を加える。（　）
18 大きな音が沈黙を破った。（　）
19 情報産業の発展が著しい。（　）
20 戦局を日和見している。（　）
21 ボクシングの王座を奪取する。（　）
22 暑さに意欲を奪われた。（　）
23 優勝して感泣する。（　）
24 物語を読んで泣いた。（　）

2 熟語の構成のしかたには次のようなものがある。

ア 同じような意味の漢字を重ねたもの（岩石）
イ 反対または対応の意味を表す字を重ねたもの（高低）
ウ 上の字が下の字を修飾しているもの（洋画）
エ 下の字が上の字の目的語・補語になっているもの（着席）
オ 上の字が下の字の意味を打ち消しているもの（非常）

次の熟語は右のア〜オのどれにあたるか、一つ選び、記号で記せ。

1 献呈（　）
2 屈伸（　）
3 庶務（　）
4 開廷（　）
5 未遂（　）
6 公邸（　）
7 折衷（　）
8 剰余（　）
9 不詳（　）
10 慶弔（　）

3 1〜5の三つの□に共通する漢字を入れて熟語を作れ。漢字はア〜コから一つ選び、記号で記せ。

1 内□・□論・鼻□（　）
2 □内・豪□・別□（　）
3 逸□・□出・□帽（　）
4 □願・詠□・驚□（　）
5 □進・□増・□次（　）

ア 奪　イ 脱　ウ 鮮　エ 緒　オ 繕
カ 慎　キ 邸　ク 廷　ケ 嘆　コ 漸

4 次の――線のカタカナを漢字に直せ。

1 **ツボニワ**にモミジを植える。
2 選手にメダルが**ゾウテイ**された。
3 名のある**リョウテイ**で修業する。
4 証人が裁判所に**シュッテイ**する。
5 夜食に**チャヅ**けを食べる。
6 プール付きの**ゴウテイ**を構える。
7 天子は自称に**チン**を用いた。
8 今回の件で問題点が**ロテイ**した。
9 これが改革への一里**ヅカ**となる。
10 **チョウハツ**に乗ってはならない。
11 自分の不勉強を**ハ**じる。
12 強風で電車が**チエン**する。
13 商品を**チンレツ**する。
14 外交官の**チュウザイ**を認める。
15 歓喜のあまり友と**ホウヨウ**した。
16 彼の案は**キジョウ**の空論だ。
17 古美術品を**チンチョウ**する。
18 申込書に名前を**キサイ**する。
19 **チョウシュウ**に向かって話す。
20 **ホ**を張って船が走る。
21 **オウカン**を頭にいただく。
22 川を舟で**オウカン**する。
23 ギターを**ヒ**く姿にあこがれる。
24 納豆が糸を**ヒ**く。

朕は国家なり
【意味】 私は国家そのものである
フランス国王ルイ14世が宣言したといわれ、17世紀フランスの絶対主義王制を象徴する言葉として知られています。

漢字	読み	画数	部首	部首名	漢字の意味	用例
貞	音 テイ　訓 —	9	貝	かい こがい	みさお・節を守る・ただしい・さだまる	貞潔《ていけつ》・貞淑《ていしゅく》・貞女《ていじょ》・貞節《ていせつ》・貞操《ていそう》・童貞《どうてい》・不貞《ふてい》
逓	音 テイ　訓 —	10	辶	しんにょう しんにゅう	次から次へと伝える・だんだんと・代わる	逓減《ていげん》・逓次《ていじ》・逓信《ていしん》・逓送《ていそう》・逓増《ていぞう》・駅逓《えきてい》
偵	音 テイ　訓 —	11	亻	にんべん	うかがう・ようすをさぐる・まわしもの	偵察《ていさつ》・探偵《たんてい》・内偵《ないてい》・密偵《みってい》
艇	音 テイ　訓 —	13	舟	ふねへん	ふね・こぶね・はしけ	艇身《ていしん》・艇隊《ていたい》・艦艇《かんてい》・競艇《きょうてい》・舟艇《しゅうてい》・短艇《たんてい》
泥	音 デイ 高　訓 どろ	8	氵	さんずい	どろ・にごる・こだわる・正体がなくなる	泥炭《でいたん》・泥流《でいりゅう》・雲泥《うんでい》・汚泥《おでい》・拘泥《こうでい》・泥縄《どろなわ》・泥沼《どろぬま》・泥棒《どろぼう》
迭	音 テツ　訓 —	8	辶	しんにょう しんにゅう	いれかわる・かわるがわる	迭立《てつりつ》・更迭《こうてつ》
徹	音 テツ　訓 —	15	彳	ぎょうにんべん	つらぬきとおす・あきらか・除去する	徹宵《てっしょう》・徹底《てってい》・徹頭徹尾《てっとうてつび》・徹夜《てつや》・貫徹《かんてつ》・透徹《とうてつ》・冷徹《れいてつ》
撤	音 テツ　訓 —	15	扌	てへん	とりのぞく・ひきあげる	撤回《てっかい》・撤去《てっきょ》・撤収《てっしゅう》・撤退《てったい》・撤廃《てっぱい》・撤兵《てっぺい》

筆順

ステップ 29

練習問題

1	／24
2	／10
3	／6
4	／24

月　日

1 次の――線の漢字の読みをひらがなで記せ。

1 米の収穫量が逓減している。
2 当初の方針を貫徹する。
3 子どもが泥だらけになって遊ぶ。
4 連合軍の艦艇が姿を現す。
5 失言により大臣が更迭された。
6 冷徹な目で相手を見つめる。
7 軍隊を現地から撤収させる。
8 彼我の能力には雲泥の差がある。
9 彼女は貞淑な妻になりそうだ。
10 対戦相手の練習を偵察する。
11 新聞に有識者の意見が載る。
12 政治の堕落を憂える。
13 医学界の泰斗の薫陶を受ける。
14 妥協せずに意志を貫く。
15 父母は壮健かと聞かれた。
16 美しい装丁の本を買う。
17 推薦入学の試験を受ける。
18 廊下が坪庭に面している。
19 同業者で協定を締結する。
20 応募の締め切りは来月末だ。
21 手の込んだ彫刻に目を見張る。
22 大理石を象の形に彫る。
23 世代を超越して親しまれる歌だ。
24 川の水が警戒水位を超える。

2 後の［　］の中の語を必ず一度だけ使って漢字に直し、対義語・類義語を記せ。

対義語

1 概略―（　　）
2 設置―（　　）
3 総合―（　　）
4 削除―（　　）
5 個別―（　　）

類義語

6 脅迫―（　　）
7 難点―（　　）
8 駆逐―（　　）
9 強情―（　　）
10 余分―（　　）

いかく・いっせい・かじょう・がんこ・けっかん・しょうさい・ついほう・てっきょ・てんか・ぶんせき

3 次の□に入る適切なひらがなを、［　］の中から選び、漢字に直して四字熟語を完成せよ。［　］の中のひらがなは一度だけ使うこと。また、その意味を後のア〜カから選び、記号を（　）に記せ。

1 優□不断（　）
2 □知徹底（　）
3 泰然自□（　）
4 首尾一□（　）
5 思□分別（　）
6 厚顔無□（　）

かん・じゃく・しゅう・じゅう・ち・りょ

ア ぐずぐずして煮えきらないさま
イ 皆に指示や情報を行き渡らせること
ウ 極めてずうずうしいさま
エ 終始、方針や態度が変わらないこと
オ 深く考えをめぐらして判断すること
カ 落ち着き払って動じないさま

4 次の——線のカタカナを漢字に直せ。

1 疑惑をテッテイ的に調べる。
2 ドロヌマにはまり抜けられない。
3 不祥事で社長をコウテツする。
4 前言をテッカイする。
5 タンテイ小説を読む。
6 祖母はテイジョと評されていた。
7 家電業界からテッタイする。
8 車の輸出量がテイゾウしている。
9 河口にキョウテイ場がある。
10 テツヤで課題の作品を仕上げる。
11 彼の態度にテイコウを感じた。
12 木の葉から雨のシズクが落ちた。

13 ボウハテイが海に突き出ている。
14 部員同士の意思のソツウを図る。
15 ソウサの結果、犯人を逮捕する。
16 弟はゲンエキで大学に合格した。
17 カンテイに地震対策室を設ける。
18 国内クッシの強豪校と戦う。
19 友人との別れをオしむ。
20 ココロニクい演出に脱帽する。
21 国を相手にホウテイで争う。
22 ホウテイ速度を守って運転する。
23 岩のサけ目にトカゲがいた。
24 話し合いで争いをサける。

初志貫徹（しょしかんてつ）
【意味】初めに思い立ったことを、やり通すこと
「初志」は初めの志、「貫徹」は貫き通すことを意味します。「初志」の「志」を「思」、「貫徹」の「貫」を「完」などと書き間違えないようにしましょう。

漢字	悼	搭	棟	筒	謄	騰	洞	督
読み	音 トウ 訓 いた(む)高	音 トウ 訓 ―	音 トウ 訓 むね むな高	音 トウ 訓 つつ	音 トウ 訓 ―	音 トウ 訓 ―	音 ドウ 訓 ほら	音 トク 訓 ―
画数	11	12	12	12	17	20	9	13
部首	忄	扌	木	⺮	言	馬	氵	目
部首名	りっしんべん	てへん	きへん	たけかんむり	げん	うま	さんずい	め
漢字の意味	かなしむ・おそれる	乗りこむ・のせる	むね・むなぎ・主要な人	つつ・くだ	うつす・書き写す	あがる・のぼる・物価が高くなる	ほらあな・ふかい・見通す	よくみる・ひきいる・せきたてる
用例	悼詞《とうし》・悼辞《とうじ》・哀悼《あいとう》・追悼《ついとう》・友《とも》の死《し》を悼《いた》む	搭載《とうさい》・搭乗《とうじょう》	汗牛充棟《かんぎゅうじゅうとう》・上棟《じょうとう》・病棟《びょうとう》・棟上《むねあ》げ・棟木《むなぎ》	円筒《えんとう》・水筒《すいとう》・封筒《ふうとう》・筒先《つつさき》・筒抜《つつぬ》け	謄写《とうしゃ》・謄本《とうほん》	騰貴《とうき》・騰勢《とうせい》・急騰《きゅうとう》・高騰《こうとう》・沸騰《ふっとう》・暴騰《ぼうとう》	洞穴《どうけつ》《ほらあな》・洞察《どうさつ》・洞門《どうもん》・空洞《くうどう》・雪洞《せつどう》・風洞《ふうどう》・洞《ほら》ケ《が》峠《とうげ》をきめこむ	督促《とくそく》・督励《とくれい》・家督《かとく》・監督《かんとく》・総督《そうとく》・提督《ていとく》
筆順	悼 悼 悼 悼 悼 悼 悼 悼（9） 悼 悼	搭 搭 搭 搭 搭（6） 搭（8） 搭 搭 搭 搭	棟（2） 棟（4） 棟 棟 棟 棟 棟 棟 棟 棟	筒 筒 筒 筒（6） 筒 筒 筒 筒 筒 筒	謄（4） 謄（6） 謄（8） 謄 謄 謄 謄（14） 謄 謄 謄	騰（4） 騰 騰 騰（8） 騰（11） 騰 騰 騰（15） 騰 騰（20）	洞 洞 洞 洞 洞 洞 洞 洞 洞	督 督 督 督 督 督 督 督 督（10） 督（13）

練習問題

1	／24
2	／10
3	／9
4	／24

月　日

1 次の――線の漢字の読みをひらがなで記せ。

1 借金を文書で督促された。
2 船に魚群探知機を搭載する。
3 物価の高騰で生活が苦しい。
4 原本を正確に謄写する。
5 涙ながらに追悼の言葉を述べる。
6 原油価格の暴騰が続いている。
7 お世話になった方の死を悼む。
8 海外留学を奨励する。
9 彼女の意見を肯定する。
10 マネージャーが全体を統括する。
11 手が凍えて字がうまく書けない。
12 陶芸教室で皿を作った。
13 料理を彩りよく盛る。
14 姉は喜怒哀楽を顔に出さない。
15 処分の撤回を求める。
16 密偵が探索活動を進める。
17 表情に憂愁の色が漂う。
18 透ける布でできたカーテンだ。
19 長い年月が岩に空洞を作った。
20 崖《がけ》の下に大きな洞がある。
21 外科病棟は改築中だ。
22 新居の棟上げを祝う。
23 書類を封筒に入れて送る。
24 ライバルに作戦が筒抜けだ。

2 次の漢字の部首と部首名を（　）に記せ。部首名が二つ以上あるものは、そのいずれか一つを記せばよい。

部首　部首名

1 勅（　）（　）
2 督（　）（　）
3 誉（　）（　）
4 搭（　）（　）
5 騰（　）（　）
6 逓（　）（　）
7 弔（　）（　）
8 徹（　）（　）
9 廷（　）（　）
10 悼（　）（　）

3 次の――線のカタカナを漢字に直せ。

1 映画**カン**督として活躍する。（　）
2 市内を循**カン**するバスに乗る。（　）
3 **カン**弦楽用に編曲する。（　）

4 水**トウ**に麦茶を入れる。（　）
5 市役所で戸籍**トウ**本を取る。（　）
6 **トウ**突な提案に意表をつかれる。（　）

7 子犬が元気に**カ**け回っている。（　）
8 宇宙開発に命を**カ**ける。（　）
9 彼は真面目だが協調性に**カ**ける。（　）

4 次の——線のカタカナを漢字に直せ。

1 告別式で**アイトウ**の意を表する。
2 **フウトウ**に切手をはった。
3 あの刑事は**ドウサツ**力がある。
4 書籍の返却の**トクソク**状が届く。
5 戸籍**トウホン**を取り寄せる。
6 建築中の家で**ジョウトウ**式を行う。
7 石油の価格が**キュウトウ**する。
8 空港で**トウジョウ**手続きをする。
9 **ムネ**続きで祖父母の家がある。
10 雷雨を避けて**ホラアナ**に入る。
11 **スブタ**は弟の好物だ。
12 文字盤に夜光**トリョウ**を使う。

13 洗濯物を水に**ツ**けておく。
14 予約が**サットウ**する人気商品だ。
15 品質では他を**アットウ**している。
16 近くに送電線の**テットウ**がある。
17 花粉が鼻の**ネンマク**を刺激する。
18 意外な演技力に**キョウタン**する。
19 **バンソウ**に合わせて歌う。
20 海岸に流木が**ヒョウチャク**する。
21 日用品の値段が**トウキ**した。
22 法務局で不動産を**トウキ**した。
23 犯人は国外へ**トウソウ**した。
24 猟犬は**トウソウ**心が強い。

部首を間違えやすい漢字【謄・騰・勝】

Q…次の漢字の部首は? ①謄 ②騰 ③勝

A…①「言(げん)」、②「馬(うま)」、③「力(ちから)」

①・②・③とも「月(つきへん)」や「月(にくづき)」と間違えやすいので注意しましょう。

ステップ 25-30

力だめし 第5回

総得点 ／100

評価 A 80点 B 75点 C 70点 D 60点 E

月　日

1 次の――線の漢字の読みをひらがなで記せ。

1×10 ／10

1 遺族に弔慰金が支給される。
2 捕虜《ほりょ》たちは自由を渇望した。
3 所得税の還付を受ける。
4 紛争は泥沼の様相を呈した。
5 ミスをして閑職に回される。
6 惰弱なチームを立て直す。
7 浴槽の湯を捨てた。
8 彼は世紀の傑物と言われる。
9 駄賃を目当てに手伝いをした。
10 酷評をものともしない。

2 次の漢字の部首を記せ。また下の熟語の読みをひらがなで記せ。

2×10 ／20

	漢字	部首	熟語	読み
1	邸		別邸	
2	舞		舞踊	
3	妥		妥結	
4	呈		献呈	
5	窒		窒素	
6	亭		料亭	
7	乏		貧乏	
8	遮		遮音	
9	艇		艇隊	
10	宜		便宜	

3 次の——線のカタカナを漢字一字と送りがな（ひらがな）に直せ。

2×10 ／20

〈例〉問題にコタエル。（答える）

1 誰《だれ》の言葉にも耳をカタムケない。（ ）
2 ショックで心をかたくトザス。（ ）
3 西欧の古城をメグル旅に出た。（ ）
4 展望台から夜景をナガメル。（ ）
5 歩いて県境をコエル。（ ）
6 車のハンドルをニギル。（ ）
7 ひどくナヤマシイ問題だ。（ ）
8 調査結果をフマエて立案する。（ ）
9 失敗続きで気をクサラス。（ ）
10 ナスをぬかみそでツケル。（ ）

4 熟語の構成のしかたには次のようなものがある。

1×10 ／10

ア 同じような意味の漢字を重ねたもの（岩石）
イ 反対または対応の意味を表す字を重ねたもの（高低）
ウ 上の字が下の字を修飾しているもの（洋画）
エ 下の字が上の字の目的語・補語になっているもの（着席）
オ 上の字が下の字の意味を打ち消しているもの（非常）

次の熟語は右のア〜オのどれにあたるか、一つ選び、記号で記せ。

1 座礁（ ）
2 上棟（ ）
3 哀悼（ ）
4 不浄（ ）
5 安泰（ ）
6 塑像（ ）
7 衆寡（ ）
8 緒論（ ）
9 精粗（ ）
10 謹呈（ ）

5 次の各文にまちがって使われている同じ読みの漢字が一字ある。上に誤字を、下に正しい漢字を記せ。

2×5 ／10

誤 正

1 二つの会派が対立して交渉が決裂しそうなので、それぞれの穏健派が接衷案を模索している。（　）（　）

2 保険会社に入院給付金を請求するため、主治医に審断書を書いてもらって提出した。（　）（　）

3 被告人は犯行の主犯として有罪となり、無期懲益が言い渡されたが、即日控訴した。（　）（　）

4 怪盗からの大丹な犯行予告に、警部は警察の威信にかけて未然に防ぐと大見得を切った。（　）（　）

5 緊急着陸の許可を求めた飛行機は、管制官の誘動で、空いている滑走路に無事降り立った。（　）（　）

6 後の［　］の中の語を必ず一度だけ使って漢字に直し、対義語・類義語を記せ。

1×10 ／10

対義語

1 進出―（　）
2 逃亡―（　）
3 荘重―（　）
4 混乱―（　）
5 堕落―（　）

類義語

6 窮乏―（　）
7 順次―（　）
8 泰然―（　）
9 懲戒―（　）
10 変遷―（　）

けいかい・こうせい・しょばつ・すいい・ちくじ・ちつじょ・ちんちゃく・ついせき・てったい・ひんこん

7

次の□に入る適切なひらがなを、□の中から選び、漢字に直して四字熟語を完成せよ。□の中のひらがなは一度だけ使うこと。また、その意味を後のア〜オから選び、記号を（　）に記せ。

2×5 ／10

1 無味□燥（　）

2 初□貫徹（　）

3 要害□固（　）

4 温□篤実（　）

5 天下泰□（　）

かん・けん・こう・し・へい

ア　あじわいやおもしろみに欠けること

イ　穏やかな人柄で情があり真面目なこと

ウ　攻めにくく守りやすい険しい地勢

エ　思い立ったことをやり通すこと

オ　世の中が穏やかで何事もないこと

8

次の――線のカタカナを漢字に直せ。

1×10 ／10

1 昔ここには**カイヅカ**があった。（　）

2 **ミャクラク**のない話に混乱する。（　）

3 波が荒かったので船に**ヨ**った。（　）

4 週末は兄と**ツ**りに行く。（　）

5 遺言状を**ミップウ**して管理する。（　）

6 野菜の価格が**ボウトウ**する。（　）

7 彼とは十年来の**チキ**だ。（　）

8 月末に**タナオロ**しを行った。（　）

9 遊んでいる**ヒマ**はない。（　）

10 **シモフ**りの牛肉を調理する。（　）

ステップ 31

漢字	読み	画数	部首	部首名	漢字の意味	用例	筆順
凸	音 トツ / 訓 —	5	凵	うけばこ	中ほどがつきでている	凸版《とっぱん》・凸《とつ》レンズ・凹凸《おうとつ》・凸凹《でこぼこ》	凸
屯	音 トン / 訓 —	4	屮	てつ	たむろする・重さの単位	屯営《とんえい》・屯所《とんしょ》・屯田《とんでん》・駐屯《ちゅうとん》	屯
軟	音 ナン / 訓 やわ(らか) やわ(らかい)	11	車	くるまへん	やわらかい・よわい・おだやか	軟化《なんか》・軟球《なんきゅう》・軟禁《なんきん》・軟弱《なんじゃく》・硬軟《こうなん》・柔軟《じゅうなん》・軟《やわ》らかい素材《そざい》	軟
尼	音 ニ 高 / 訓 あま	5	尸	かばね しかばね	あま	尼僧《にそう》・尼寺《あまでら》・尼《あま》になって仏《ほとけ》に仕《つか》える	尼
妊	音 ニン / 訓 —	7	女	おんなへん	みごもる	妊娠《にんしん》・妊婦《にんぷ》・懐妊《かいにん》・避妊《ひにん》・不妊《ふにん》	妊
忍	音 ニン / 訓 しの(ぶ) しの(ばせる)	7	心	こころ	がまんする・しのぶ・むごい	忍苦《にんく》・忍耐《にんたい》・隠忍自重《いんにんじちょう》・堅忍不抜《けんにんふばつ》・残忍《ざんにん》・恥《はじ》を忍《しの》ぶ	忍
寧	音 ネイ / 訓 —	14	宀	うかんむり	やすらか・ねんごろに・むしろ・なんぞ	寧日《ねいじつ》・安寧《あんねい》・丁寧《ていねい》	寧
把	音 ハ / 訓 —	7	扌	てへん	とる・にぎる・とって・たば	把握《はあく》・把持《はじ》・大雑把《おおざっぱ》	把

練習問題

1	/24
2	/10
3	/10
4	/24

月　日

1 次の――線の漢字の読みをひらがなで記せ。

1 国を挙げて王妃《おうひ》のご懐妊を祝う。（　　）
2 社会の安寧が保たれている。（　　）
3 硬軟取り混ぜた意見を交わす。（　　）
4 老眼鏡には凸レンズを使う。（　　）
5 尼僧として修行する。（　　）
6 県知事の座を把持する。（　　）
7 自衛隊の駐屯地で取材する。（　　）
8 晩年は出家して尼になった。（　　）
9 会長の苦衷は察するに余りある。（　　）
10 記憶を手繰り寄せる。（　　）

11 犯人の隠匿は共犯とみなされる。（　　）
12 事態は混乱し、収拾がつかない。（　　）
13 亡き友に哀悼の意を表した。（　　）
14 競艇選手として活躍する。（　　）
15 曇天が続き日照不足が心配だ。（　　）
16 机上に書類を広げた。（　　）
17 今晩中に旅行の支度を終えたい。（　　）
18 沼沢地帯の植物を採取する。（　　）
19 彼は弱音も吐かず忍耐強い。（　　）
20 人目を忍んで行動する。（　　）
21 強硬な姿勢が軟化してきた。（　　）
22 軟らかいおかゆを食べさせる。（　　）
23 機能満載の欲張りな商品だ。（　　）
24 体が水分を欲している。（　　）

2 熟語の構成のしかたには次のようなものがある。

ア 同じような意味の漢字を重ねたもの（岩石）
イ 反対または対応の意味を表す字を重ねたもの（高低）
ウ 上の字が下の字を修飾しているもの（洋画）
エ 下の字が上の字の目的語・補語になっているもの（着席）
オ 上の字が下の字の意味を打ち消しているもの（非常）

次の熟語は右のア～オのどれにあたるか、一つ選び、記号で記せ。

1 逓増（　）
2 余韻（　）
3 忍苦（　）
4 無粋（　）
5 得喪（　）
6 未来（　）
7 把握（　）
8 点滅（　）
9 漸進（　）
10 挑戦（　）

3 次の各文にまちがって使われている同じ読みの漢字が一字ある。上に誤字を、下に正しい漢字を記せ。

誤　正

1 細抱分裂を繰り返し成長する。（　）（　）
2 けがの防止に充軟体操を熱心に行う。（　）（　）
3 不詳事を招く結果となった。（　）（　）
4 全国的に地価が高騰している。（　）（　）
5 早急に摘宜な処置をとろう。（　）（　）
6 内閣が条約の批準書を承認した。（　）（　）
7 部屋の中を隅々まで定寧に掃除する。（　）（　）
8 人工衛星が基道を周回している。（　）（　）
9 感謝を込めて花束を造呈する。（　）（　）
10 尊敬する先輩の説を倒襲する。（　）（　）

4

次の――線のカタカナを漢字に直せ。

1 **ニンタイ**を要する仕事だ。（　　）
2 山奥に古い**アマデラ**がある。（　　）
3 ポスターを**トッパン**で印刷する。（　　）
4 **ジュウナン**な考えが発明を生む。（　　）
5 昔は警察署を**トンショ**と呼んだ。（　　）
6 **テイネイ**な言葉遣いを心がける。（　　）
7 正確な参加者数を**ハアク**する。（　　）
8 **ニンシン**中の注意事項を聞く。（　　）
9 岩の表面は**デコボコ**している。（　　）
10 恥を**シノ**んでお願いした。（　　）
11 教会の**カネ**の音が響く。（　　）
12 **コンキョ**を示して説得する。（　　）
13 花の**カンムリ**を頭に乗せる。（　　）
14 天皇から**ミコトノリ**を賜る。（　　）
15 **ワラベ**歌を保存する運動がある。（　　）
16 **マボロシ**の作品を発見する。（　　）
17 小型機が**ドウタイ**着陸をする。（　　）
18 **コウカイ**しないように努力する。（　　）
19 **ノキシタ**にツバメが巣を作った。（　　）
20 重要書類を**フンシツ**する。（　　）
21 お客様に利益を**カンゲン**する。（　　）
22 **カンゲン**に乗って痛い目を見る。（　　）
23 耳を**ス**まして虫の音を聞く。（　　）
24 仕事を**ス**まして帰る。（　　）

堅忍不抜（けんにんふばつ）
【意味】固い意志を持ち、どんな困難にも耐え、心を動かさないこと
「堅忍不抜の志を持つ」のように使用します。「堅忍」は我慢強い、「不抜」は固くて抜けないという意味から、意志が強く、ものに動じないさまを表します。

漢字	読み	画数	部首	部首名	漢字の意味	用例	筆順
覇	音 ハ 訓 ―	19	覀	おおいかんむり	はたがしら・武力で天下を従える・優勝する	覇気《はき》・覇業《はぎょう》・覇権《はけん》・覇者《はしゃ》・制覇《せいは》・争覇《そうは》・連覇《れんぱ》	2 5 9 14 17 19
廃	音 ハイ 訓 すた(れる) すた(る)	12	广	まだれ	いらなくなる・すたれる・すてる・やめる	廃屋《はいおく》・廃棄《はいき》・廃止《はいし》・興廃《こうはい》・荒廃《こうはい》・全廃《ぜんぱい》・廃《すた》れた風習《ふうしゅう》	2 10
培	音 バイ 訓 つちか(う) 高	11	土	つちへん	やしない育てる・つちかう	培養《ばいよう》・栽培《さいばい》・克己心《こっきしん》を培《つちか》う	5
媒	音 バイ 訓 ―	12	女	おんなへん	なかだちをする・なこうど	媒介《ばいかい》・媒酌《ばいしゃく》・媒体《ばいたい》・触媒《しょくばい》・溶媒《ようばい》・霊媒《れいばい》	6 12
賠	音 バイ 訓 ―	15	貝	かいへん	つぐなう・うめあわせをする	賠償《ばいしょう》	5 9 11 14
伯	音 ハク 訓 ―	7	亻	にんべん	兄弟の中で年長の者・一芸に長じる者	伯爵《はくしゃく》・伯叔《はくしゅく》・伯仲《はくちゅう》・画伯《がはく》・詩伯《しはく》・勢力伯仲《せいりょくはくちゅう》・伯父《おじ》	
舶	音 ハク 訓 ―	11	舟	ふねへん	大きな船	舶載《はくさい》・舶来《はくらい》・船舶《せんぱく》	5
漠	音 バク 訓 ―	13	氵	さんずい	ひろい・はっきりしない・ものたりない	漠然《ばくぜん》・漠漠《ばくばく》・空漠《くうばく》・広漠《こうばく》・荒漠《こうばく》・砂漠《さばく》	3 10

ステップ 32

練習問題

1	/24
2	/10
3	/6
4	/24

月　日

1

次の――線の漢字の読みをひらがなで記せ。

1 社長は旧伯爵家の出身だ。（　）
2 部長夫妻の媒酌で結婚する。（　）
3 幼児期の記憶は漠然としている。（　）
4 舶来の高級な家具をそろえる。（　）
5 その漫画雑誌は廃刊になった。（　）
6 後輩は若いのに覇気がない。（　）
7 東京の伯父さんの家に下宿する。（　）
8 ベランダで野菜を栽培する。（　）
9 連覇をかけて試合に挑む。（　）
10 空漠として理解しづらい話だ。（　）

11 けがの治療費の賠償を請求する。（　）
12 努力して法曹の資格を取る。（　）
13 洞察に満ちた小説を薦める。（　）
14 半端な時間に目が覚めた。（　）
15 物資が不足し敗色が濃厚になる。（　）
16 懲戒処分の後、辞職する。（　）
17 昔ながらの機織りを見学する。（　）
18 先生から傘を拝借した。（　）
19 書類をまとめて焼却する。（　）
20 重要な国際会議に陪席する。（　）
21 映らないテレビを廃棄する。（　）
22 かつて栄えた町が廃れる。（　）
23 顔に苦悩の色が浮かぶ。（　）
24 悩み事を友人に打ち明けた。（　）

2 次の——線のカタカナを漢字一字と送りがな（ひらがな）に直せ。

〈例〉問題にコタエル。（答える）

1 ぶつかった衝撃で壁がコワレル。（　）
2 たこつぼを海底にシズメル。（　）
3 長雨で畑の野菜がクサリ始めた。（　）
4 月が雲にカクレル。（　）
5 足音をシノバセて部屋に入る。（　）
6 治せなければ名医の名がスタル。（　）
7 強盗の犯人をツカマエル。（　）
8 キタナイ部屋を片付ける。（　）
9 練習して実力をツチカウ。（　）
10 この食事は朝食と昼食をカネル。（　）

3 次の□に入る適切なひらがなを、［　］の中から選び、漢字に直して四字熟語を完成せよ。［　］のなかのひらがなは一度だけ使うこと。また、その意味を後のア～カから選び、記号を（　）に記せ。

1 勢力伯□（　）
2 心頭滅□（　）
3 比□連理（　）
4 □忍自重（　）
5 □非曲直（　）
6 朝令□改（　）

いん・きゃく・ぜ・ちゅう・ぼ・よく

ア 雑念を取り去ること
イ じっと我慢して軽々しい言動をとらないこと
ウ 男女が仲むつまじいこと
エ 両者に優劣の差がないこと
オ 物事の善悪、正不正のこと
カ 法や規則がすぐに変わり定まらないこと

4

次の――線のカタカナを漢字に直せ。

1 外国の**センパク**が寄港する。

2 **バクゼン**とした寂しさを感じる。

3 事故の**バイショウ**金を支払う。

4 流行語は**スタ**れるのも早い。

5 水泳で全国大会の**ハシャ**となる。

6 高名な**ガハク**の作品を鑑賞する。

7 マラリアは蚊が**バイカイ**する。

8 バスの路線が**ハイシ**になった。

9 菌を**バイヨウ**して実験する。

10 サッカーでアジアを**セイハ**する。

11 夏休みに社会**ホウシ**をする。

12 **ナットク**がいくまで説明を聞く。

13 旅館に**シュクハク**する。

14 **ハクシン**の演技を披露《ひろう》する。

15 海外生産に**ハクシャ**をかける。

16 新鮮な果物を**ハンバイ**する。

17 相手チームを**テイサツ**する。

18 試験勉強はいつも**ドロナワ**式だ。

19 **ヤクドウ**的な踊りで目を奪う。

20 ベルサイユ**キュウデン**を訪れる。

21 彼は大学の二年**コウハイ**だ。

22 **コウハイ**した地域を再建する。

23 ウイルスで病気が**デンセン**する。

24 **デンセン**にスズメがとまる。

勢力伯仲（せいりょくはくちゅう）

【意味】互いの力が同等で、優劣をつけにくいこと

「伯」は長兄、「仲」は次兄を意味し、「伯仲」はよく似ていて優劣の差がないことを意味します。「仲」を「中」などと書き間違えないようにしましょう。

漢字	読み	画数	部首	部首名	漢字の意味	用例
肌	音 ― 訓 はだ	6	月	にくづき	からだの表面・ひふ・物の表面	肌合《はだあ》い・肌荒《はだあ》れ・肌着《はだぎ》・肌身《はだみ》・地肌《じはだ》・一肌《ひとはだ》・山肌《やまはだ》
鉢	音 ハチ ハツ 高 訓 ―	13	金	かねへん	はち・皿の深く大きいもの・頭の横まわり	鉢合《はちあ》わせ・鉢植《はちう》え・鉢巻《はちまき》・丼鉢《どんぶりばち》・火鉢《ひばち》・衣鉢《いはつ》
閥	音 バツ 訓 ―	14	門	もんがまえ	いえがら・てがら・なかま・党派	閥族《ばつぞく》・学閥《がくばつ》・財閥《ざいばつ》・派閥《はばつ》・門閥《もんばつ》
煩	音 ハン ボン 高 訓 わずら(う) わずら(わす)	13	火	ひへん	わずらわしい・なやむ	煩雑《はんざつ》・煩忙《はんぼう》・煩悩《ぼんのう》・恋煩《こいわずら》い・手《て》を煩《わずら》わす
頒	音 ハン 訓 ―	13	頁	おおがい	くばる・分け与える・まだら	頒価《はんか》・頒行《はんこう》・頒布《はんぷ》
妃	音 ヒ 訓 ―	6	女	おんなへん	きさき・皇族の妻	妃殿下《ひでんか》・王妃《おうひ》・后妃《こうひ》
披	音 ヒ 訓 ―	8	扌	てへん	ひらく・ひろめる・うちあける	披見《ひけん》・披露《ひろう》・直披《じきひ》・襲名披露《しゅうめいひろう》
扉	音 ヒ 高 訓 とびら	12	戸	とだれ とかんむり	とびら・いえ・すまい	鉄扉《てっぴ》・門扉《もんぴ》・扉絵《とびらえ》・扉《とびら》を破《やぶ》る

筆順

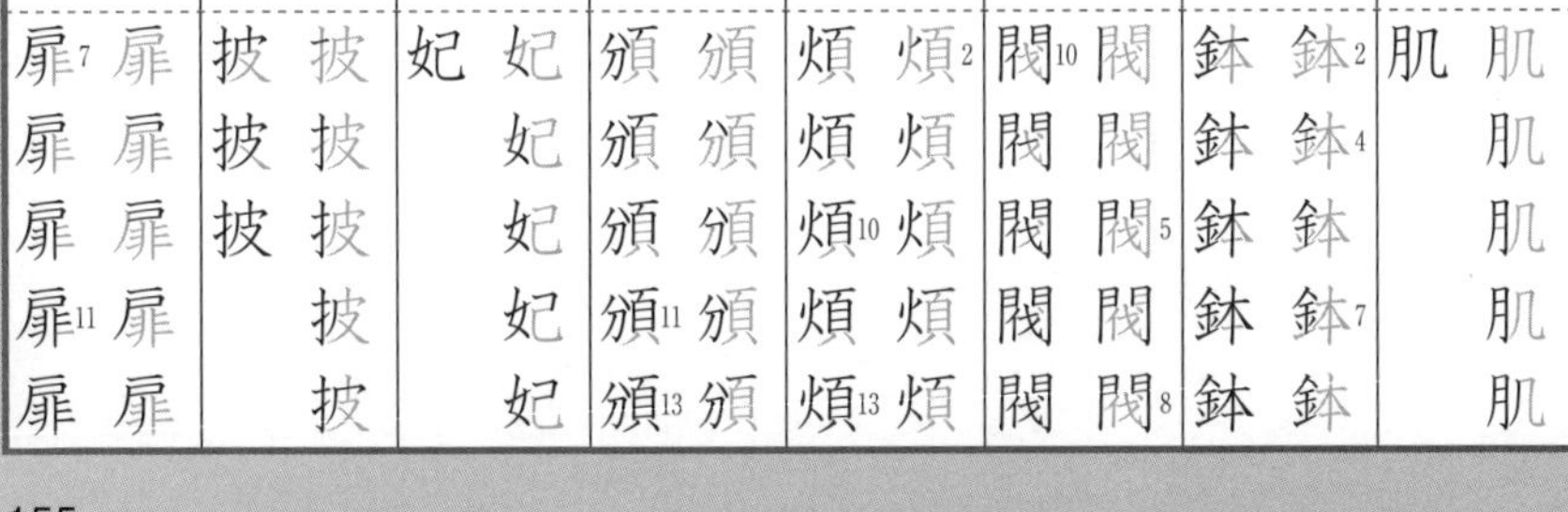

ステップ33

練習問題

1	/24
2	/10
3	/9
4	/24

月　日

1 次の――線の漢字の読みをひらがなで記せ。

1 年末は煩忙を極める。

2 この手紙をご披見ください。

3 想像をかき立てる扉絵だ。

4 妃殿下が海外を視察される。

5 火鉢を置いて暖を取る。

6 山肌を縫うように国道を作る。

7 門扉を開けて中に入る。

8 党はいくつかの派閥に分かれた。

9 座禅を組み、煩悩を断ち切る。

10 会報の頒価を値上げした。

11 兄には亡父の面影がある。

12 ひらめきを備忘録に書き留める。

13 その風習は昔の名残だそうだ。

14 森林の伐採が問題になっている。

15 実験に特殊な触媒を用いる。

16 軒先に蚊柱が立つ。

17 民の声を政治に生かす。

18 店の棚卸しを手伝う。

19 煩雑な手続きを済ます。

20 息子の将来を思い煩う。

21 前代未聞の犯罪が起きた。

22 取り返しのつかない過ちを犯す。

23 上司の言い方に反感を抱いた。

24 呉服店で浴衣の反物を買う。

2 後の［　］の中の語を必ず一度だけ使って漢字に直し、対義語・類義語を記せ。

対義語

1 哀悼―（　）
2 暫時―（　）
3 供述―（　）
4 煩雑―（　）
5 自生―（　）

類義語

6 技量―（　）
7 披露―（　）
8 辛抱―（　）
9 互角―（　）
10 策謀―（　）

かんりゃく・けいりゃく・こうきゅう・こうひょう・さいばい・しゅくが・しゅわん・にんたい・はくちゅう・もくひ

3 次の――線のカタカナを漢字に直せ。

1 国家の財政が窮**ハク**する。（　）
2 一人で漂**ハク**の旅に出る。（　）
3 人気に**ハク**車をかける。（　）

4 神のごとく崇**ハイ**する。（　）
5 優れた人材を**ハイ**出する。（　）
6 車の**ハイ**気ガスを浄化する。（　）

7 財**バツ**が再編成される。（　）
8 大会に出る選手を選**バツ**する。（　）
9 飲酒運転に重い刑**バツ**を科す。（　）

4 次の――線のカタカナを漢字に直せ。

1 舞台でダンスをヒロウする。
2 入り口に回転トビラを導入する。
3 南国の国王とオウヒが訪日する。
4 カタログを無料でハンプする。
5 近所づきあいがワズラわしい。
6 友人のためにヒトハダ脱ぐ。
7 旧ザイバツ系の企業に勤める。
8 ハチウえの花を玄関先に置く。
9 野球の試合でシンパンをする。
10 ブランコが風にユれる。
11 時間にソクバクされる毎日だ。
12 人気歌手の髪型をモホウする。
13 己をヒゲする必要はない。
14 胃酸のブンピツを薬で抑える。
15 酸性雨が土壌にシントウする。
16 彼の忠告に注意をハラうべきだ。
17 夫にドウハンして新年会に行く。
18 町おこしのアイディアをツノる。
19 あきらめずネバり強く挑戦する。
20 単純作業にアきる。
21 不法入国者を強制ソウカンする。
22 小説の雑誌がソウカンされる。
23 お互いのケントウをたたえる。
24 これ以上ケントウの余地はない。

使い分けよう! **わずらう【煩・患】**
煩う…例 進路のことで思い煩う（迷い悩む）
患う…例 大病を患う・胸を患う（病気になる）

漢字	読み	画数	部首	部首名	漢字の意味	用例
罷	音 ヒ 訓 —	15	罒	あみがしら あみめ よこめ	仕事をしない・職務をやめさせる・つかれる	罷業《ひぎょう》・罷免《ひめん》・同盟罷業《どうめいひぎょう》
猫	音 ビョウ 高 訓 ねこ	11	犭	けものへん	ねこ	愛猫《あいびょう》・猫舌《ねこじた》・猫背《ねこぜ》・三毛猫《みけねこ》・山猫《やまねこ》
賓	音 ヒン 訓 —	15	貝	かい こがい	大切にもてなす客・主に対するもの	賓客《ひんかく ひんきゃく》・貴賓《きひん》・迎賓《げいひん》・国賓《こくひん》・主賓《しゅひん》・来賓《らいひん》
頻	音 ヒン 訓 —	17	頁	おおがい	たびたび・しばしば・きれめなく・しきりに	頻出《ひんしゅつ》・頻度《ひんど》・頻発《ひんぱつ》・頻繁《ひんぱん》
瓶	音 ビン 訓 —	11	瓦	かわら	びん・液体を入れる器	瓶詰《びんづめ》・花瓶《かびん》・鉄瓶《てつびん》・土瓶《どびん》・哺乳瓶《ほにゅうびん》
扶	音 フ 訓 —	7	扌	てへん	力を貸す・たすける・まもる・ささえる	扶育《ふいく》・扶助《ふじょ》・扶養《ふよう》・扶翼《ふよく》
附	音 フ 訓 —	8	阝	こざとへん	つく・付け加える・したがう・手わたす	附随《ふずい》・附属《ふぞく》・附和雷同《ふわらいどう》・寄附《きふ》・貼附《ちょうふ てんぷ》
譜	音 フ 訓 —	19	言	ごんべん	しるす・つづく・系図・音楽の譜	譜面《ふめん》・暗譜《あんぷ》・楽譜《がくふ》・棋譜《きふ》・系譜《けいふ》・採譜《さいふ》・年譜《ねんぷ》

筆順

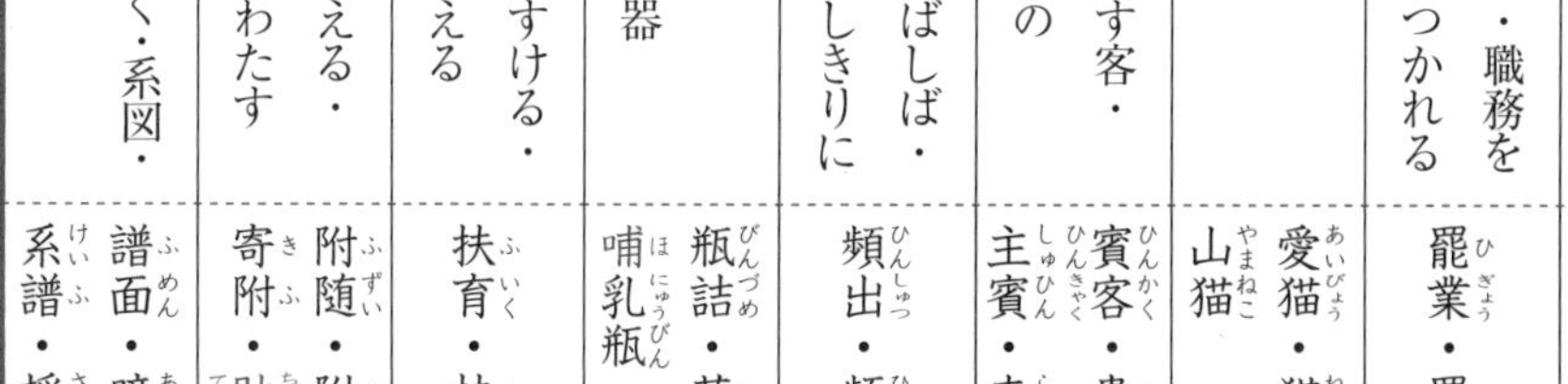

練習問題

1	／24
2	／9
3	／10
4	／24

月　日

1 次の――線の漢字の読みをひらがなで記せ。

1 日本各地で地震が頻発している。（　　）
2 大学附属の幼稚園を受験する。（　　）
3 雄の三毛猫は珍しいそうだ。（　　）
4 各地の民謡を採譜する。（　　）
5 両親と子ども二人を扶養する。（　　）
6 マツタケの土瓶蒸しが好物だ。（　　）
7 その大臣は脱税で罷免された。（　　）
8 主賓の祝辞の後、乾杯した。（　　）
9 楽譜を見ながら演奏する。（　　）
10 この問題は出題頻度が高い。（　　）
11 小冊子を無料で頒布する。（　　）
12 排気量の小さな車に乗っている。（　　）
13 山の清澄な空気を吸う。（　　）
14 敵の攻撃を紙一重でかわした。（　　）
15 王妃主催の舞踏会に招かれる。（　　）
16 父はこの辺りで有名な素封家だ。（　　）
17 植物は不思議な力を秘めている。（　　）
18 赤ん坊の肌着を用意する。（　　）
19 潔癖で掃除ばかりしている。（　　）
20 戦乱の世に新しい国が興る。（　　）
21 妹は感情の起伏が激しい。（　　）
22 恥ずかしくて顔を伏せる。（　　）
23 当時の裏話を暴露する。（　　）
24 一連の事件の真犯人を暴く。（　　）

2 次の（　）に「ヒ」「ヒン」と音読みする適切な漢字を入れて熟語を作り、熟語の読みを〈　〉にひらがなで記せ。

ヒ

1 （　）露〈　〉
2 （　）労〈　〉
3 （　）害〈　〉
4 （　）岸〈　〉
5 后（　）〈　〉
6 （　）躍〈　〉

ヒン

7 迎（　）館〈　〉
8 海（　）〈　〉
9 （　）出〈　〉

3 熟語の構成のしかたには次のようなものがある。

ア 同じような意味の漢字を重ねたもの（岩石）
イ 反対または対応の意味を表す字を重ねたもの（高低）
ウ 上の字が下の字を修飾しているもの（洋画）
エ 下の字が上の字の目的語・補語になっているもの（着席）
オ 上の字が下の字の意味を打ち消しているもの（非常）

次の熟語は右のア～オのどれにあたるか、一つ選び、記号で記せ。

1 頻繁（　）
2 貴賓（　）
3 興廃（　）
4 尊卑（　）
5 懲悪（　）
6 罷業（　）
7 不屈（　）
8 頒価（　）
9 扶助（　）
10 未詳（　）

4 次の――線のカタカナを漢字に直せ。

1 交通事故がヒンパツしている。
2 兄はひょろりと長身でネコゼだ。
3 フメンを見ながらピアノを弾く。
4 母校の改築のためキフする。
5 ライヒンあてに招待状を送る。
6 同盟ヒギョウは労働運動だ。
7 イタリア製のカビンを贈られた。
8 王女がコクヒンとして来訪した。
9 相互フジョの精神を大切にする。
10 詩人の一生をネンプにまとめる。
11 野の花が初夏のビフウにそよぐ。
12 漫才を聞いてバクショウする。
13 頭に真珠のカミカザりをつける。
14 ゼンパン的な印象を述べる。
15 ロウバシンながら申し上げます。
16 内科ビョウトウの患者を見舞う。
17 キョウボウして銀行強盗をする。
18 難しい語のチュウシャクを見る。
19 代金を郵便フリカエで支払う。
20 シュビよく仕事を終わらせる。
21 責任をカイヒするのは見苦しい。
22 カイヒ制のパーティーを開く。
23 傷んだ壁画をホシュウする。
24 数学のホシュウを受ける。

「猫」を使った慣用表現
猫に小判…価値のわからない者に高価な物を与えても無駄だというたとえ
猫の手も借りたい…非常に忙しいためどんな手伝いでもほしいことのたとえ
猫もしゃくしも…だれもかれも
借りて来た猫のよう…ふだんと違い、おとなしい様子

ステップ35

漢字	読み	画数	部首	部首名	漢字の意味	用例	筆順
侮	音 ブ 訓 あなど(る)高	8	亻	にんべん	あなどる・もてあそぶ	侮言《ぶげん》・侮辱《ぶじょく》・侮蔑《ぶべつ》・軽侮《けいぶ》・対戦相手《たいせんあいて》を侮《あなど》る	侮侮侮侮侮侮侮侮
沸	音 フツ 訓 わ(く) わ(かす)	8	氵	さんずい	にえたつ・わき出る・盛んに起こるさま	沸点《ふってん》・沸騰《ふっとう》・沸沸《ふつふつ》・煮沸《しゃふつ》・湯沸《ゆわ》かし・ふろが沸《わ》く	沸沸沸沸沸沸沸沸
雰	音 フン 訓 ―	12	⻗	あめかんむり	その場にたちこめている気分・きり・しも	雰囲気《ふんいき》	雰雰雰雰雰6雰8雰雰雰雰
憤	音 フン 訓 いきどお(る)高	15	忄	りっしんべん	いかる・いかり・ふるいたつ	憤慨《ふんがい》・憤激《ふんげき》・憤然《ふんぜん》・義憤《ぎふん》・発憤《はっぷん》・世《よ》の不正《ふせい》を憤《いきどお》る	憤2憤憤5憤憤憤憤憤憤13憤15
丙	音 ヘイ 訓 ―	5	一	いち	十干の三番目・ひのえ・物事の第三位	丙種《へいしゅ》・甲乙丙《こうおつへい》	丙丙丙丙丙
併	音 ヘイ 訓 あわ(せる)	8	亻	にんべん	ならぶ・両立する・あわせる・しかし	併願《へいがん》・併記《へいき》・併設《へいせつ》・併読《へいどく》・併発《へいはつ》・合併《がっぺい》・併《あわ》せ持《も》つ	併併併併併併併併
塀	音 ヘイ 訓 ―	12	土	つちへん	家や土地のさかいにするしきり・かき	板塀《いたべい》・土塀《どべい》・塀《へい》を乗《の》り越《こ》える	塀塀塀塀塀塀塀8塀10塀塀
幣	音 ヘイ 訓 ―	15	巾	はば	おかね・ぬさ(神への供え物)・客への贈り物	幣制《へいせい》・貨幣《かへい》・御幣担《ごへいかつ》ぎ・紙幣《しへい》・造幣《ぞうへい》	幣幣幣幣6幣8幣10幣12幣幣幣

ステップ 35

練習問題

月　日

1	/24
2	/10
3	/6
4	/24

1 次の――線の漢字の読みをひらがなで記せ。

1 好プレーに大観衆が沸く。（　）
2 昔、成績は甲乙丙で表した。（　）
3 二つの大手銀行が合併した。（　）
4 怒りが沸沸とわいてきた。（　）
5 相手を年寄りと侮る。（　）
6 憤然とした面持ちで席を立つ。（　）
7 インフレで貨幣価値が下がる。（　）
8 家族に対する侮辱は許せない。（　）
9 併せてご健康をお祈りします。（　）
10 気圧によって沸点が異なる。（　）

11 家庭的な雰囲気の店が好きだ。（　）
12 刑務所は高い塀に囲まれている。（　）
13 肺炎を併発して入院する。（　）
14 森の奥に廃屋がある。（　）
15 制作した映画がお蔵入りとなる。（　）
16 暮春には新緑が力強さを増す。（　）
17 上客を貴賓室に案内する。（　）
18 試験に頻出の英単語を覚える。（　）
19 火鉢に鉄瓶をかける。（　）
20 安閑と座ってはいられない。（　）
21 食品を密閉容器で保存する。（　）
22 周りとなじめず心を閉ざす。（　）
23 会社の浮沈にかかわる大事件だ。（　）
24 ささ舟が池に浮かんでいる。（　）

2 次の——線のカタカナを漢字一字と送りがな（ひらがな）に直せ。

〈例〉問題にコタエル。（答える）

1 待ち時間が長いとツカレル。（　）
2 水でのどをウルオシてから話す。（　）
3 流行の髪形もそのうちスタレル。（　）
4 不正を知り、イキドオル。（　）
5 積んでいた本がクズレル。（　）
6 甘い言葉で若者をマドワス。（　）
7 眠りをサマタゲルような騒音だ。（　）
8 帰宅してすぐに風呂《ふろ》をワカス。（　）
9 多くの仕事をカカエ込む。（　）
10 姉の目をヌスンで上着を借りた。（　）

3 次の□に入る適切なひらがなを、┊　┊の中から選び、漢字に直して四字熟語を完成せよ。┊　┊の中のひらがなは一度だけ使うこと。また、その意味を後のア～カから選び、記号を（　）に記せ。

1 円転滑□（　）
2 附和□同（　）
3 多岐□羊（　）
4 徹頭徹□（　）
5 難□不落（　）
6 清廉□白（　）

けっ・こう・だつ・び・ぼう・らい

ア 簡単に屈伏させられないこと
イ 心や行いが正しく、やましさがないこと
ウ 最初から最後まで
エ 方針がありすぎて迷うこと
オ よく考えもせず、他人の言動に従うこと
カ 物事がすらすらと運ぶさま

4 次の――線のカタカナを漢字に直せ。

1 **イタベイ**にペンキを塗る。（　　）

2 **シヘイ**には偽造防止の工夫がある。（　　）

3 不透明な会計に**ギフン**を感じる。（　　）

4 **ケイブ**の目でさげすまれた。（　　）

5 湯**ワ**かし器を取り付ける。（　　）

6 温かい**フンイキ**に心が和む。（　　）

7 国立と私立大学を**ヘイガン**する。（　　）

8 暴言が彼を**フンゲキ**させた。（　　）

9 検査で**ヘイシュ**に分類された。（　　）

10 やかんのお湯が**フットウ**する。（　　）

11 成績が二位に**フジョウ**した。（　　）

12 **シハン**されている風邪薬を飲む。（　　）

13 家具をトラックで**ウンパン**する。（　　）

14 教師が生徒に**モハン**を示す。（　　）

15 面倒をかけて**キョウシュク**する。（　　）

16 **コフン**を文化財として保護する。（　　）

17 政治の**フハイ**を指摘する。（　　）

18 山が**フンカ**し避難する。（　　）

19 **ビリョク**だができることをする。（　　）

20 **ハキ**に満ちた表情が頼もしい。（　　）

21 酔って**ヘイコウ**感覚を失う。（　　）

22 **ヘイコウ**四辺形の面積を求める。（　　）

23 弁護士が**ヒ**疑者と面会する。（　　）

24 芸術に**ヒ**凡な才能を見せる。（　　）

間違えやすい送りがな　憤（いきどおる）

Q…「憤」の訓読み「いきどおる」の送りがなは?
①憤どおる　②憤おる　③憤る

A…③この場合、「活用のある語は、活用語尾を送る」という送りがなの通則に従い、活用語尾の「る」を送ります。

ステップ 36

漢字	読み	画数	部首	部首名	漢字の意味	用例	筆順
弊	音 ヘイ / 訓 —	15	廾	こまぬき にじゅうあし	やぶれる・よくない・よわる・謙遜《けんそん》のことば	弊害《へいがい》・弊社《へいしゃ》・弊風《へいふう》・悪弊《あくへい》・旧弊《きゅうへい》・語弊《ごへい》・疲弊《ひへい》	弊 弊3 弊5 弊 弊8 弊10 弊 弊 弊 弊15
偏	音 ヘン / 訓 かたよ(る)	11	亻	にんべん	かたよる・かたがわ・漢字の「へん」	偏屈《へんくつ》・偏見《へんけん》・偏向《へんこう》・偏在《へんざい》・偏食《へんしょく》・不偏《ふへん》・偏《かたよ》った考《かんが》え	偏2 偏 偏 偏 偏 偏 偏 偏 偏 偏
遍	音 ヘン / 訓 —	12	辶	しんにょう しんにゅう	広く行き渡る・あまねく・回数を示す助数詞	遍在《へんざい》・遍歴《へんれき》・遍路《へんろ》・一遍《いっぺん》・普遍《ふへん》・普遍妥当《ふへんだとう》・満遍《まんべん》	遍 遍 遍 遍 遍 遍 遍 遍9 遍11 遍
泡	音 ホウ / 訓 あわ	8	氵	さんずい	あわ・うたかた	気泡《きほう》・水泡《すいほう》・発泡《はっぽう》・泡立《あわだ》ち・泡雪《あわゆき》・一泡《ひとあわ》・泡《あわ》を食《く》う	泡 泡 泡 泡 泡 泡 泡 泡
俸	音 ホウ / 訓 —	10	亻	にんべん	給料・手当	俸給《ほうきゅう》・減俸《げんぽう》・年俸《ねんぽう》・本俸《ほんぽう》	俸 俸 俸 俸 俸 俸 俸 俸 俸 俸
褒	音 ホウ 高 / 訓 ほ(める)	15	衣	ころも	ほめる・ほめたたえる・あつまる	褒章《ほうしょう》・褒賞《ほうしょう》・褒美《ほうび》・過褒《かほう》・褒《ほ》め言葉《ことば》・褒《ほ》めたたえる	褒2 褒4 褒7 褒 褒 褒11 褒 褒 褒 褒
剖	音 ボウ / 訓 —	10	刂	りっとう	切りさく・わける・善悪をさだめる	剖検《ぼうけん》・解剖《かいぼう》	剖 剖 剖 剖 剖 剖 剖 剖 剖 剖
紡	音 ボウ / 訓 つむ(ぐ) 高	10	糸	いとへん	つむぐ・つむいだ糸	紡織《ぼうしょく》・紡績《ぼうせき》・混紡《こんぼう》・糸《いと》を紡《つむ》ぐ	紡 紡 紡 紡 紡 紡 紡 紡 紡 紡

ステップ 36

練習問題

1 ／24
2 ／10
3 ／9
4 ／24

月　日

1 次の――線の漢字の読みをひらがなで記せ。

1 偏屈な男で、だれとも話さない。
2 このシャツは綿と麻《あさ》の混紡だ。
3 「弊社」は謙譲表現だ。
4 ライバルに一泡吹かせたい。
5 全ての生徒に満遍なく気を配る。
6 剖検の結果を警察に報告する。
7 新たな物語を紡いでいく。
8 気前よく褒美をやる。
9 不祥事で役員の減俸が決定した。
10 料理の腕前を褒めたたえる。
11 定年後、遍路の旅に出る。
12 天下統一の覇業を遂げる。
13 横着しないで連絡しなさい。
14 発憤して学問に励む。
15 核兵器の廃絶を目指す。
16 店舗の前を毎朝掃除している。
17 二つの大学を併願する。
18 繁忙期はアルバイトを募集する。
19 考え方の偏向が気にかかる。
20 公共施設が都市部に偏っている。
21 多くの人の善意が水泡に帰した。
22 このタオルは泡立ちがよい。
23 監督に全幅の信頼を寄せる。
24 利幅の大きい商品を置く。

2 熟語の構成のしかたには次のようなものがある。

ア 同じような意味の漢字を重ねたもの（岩石）
イ 反対または対応の意味を表す字を重ねたもの（高低）
ウ 上の字が下の字を修飾しているもの（洋画）
エ 下の字が上の字の目的語・補語になっているもの（着席）
オ 上の字が下の字の意味を打ち消しているもの（非常）

次の熟語は右のア〜オのどれにあたるか、一つ選び、記号で記せ。

1 叙勲（　）
2 不偏（　）
3 解剖（　）
4 去就（　）
5 弊風（　）
6 披露（　）
7 造幣（　）
8 虚実（　）
9 未到（　）
10 墨汁（　）

3 次の――線のカタカナを漢字に直せ。

1 死者に深い哀**トウ**の意を表す。（　）
2 華麗な舞いに**トウ**酔する。（　）
3 日常の悩みから**トウ**避したい。（　）

4 人類普**ヘン**の真理を求める。（　）
5 学力**ヘン**重の教育を改める。（　）
6 社会の**ヘン**遷を調べる。（　）

7 **キュウ**弊な制度を改める。（　）
8 この辺りは**キュウ**陵地帯だ。（　）
9 経済効果が全国に波**キュウ**する。（　）

4 次の——線のカタカナを漢字に直せ。

1 その言い方にはゴヘイがある。
2 泥棒がアワを食って逃げ出す。
3 父はボウセキ工場に勤めている。
4 日本の名所旧跡をヘンレキする。
5 差別やヘンケンを取り除く。
6 炭酸水のキホウがはじける。
7 子どもはホめて育てる主義だ。
8 改革には多くのヘイガイが伴う。
9 医大ではカイボウの実習がある。
10 成果を認められネンポウが上がる。
11 座礁した船がテンプクした。
12 祭りで勢いよくタイコをたたく。
13 虫に刺されてヒフ科を受診する。
14 古新聞をひもでシバる。
15 先輩を兄のようにシタう。
16 街頭でボキン活動をする。
17 学校でヒナン訓練をする。
18 竹ぼうきのエを握る。
19 ハッポウ酒の売り上げが伸びる。
20 近くでハッポウ事件が起きた。
21 一晩中病人のカイホウをする。
22 病状はカイホウに向かっている。
23 野菜嫌いのヘンショクを直す。
24 絵画のヘンショクを防ぐ。

普遍妥当（ふへんだとう）
【意味】どんな場合にも真理として承認されること
「普遍」は全てのものに共通して存すること、「妥当」は適切にあてはまるという意味です。時間や空間を超越して、一般的・全体的に認められるべきことをいいます。

ステップ 31-36

力だめし

第6回

総得点 ／100

評価
A
80点 B
75点 C
70点 D
60点 E

月　日

1 次の――線の漢字の読みをひらがなで記せ。

1×10 ／10

1 土地価格の騰貴が著しい。（　　）
2 定期的に妊婦検診に行く。（　　）
3 彼は保守的な肌合いの人物だ。（　　）
4 造幣局の見学を申し込む。（　　）
5 けがの治療で医療扶助を受ける。（　　）
6 デパートに託児所を併設する。（　　）
7 残忍な映像は規制するべきだ。（　　）
8 土塀の向こうに海が見えた。（　　）
9 広漠とした原野が眼前に広がる。（　　）
10 所要日数を大雑把に計算する。（　　）

2 次の漢字の部首を記せ。

〈例〉菜〔艹〕　間〔門〕

1×10 ／10

1 尼（　　）
2 凸（　　）
3 扉（　　）
4 雰（　　）
5 壌（　　）
6 唇（　　）
7 甚（　　）
8 頒（　　）
9 罷（　　）
10 剖（　　）

3 次のAとBの漢字を一字ずつ組み合わせて二字の熟語を作れ。Bの漢字は必ず一度だけ使う。また、AとBどちらの漢字が上でもよい。

2×10 ／20

A

1 田　2 解　3 培　4 爵　5 弱
6 舶　7 罷　8 瓶　9 煩　10 減

B

軟　伯　忙　来　俸
養　屯　業　鉄　剖

1（　）
2（　）
3（　）
4（　）
5（　）
6（　）
7（　）
8（　）
9（　）
10（　）

4 熟語の構成のしかたには次のようなものがある。

1×10 ／10

ア 同じような意味の漢字を重ねたもの（岩石）
イ 反対または対応の意味を表す字を重ねたもの（高低）
ウ 上の字が下の字を修飾しているもの（洋画）
エ 下の字が上の字の目的語・補語になっているもの（着席）
オ 上の字が下の字の意味を打ち消しているもの（非常）

次の熟語は右のア～オのどれにあたるか、一つ選び、記号で記せ。

1 義憤（　）
2 紡績（　）
3 併記（　）
4 任免（　）
5 迎賓（　）
6 超越（　）
7 不振（　）
8 報酬（　）
9 徹夜（　）
10 往還（　）

5 次の各文にまちがって使われている同じ読みの漢字が一字ある。上に誤字を、下に正しい漢字を記せ。

2×5 ／10

誤 正

1 アジア西部の列車爆破テロでは、急進派の組織が一斉に的発され、警察のテロ対策班に拘束された。（　）（　）

2 経済学部に在籍している某教授の息子の授業料が、故意に全額免徐にされていたという問題が発覚した。（　）（　）

3 夏休みを迎え、全国津津浦浦で、水難事故が賓発している。（　）（　）

4 花粉を媒回する昆虫の代わりに、人間が花粉をおしべにつけることを人工受粉という。（　）（　）

5 弟は一所懸命に手品を練習し、家族の前でその成果を秘露してくれた。（　）（　）

6 後の□の中の語を必ず一度だけ使って漢字に直し、対義語・類義語を記せ。

1×10 ／10

対義語

1 希釈―（　）
2 冗漫―（　）
3 尊敬―（　）
4 特殊―（　）
5 衰微―（　）

類義語

6 憤慨―（　）
7 勲功―（　）
8 興廃―（　）
9 屋敷―（　）
10 交渉―（　）

かんけつ・けいぶ・げきど・だんぱん・ていたく・てがら・のうしゅく・はんえい・ふちん・ふへん

7 次の（　）に入る適切なひらがなを、後の［　］の中から選び、漢字に直して四字熟語を完成せよ。［　］の中のひらがなは一度だけ使うこと。

2×10 ／20

1 堅忍不（　　）
2 本末転（　　）
3 懇切丁（　　）
4 胆大（　　）小
5 不（　　）不滅
6 美辞（　　）句
7 免許（　　）伝
8 （　　）敗堕落
9 物情（　　）然
10 （　　）中模索

あん・かい・きゅう・しん・そう・とう・ねい・ばつ・ふ・れい

8 次の――線のカタカナを漢字に直せ。

1×10 ／10

1 **テツガク**を体系的に研究する。（　　）
2 青銅の**ツルギ**が発掘された。（　　）
3 **ガクフ**通りに演奏する。（　　）
4 自室で空き巣と**ハチア**わせた。（　　）
5 **ケンキャク**ぶりを競う。（　　）
6 金庫の**スイトウ**係を受け持つ。（　　）
7 この成績なら合格**ケンナイ**だ。（　　）
8 国に財産を**ボッシュウ**される。（　　）
9 **ネコジタ**なので熱いものは苦手だ。（　　）
10 地震で塔が**クズ**れる。（　　）

ステップ37

漢字	読み	画数	部首	部首名	漢字の意味	用例
朴	音 ボク 訓 —	6	木	きへん	かざりけがない・木の皮・おおきい	朴直《ぼくちょく》・朴念仁《ぼくねんじん》・質朴《しつぼく》・純朴《じゅんぼく》・素朴《そぼく》
僕	音 ボク 訓 —	14	亻	にんべん	しもべ・めしつかい・男性の一人称・おれ	下僕《げぼく》・公僕《こうぼく》・老僕《ろうぼく》
撲	音 ボク 訓 —	15	扌	てへん	うつ・なぐる・ほろぼす・すもう	撲殺《ぼくさつ》・撲滅《ぼくめつ》・打撲《だぼく》・相撲《すもう》
堀	音 — 訓 ほり	11	土	つちへん	ほる・あな・ほり・掘った川または池	堀端《ほりばた》・釣《つ》り堀《ぼり》
奔	音 ホン 訓 —	8	大	だい	ほとばしる・にげ出す・思うままにふるまう	奔走《ほんそう》・奔馬《ほんば》・奔放《ほんぽう》・奔流《ほんりゅう》・狂奔《きょうほん》・出奔《しゅっぽん》・東奔西走《とうほんせいそう》
麻	音 マ 訓 あさ	11	麻	あさ	あさ・しびれる・麻糸	麻酔《ますい》・麻薬《まやく》・亜麻《あま》・快刀乱麻《かいとうらんま》・麻糸《あさいと》
摩	音 マ 訓 —	15	手	て	こする・みがく・せまる	摩擦《まさつ》・摩天楼《まてんろう》・摩滅《まめつ》・摩耗《まもう》
磨	音 マ 訓 みが(く)	16	石	いし	こすってみがく・すりへる・はげむ	磨耗《まもう》・研磨《けんま》・練磨《れんま》・錬磨《れんま》・磨《みが》き粉《こ》・腕《うで》を磨《みが》く

筆順

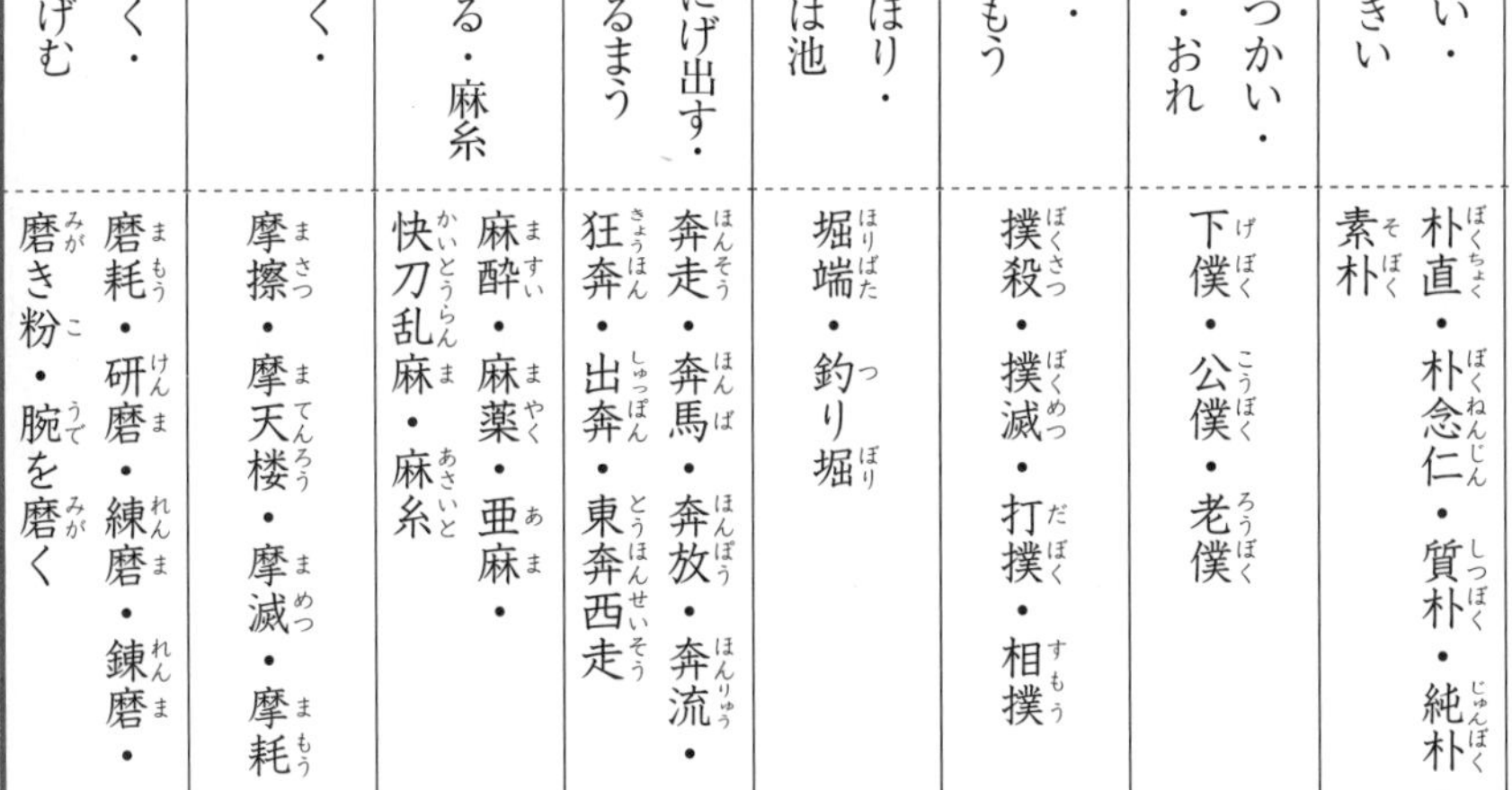

練習問題

1	/24
2	/10
3	/10
4	/24

月　日

1

次の——線の漢字の読みをひらがなで記せ。

1 ダイヤの原石を研磨する。（　　）
2 公僕として国民に奉仕する。（　　）
3 川下りの舟が奔流にもまれる。（　　）
4 丈夫な麻の袋に荷物を入れる。（　　）
5 城の周りの堀に沿って散歩する。（　　）
6 素朴な味わいの陶器が好きだ。（　　）
7 弟がちびっ子相撲大会に出る。（　　）
8 東奔西走して情報を集める。（　　）
9 麻酔をかけて手術を行う。（　　）
10 湾岸に摩天楼が林立する。（　　）
11 三角州は公園として整備された。（　　）
12 細胞分裂を繰り返す。（　　）
13 豪雨で裏山の岩が崩落した。（　　）
14 医学的根拠に立脚した治療法だ。（　　）
15 言い争う二人を仲裁する。（　　）
16 軍曹は傍若無人に振る舞った。（　　）
17 桜を見上げて歌を詠む。（　　）
18 常夏の島で休暇を過ごす。（　　）
19 敵は百戦錬磨のつわものだ。（　　）
20 料理の腕に磨きをかける。（　　）
21 血液中の鉄分が欠乏している。（　　）
22 歴史に関する知識が乏しい。（　　）
23 膨大な作業を一人でこなす。（　　）
24 新生活に夢が大きく膨らむ。（　　）

2 後の［　］の中の語を必ず一度だけ使って漢字に直し、対義語・類義語を記せ。

対義語

1 優良―（　　）
2 冒頭―（　　）
3 進撃―（　　）
4 干渉―（　　）
5 廃止―（　　）

類義語

6 奔走―（　　）
7 素直―（　　）
8 根絶―（　　）
9 解雇―（　　）
10 平穏―（　　）

あんねい・じゅんぼく・じんりょく・そんぞく・たいきゃく・ひめん・ほうにん・ぼくめつ・まつび・れつあく

3 次の各文にまちがって使われている同じ読みの漢字が一字ある。上に誤字を、下に正しい漢字を記せ。

誤　正

1 火山の奮火口から煙が上がる。（　　）（　　）
2 幾度も尋問されて真相を掃く。（　　）（　　）
3 頭部に打撲症を負い、静養する。（　　）（　　）
4 刻使された機械が故障した。（　　）（　　）
5 園芸部が採培したイチゴを食べる。（　　）（　　）
6 公衆の面前で部辱を受けた。（　　）（　　）
7 発放スチロールの箱に保管する。（　　）（　　）
8 無冒な運転が事故の原因だった。（　　）（　　）
9 変屈で手に負えない頑固な人だ。（　　）（　　）
10 調査隊を組織して遺籍を発掘する。（　　）（　　）

4 次の——線のカタカナを漢字に直せ。

1 **アサイト**を紅花で染色する。（　　）
2 **シツボク**な気風が漂う城下町だ。（　　）
3 朝起きてすぐに歯を**ミガ**く。（　　）
4 **マヤク**の密輸を取り締まる。（　　）
5 **ホリバタ**に露草が咲いている。（　　）
6 転んで足を**ダボク**した。（　　）
7 仕事を探して**ホンソウ**する。（　　）
8 **ボク**は君と同意見だ。（　　）
9 兄弟間に絶えず**マサツ**が起きる。（　　）
10 宴会の**シュヒン**として招かれる。（　　）
11 **ネボウ**してバスに乗り遅れる。（　　）
12 彼の熱心さに**ダツボウ**した。（　　）
13 **ボンジン**なりに努力する。（　　）
14 **ボンオド**り大会が開催される。（　　）
15 教え子から**セイボ**が届いた。（　　）
16 寒さもようやく**トウゲ**を越えた。（　　）
17 優勝への**アワ**い望みをつなぐ。（　　）
18 **ハバツ**の勢力争いに敗れる。（　　）
19 **ウスグモ**りで日差しは強くない。（　　）
20 キリシタンは**ハクガイ**された。（　　）
21 姉は自由**ホンポウ**な性格だ。（　　）
22 **ホンポウ**初公開のドラマを見る。（　　）
23 **ホウショク**の時代と言われる。（　　）
24 国立博物館に**ホウショク**する。（　　）

外堀を埋める

【意味】目的を達成するために遠回しに既成事実を作っていくこと

もともとは、城を攻めるために、まず外堀を埋めるという意味で、「大坂冬の陣」に由来する言葉です。

漢字	抹	岬	銘	妄	盲	耗	厄	愉
読み	音 マツ 訓 —	音 — 訓 みさき	音 メイ 訓 —	音 モウ ボウ 高 訓 —	音 モウ 訓 —	音 モウ コウ 高 訓 —	音 ヤク 訓 —	音 ユ 訓 —
画数	8	8	14	6	8	10	4	12
部首	扌	山	金	女	目	耒	厂	忄
部首名	てへん	やまへん	かねへん	おんな	め	すきへん らいすき	がんだれ	りっしんべん
漢字の意味	こすりつける・けしてなくす・こな	海や湖につき出ている陸地の先・はざま	しるす・上等な品物・深く心にきざみつける	でたらめ・むやみに・いつわり	目が見えない・わけもなく・先がふさがっている	へらす・すりへる・おとろえる	わざわい・めんどう・悪いまわりあわせ	たのしい・よろこぶ
用例	抹香《まっこう》・抹殺《まっさつ》・抹消《まっしょう》・抹茶《まっちゃ》・一抹《いちまつ》	岬《みさき》の灯台《とうだい》	銘《めい》打《う》つ・銘菓《めいか》・感銘《かんめい》・正真正銘《しょうしんしょうめい》・肝《きも》に銘《めい》ずる	妄言《もうげん》・妄執《もうしゅう》・妄信《もうしん》・妄想《もうそう》・軽挙妄動《けいきょもうどう》・誇大妄想《こだいもうそう》・迷妄《めいもう》	盲愛《もうあい》・盲亀《もうき》浮木《ふぼく》・盲従《もうじゅう》・盲信《もうしん》・盲腸《もうちょう》・盲点《もうてん》・盲導犬《もうどうけん》	消耗《しょうもう》・損耗《そんもう》・摩耗《まもう》・磨耗《まもう》	厄年《やくどし》・厄難《やくなん》・厄日《やくび》・厄介《やっかい》・災厄《さいやく》	愉悦《ゆえつ》・愉快《ゆかい》・愉楽《ゆらく》
筆順	抹 抹 抹 抹 抹 抹 抹 抹	岬 岬 岬 岬 岬 岬 岬 岬	銘 銘 銘4 銘 銘7 銘 銘 銘 銘 銘14	妄 妄 妄 妄 妄 妄	盲 盲 盲 盲 盲 盲 盲 盲	耗 耗 耗 耗 耗 耗 耗 耗 耗 耗	厄 厄 厄 厄	愉2 愉 愉 愉 愉 愉 愉 愉10 愉 愉

練習問題

月　日

1	/24
2	/10
3	/6
4	/24

1 次の――線の漢字の読みをひらがなで記せ。

1 思わぬ厄難に見舞われる。（　）
2 勝利の愉悦をかみしめる。（　）
3 散る花に一抹の寂しさを感じた。（　）
4 信者が教祖の教えを盲信する。（　）
5 詩の一節に感銘を受ける。（　）
6 迷妄を断ち、晴れやかな気分だ。（　）
7 訓練士が盲導犬を育成している。（　）
8 今世紀最大の不思議と銘打つ。（　）
9 摩耗した部品を取り替える。（　）
10 抹茶と和菓子で一服しよう。（　）
11 岬からの眺めは絶景だ。（　）
12 金輪際迷惑はかけない。（　）
13 神妙な面持ちで会見に臨んだ。（　）
14 よくない考えが脳裏に浮かぶ。（　）
15 剣道の極意を会得したい。（　）
16 新入部員獲得に躍起になる。（　）
17 忌まわしい事件が起きた。（　）
18 この大雪に出掛けるとは無謀だ。（　）
19 愛猫と一緒に暮らす。（　）
20 猫舌なのでお茶を冷まして飲む。（　）
21 捕鯨に反対する団体もある。（　）
22 スリを現行犯で捕まえた。（　）
23 君の主張は矛盾している。（　）
24 質問の矛先がこちらに向く。（　）

2 次の漢字の部首と部首名を（　）に記せ。部首名が二つ以上あるものは、そのいずれか一つを記せばよい。

	部首	部首名
1 奪	（　）	（　）
2 耗	（　）	（　）
3 募	（　）	（　）
4 弊	（　）	（　）
5 偏	（　）	（　）
6 麻	（　）	（　）
7 凸	（　）	（　）
8 妄	（　）	（　）
9 瓶	（　）	（　）
10 褒	（　）	（　）

3 次の□に入る適切なひらがなを、□の中から選び、漢字に直して四字熟語を完成せよ。□の中のひらがなは一度だけ使うこと。また、その意味を後のア～カから選び、記号を（　）に記せ。

1 正□正銘（　）
2 支□滅裂（　）
3 軽□妄動（　）
4 百□夜行（　）
5 巧言□色（　）
6 天□無縫（　）

い・き・きょ・しん・り・れい

ア　得体の知れないものたちがのさばりはびこること
イ　よく考えず分別のない行いをするさま
ウ　まちがいなく本物であること
エ　自然のままで飾り気がないこと
オ　口先がうまく愛想がいいこと
カ　ばらばらで筋道が立っていないこと

4 次の――線のカタカナを漢字に直せ。

1 予期せぬサイヤクに見舞われた。
2 ユカイな話に大笑いした。
3 ここが日本最北端のミサキだ。
4 意見がマッサツされてしまう。
5 彼はモウシュウにとらわれている。
6 友人宅に一晩ヤッカイになる。
7 警備のモウテンを突いた犯罪だ。
8 恩師の忠告を肝にメイずる。
9 暑さで体力をショウモウした。
10 名簿から名前をマッショウする。
11 モウチョウ炎でしばらく入院した。
12 ハナムコに友人として付き添う。
13 泣き出したいのをガマンする。
14 市町村ガッペイ協議が難航する。
15 子孫のハンエイを願う。
16 密輸団をイチモウ打尽にした。
17 助走をつけてチョウヤクする。
18 台風でハロウ注意報が出る。
19 ノウムのため前が見えない。
20 水道管のマイセツ工事がある。
21 海外に調査団をハケンする。
22 二つのチームがハケンを争う。
23 県大会優勝のヒガンを達成する。
24 暑さ寒さもヒガンまで。

軽挙妄動（けいきょもうどう）
【意味】軽はずみな行動をすること
「軽挙」は軽はずみな行動、「妄動」は無分別な行動という意味で、「軽挙妄動を戒める」などと使います。

ステップ 39

漢字	読み	画数	部首	部首名	漢字の意味	用例	筆順
諭	音 ユ / 訓 さと(す)	16	言	ごんべん	いいきかせる・教え導く・さとす・さとい	諭示《ゆし》・諭旨《ゆし》・教諭《きょうゆ》・説諭《せつゆ》・懇懇《こんこん》と諭《さと》す	4 7 14
癒	音 ユ / 訓 い(える)・い(やす)	18	疒	やまいだれ	病気やけがなおる・いえる	癒着《ゆちゃく》・快癒《かいゆ》・治癒《ちゆ》・平癒《へいゆ》・傷《きず》が癒《い》える	2 7 12 14 16 18
唯	音 ユイ・イ 高 / 訓 ―	11	口	くちへん	ただそれだけ・応答のことば・はい	唯一《ゆいいつ》・唯一無二《ゆいいつむに》・唯我独尊《ゆいがどくそん》・唯美《ゆいび》・唯唯諾諾《いいだくだく》	2
悠	音 ユウ / 訓 ―	11	心	こころ	ゆったりしている・はるかに・とおい	悠遠《ゆうえん》・悠久《ゆうきゅう》・悠然《ゆうぜん》・悠長《ゆうちょう》・悠揚《ゆうよう》	2
猶	音 ユウ / 訓 ―	12	犭	けものへん	ぐずぐずする・ためらう・なお・さながら	猶予《ゆうよ》	5 8
裕	音 ユウ / 訓 ―	12	衤	ころもへん	ゆたか・ゆとり・のびやか	裕福《ゆうふく》・寛裕《かんゆう》・富裕《ふゆう》・余裕《よゆう》	2 7
融	音 ユウ / 訓 ―	16	虫	むし	とける・やわらぎ・お金を用だてる	融解《ゆうかい》・融合《ゆうごう》・融資《ゆうし》・融通《ゆうずう》・融和《ゆうわ》・金融《きんゆう》	4 6 13
庸	音 ヨウ / 訓 ―	11	广	まだれ	ふつう・もちいる・かたよらない	庸愚《ようぐ》・庸劣《ようれつ》・租庸調《そようちょう》・中庸《ちゅうよう》・凡庸《ぼんよう》	2
窯	音 ヨウ 高 / 訓 かま	15	穴	あなかんむり	陶器などを焼くかま	窯業《ようぎょう》・窯出《かまだ》し・窯元《かまもと》・石窯《いしがま》	3 7 15

ステップ39

練習問題

1 2 3 4 （ / 24、 / 10、 / 9、 / 24）

月　日

1 次の――線の漢字の読みをひらがなで記せ。

1 弟はいつも悠長に構えている。
2 患者に禁煙するよう説諭する。
3 病気の平癒を祈願した。
4 彼は裕福な家に生まれ育った。
5 壁の絵は唯美派の作品だ。
6 今は猶予している場合ではない。
7 氷は零度で融解する。
8 一家で窯業に従事する。
9 中庸を得た意見に賛成する。
10 金融機関の倒産が相次ぐ。
11 入浴して一日の疲れを癒やす。
12 焼き上がった陶器を窯出しする。
13 富裕な階層が権力を握る。
14 伯母は小学校の教諭をしていた。
15 性懲りもなく夜遊びを繰り返す。
16 大音響で鼓膜が破けそうだ。
17 核兵器の全廃を訴える。
18 遊園地で一日を愉快に過ごす。
19 肌荒れ防止にビタミンを取る。
20 朗らかで明るい話し方をする。
21 原油の埋蔵量を測定する。
22 退職者の穴埋めで忙しい。
23 石碑の文字が摩滅してしまった。
24 ギャンブルで身を滅ぼす。

2 次の――線のカタカナを漢字一字と送りがな（ひらがな）に直せ。

〈例〉問題にコタエル。（答える）

1 堕落した生活態度をサトス。（　）
2 耳をスマシて虫の音を聞く。（　）
3 革靴を丁寧にミガク。（　）
4 人口が都市部にカタヨル。（　）
5 傷がイエルまで部活を休む。（　）
6 弁護士をココロザス。（　）
7 熱心に自習する生徒をホメル。（　）
8 手続きがワズラワシイ。（　）
9 いとこは秀才のホマレが高い。（　）
10 モッパラ食べてばかりいる。（　）

3 次の――線のカタカナを漢字に直せ。

1 時間にヨ裕をもって家を出る。（　）
2 遺言で孫に財産を贈ヨする。（　）
3 金賞受賞の栄ヨに浴する。（　）

4 大会参加国の旗を掲ヨウする。（　）
5 凡ヨウな生活に満足する。（　）
6 日本舞ヨウの家元となる。（　）

7 努力が実を結び、学力がノびる。（　）
8 署名記事が新聞にノる。（　）
9 在来線が郊外までノびる。（　）

4 次の――線のカタカナを漢字に直せ。

1 試験前でも**ヨユウ**の表情だ。
2 大河に**ユウキュウ**の歴史を感じた。
3 患部の**ユチャク**が心配される。
4 **チュウヨウ**を得た公平な言動だ。
5 音楽が彼の**ユイイツ**の趣味だ。
6 先輩に不心得を**サト**される。
7 **カマモト**に出向いて器を買った。
8 借金返済を一年間**ユウヨ**された。
9 関連会社に資金を**ユウズウ**する。
10 **コヨミ**の上ではもう夏だ。
11 鉛筆をナイフで**ケズ**る。
12 難題を一人で**カカ**え込む。

13 **カラ**い料理にやみつきになる。
14 主将の**ワンリョク**には勝てない。
15 **ユウヘイ**された姫を救出する。
16 **ヨウト**の広い洗剤を買った。
17 鉄道の**ユウチ**運動を起こす。
18 地球温暖化を**ユウリョ**する。
19 **グウゼン**の出会いに感謝する。
20 ふと**ボウキョウ**の念に駆られた。
21 華麗なダンスに**ミリョウ**される。
22 調査は**ミリョウ**のまま中断した。
23 **カンヨウ**植物を店内に置く。
24 **カンヨウ**句を適切に使う。

唯一無二（ゆいいつむに）
【意味】ただ一つきりで、ほかに同じものはないこと
「唯一」も「無二」も同じような意味の語で、重ねることで意味を強めています。「ただ一つで、二つと無い」ということです。

漢字	読み	画数	部首	部首名	漢字の意味	用例	筆順
羅	音 ラ / 訓 —	19	罒	あみがしら・あみめ・よこめ	あみ・残らずくるむ・ならべる・薄い絹織物	羅針盤《らしんばん》・羅列《られつ》・甲羅《こうら》・修羅場《しゅらば》・森羅万象《しんらばんしょう》・網羅《もうら》	羅 2 4 9 11 13 19
酪	音 ラク / 訓 —	13	酉	とりへん	ちちざけ・牛などの乳から作った食品	酪農《らくのう》・牛酪《ぎゅうらく》・乳酪《にゅうらく》	酪 9 13
痢	音 リ / 訓 —	12	疒	やまいだれ	おなかをくだすこと	痢病《りびょう》・疫痢《えきり》・下痢《げり》・赤痢《せきり》	痢 2 7
履	音 リ / 訓 は(く)	15	尸	かばね・しかばね	はきもの・ふむ・おこない	履行《りこう》・履修《りしゅう》・履歴《りれき》・履歴書《りれきしょ》・履物《はきもの》・靴《くつ》を履《は》く	履 5 8 12
柳	音 リュウ / 訓 やなぎ	9	木	きへん	やなぎ・なよやかなものの形容	柳条《りゅうじょう》・花柳界《かりゅうかい》・川柳《せんりゅう》・柳腰《やなぎごし》・柳《やなぎ》に風《かぜ》	柳
竜	音 リュウ / 訓 たつ	10	竜	りゅう	想像上の動物・天子に関する事柄に付ける語	竜王《りゅうおう》・竜宮《りゅうぐう》・竜神《りゅうじん》・竜頭蛇尾《りゅうとうだび》・恐竜《きょうりゅう》・登竜門《とうりゅうもん》・竜巻《たつまき》	竜
硫	音 リュウ / 訓 —	12	石	いしへん	鉱物の一種・いおう	硫安《りゅうあん》・硫酸《りゅうさん》・硫黄《いおう》	硫 5
虜	音 リョ / 訓 —	13	虍	とらがしら・とらかんむり	とらえられた人・しもべ	虜囚《りょしゅう》・捕虜《ほりょ》	虜 6 8 11
涼	音 リョウ / 訓 すず(しい)・すず(む)	11	氵	さんずい	すずしい・ものさびしい	涼感《りょうかん》・荒涼《こうりょう》・秋涼《しゅうりょう》・清涼《せいりょう》・納涼《のうりょう》・夕涼《ゆうすず》み・涼《すず》しい風《かぜ》	涼 2

ステップ 40

練習問題

1	/24
2	/10
3	/6
4	/24

月　日

1 次の――線の漢字の読みをひらがなで記せ。

1 家業の酪農にたずさわる。

2 この沼には竜神の伝説がある。

3 就職先に履歴書を提出する。

4 捕虜となった人の体験談を聞く。

5 疫痢は死亡率の高い伝染病だ。

6 玄関の履物を片付ける。

7 米国で竜巻が発生した。

8 今日したことを羅列してみる。

9 化学の実験で硫酸を使う。

10 契約不履行で訴えられる。

11 カメが甲羅干しをしていた。

12 隣国との融和を保つ。

13 個性のない凡庸な展覧会だ。

14 車のタイヤが磨耗する。

15 一審判決を不服として控訴した。

16 石窯で焼いたピザがおいしい。

17 蔵に大事な品をしまっておく。

18 悠久の時の流れを思う。

19 人間には自然治癒力がある。

20 ここは紡績の町として有名だ。

21 秋涼の夜、月見に興じる。

22 涼しい風が心地よい季節になる。

23 花柳界で名をはせた芸者だ。

24 批判されたが柳に風と受け流す。

2 熟語の構成のしかたには次のようなものがある。

ア 同じような意味の漢字を重ねたもの （岩石）
イ 反対または対応の意味を表す字を重ねたもの （高低）
ウ 上の字が下の字を修飾しているもの （洋画）
エ 下の字が上の字の目的語・補語になっているもの （着席）
オ 上の字が下の字の意味を打ち消しているもの （非常）

次の熟語は右のア～オのどれにあたるか、一つ選び、記号で記せ。

1 酪農 （　）
2 愉悦 （　）
3 撤兵 （　）
4 疎密 （　）
5 虜囚 （　）
6 納涼 （　）
7 栄辱 （　）
8 不惑 （　）
9 硬軟 （　）
10 妄信 （　）

3 次の□に入る適切なひらがなを、□の中から選び、漢字に直して四字熟語を完成せよ。□の中のひらがなは一度だけ使うこと。また、その意味を後のア～カから選び、記号を（　）に記せ。

1 眺□絶佳 （　）
2 □面仏心 （　）
3 竜頭蛇□ （　）
4 森羅□象 （　）
5 東奔西□ （　）
6 孤立無□ （　）

えん・き・そう・ばん・び・ぼう

ア あちこち忙しく駆けずり回ること
イ 見晴らしがすばらしいこと
ウ どこからも助けが得られないこと
エ 宇宙に存在する全てのもの
オ 外見に似ずとてもやさしいこと
カ 勢いよく始まるが、終わりが振るわないこと

4 次の——線のカタカナを漢字に直せ。

1 **ユウスズ**みがてら散歩する。（　　）
2 **セキリ**の患者を隔離する。（　　）
3 必要な情報を**モウラ**した資料だ。（　　）
4 **ラクノウ**家の生活を取材する。（　　）
5 **キョウリュウ**の化石を展示する。（　　）
6 卒業に必要な科目を**リシュウ**した。（　　）
7 戦後、**ホリョ**は解放された。（　　）
8 **ヤナギ**に雪折れ無し。（　　）
9 地下足袋を**ハ**き高所で作業する。（　　）
10 温泉場は**イオウ**のにおいがする。（　　）
11 俳句と**センリュウ**の違いを学ぶ。（　　）
12 冷えた**セイリョウ**飲料水を飲む。（　　）

13 **ジュウトウ**法違反で有罪となる。（　　）
14 **キュウリョウ**地帯で放牧する。（　　）
15 **シャコウ**カーテンを取り付ける。（　　）
16 文具売り場を**カクジュウ**する。（　　）
17 運動後に**ミャクハク**を測る。（　　）
18 当事者の気持ちに**ハイリョ**する。（　　）
19 坪庭に玉**ジャリ**を敷き詰める。（　　）
20 読者に**ゲイゴウ**した小説だ。（　　）
21 **マンシン**の力を込めて木を切る。（　　）
22 高い評価に**マンシン**してしまう。（　　）
23 申請には親の**ショウニン**がいる。（　　）
24 **ショウニン**として喚問される。（　　）

部首を間違えやすい漢字 【虜・慮・膚】
Q…次の漢字の部首は？　①虜　②慮　③膚
A…①「虍（とらがしら・とらかんむり）」、②「心（こころ）」、③「肉（にく）」
①・②・③とも共通する部分がありますが、部首はそれぞれ異なります。意味を考えて見分けましょう。

漢字表

ステップ 41

漢字	読み	画数	部首	部首名	漢字の意味	用例	筆順
僚	音 リョウ 訓 —	14	亻	にんべん	なかま・役人	僚友《りょうゆう》・閣僚《かくりょう》・官僚《かんりょう》・同僚《どうりょう》・幕僚《ばくりょう》	僚2 僚 僚 僚 僚 僚 僚11 僚 僚 僚
寮	音 リョウ 訓 —	15	宀	うかんむり	寄宿舎・宿泊設備・別荘	寮生《りょうせい》・寮母《りょうぼ》・学生寮《がくせいりょう》・社員寮《しゃいんりょう》・入寮《にゅうりょう》	寮3 寮 寮 寮 寮 寮 寮10 寮12 寮 寮15
倫	音 リン 訓 —	10	亻	にんべん	人間として守るべき道・なかま・たぐい	倫理《りんり》・人倫《じんりん》・絶倫《ぜつりん》・天倫《てんりん》・不倫《ふりん》	倫 倫 倫 倫 倫 倫 倫 倫 倫 倫
累	音 ルイ 訓 —	11	糸	いと	つながり・かさねる・次々と	累加《るいか》・累計《るいけい》・累進《るいしん》・累積《るいせき》・累累《るいるい》・係累《けいるい》	累 累 累 累 累 累 累 累 累 累11
塁	音 ルイ 訓 —	12	土	つち	とりで・かさねる・野球のベース	塁審《るいしん》・堅塁《けんるい》・孤塁《こるい》・敵塁《てきるい》・盗塁《とうるい》	塁2 塁 塁5 塁 塁 塁 塁 塁 塁 塁
戻	音 レイ 高 訓 もど(す) もど(る)	7	戸	とだれ とかんむり	もとへもどす・いたる・そむく	返戻《へんれい》・戻《もど》り道《みち》・後戻《あともど》り・差《さ》し戻《もど》し・払《はら》い戻《もど》し	戻 戻 戻 戻 戻 戻 戻
鈴	音 レイ リン 訓 すず	13	金	かねへん	すず・すずの音の形容	亜鈴《あれい》・予鈴《よれい》・風鈴《ふうりん》・呼《よ》び鈴《りん》・鈴《すず》なり・鈴虫《すずむし》	鈴4 鈴 鈴 鈴 鈴 鈴 鈴 鈴 鈴 鈴
賄	音 ワイ 訓 まかな(う)	13	貝	かいへん	金品を贈ってこっそりたのむ・まかなう	賄賂《わいろ》・収賄《しゅうわい》・贈賄《ぞうわい》・賄《まかな》い付《つ》きの寮《りょう》・需要《じゅよう》を賄《まかな》う	賄 賄 賄4 賄 賄7 賄 賄 賄 賄 賄13
枠	音 — 訓 わく	8	木	きへん	かこい・わく・制約	枠組《わくぐ》み・大枠《おおわく》・別枠《べつわく》	枠 枠 枠 枠 枠 枠 枠 枠

練習問題

1 ／24
2 ／10
3 ／10
4 ／24

月　日

1 次の――線の漢字の読みをひらがなで記せ。

1 軍の幕僚長が手腕を振るう。（　　）
2 成績優秀者を別枠で採用する。（　　）
3 合格後に入寮手続きをする。（　　）
4 保険を解約して返戻金をもらう。（　　）
5 学生に人倫の道を説く。（　　）
6 忘れ物を取りに家に戻る。（　　）
7 自分の信念に従い孤塁を守る。（　　）
8 同僚との人間関係に悩む。（　　）
9 彼は係累が多くて何かと大変だ。（　　）
10 映画で純朴な青年の役を演じる。（　　）

11 反逆者として絞首台に送られた。（　　）
12 浦島太郎は竜宮に招かれた。（　　）
13 涼を求めて川岸を歩く。（　　）
14 貿易摩擦が深刻化する。（　　）
15 彼女は笑うと八重歯がのぞく。（　　）
16 座禅で克己心を養う。（　　）
17 どこからか童うたが聞こえる。（　　）
18 危機にこそ真骨頂を発揮する。（　　）
19 鉄亜鈴で腕力を鍛える。（　　）
20 鈴なりのトマトが色づいてきた。（　　）
21 贈賄の罪で起訴される。（　　）
22 同好会の運営費は会費で賄う。（　　）
23 ここは窯業が盛んな地だ。（　　）
24 全国の窯元をたずね歩く。（　　）

2 熟語の構成のしかたには次のようなものがある。

ア 同じような意味の漢字を重ねたもの（岩石）
イ 反対または対応の意味を表す字を重ねたもの（高低）
ウ 上の字が下の字を修飾しているもの（洋画）
エ 下の字が上の字の目的語・補語になっているもの（着席）
オ 上の字が下の字の意味を打ち消しているもの（非常）

次の熟語は右のア〜オのどれにあたるか、一つ選び、記号で記せ。

1 起伏（　）
2 収賄（　）
3 存廃（　）
4 懐古（　）
5 盗塁（　）
6 偏在（　）
7 凡庸（　）
8 奔流（　）
9 未熟（　）
10 愉快（　）

3 後の□の中の語を必ず一度だけ使って漢字に直し、対義語・類義語を記せ。

対義語

1 蓄積―（　）
2 繁忙―（　）
3 騰貴―（　）
4 裕福―（　）
5 罷免―（　）

類義語

6 道徳―（　）
7 看過―（　）
8 回顧―（　）
9 面倒―（　）
10 死角―（　）

かんさん・げらく・しょうもう・ついおく・にんめい・ひんこん・もうてん・もくにん・やっかい・りんり

4

次の——線のカタカナを漢字に直せ。

1 軒下の**フウリン**が涼しげに鳴る。
2 次期の**カクリョウ**が内定した。
3 **ジンリン**にもとる行為を非難する。
4 **トウルイ**して得点の機会を作る。
5 社員**リョウ**に入ることにした。
6 未使用の切符を払い**モド**す。
7 彼は一億円を**シュウワイ**した。
8 年間入場者数を**ルイケイ**する。
9 庭に**スズムシ**の声が響いている。
10 基本的な**ワクグ**みを用意する。
11 **イリョウ**事故を防ぐ工夫をする。
12 再会を果たし**カンルイ**にむせぶ。
13 悪魔の**ユウワク**に打ち勝つ。
14 王様が**タミ**の声に耳を傾ける。
15 **ワンガン**には工業地帯が広がる。
16 **アマモ**りする屋根を修理する。
17 **カンリョウ**から政治家に転身する。
18 事業が無事に**カンリョウ**した。
19 無担保で**ユウシ**を受ける。
20 **ユウシ**以来初めての出来事だ。
21 湖の**オモテ**に月が映る。
22 服の**オモテ**と裏を間違える。
23 合格通知に小**オド**りして喜ぶ。
24 演奏に合わせて**オド**り出した。

部首を間違えやすい漢字【累・塁・賓】

Q…次の漢字の部首は？　①累　②塁　③賓

A…①「糸(いと)」、②「土(つち)」、③「貝(かい・こがい)」

①・②は「田(た)」、③は「宀(うかんむり)」と間違えやすいので注意しましょう。

力だめし

第7回

総得点 ／100

評価

A
80点 B
75点 C
70点 D
60点 E

月　日

1 次の——線の漢字の読みをひらがなで記せ。

1×10 ／10

1 二種類の金属を融合させる。（　）
2 川柳で政治を風刺する。（　）
3 百貨店の全国銘菓展に行く。（　）
4 五分前に予鈴が鳴った。（　）
5 グラスをきれいに磨く。（　）
6 北海道は酪農が盛んだ。（　）
7 父と一緒に釣り堀に行く。（　）
8 独裁は多くの弊害をもたらす。（　）
9 寮生の自覚に任せる。（　）
10 質朴な人柄に好感を持つ。（　）

2 次の漢字の部首を記せ。

〈例〉菜〔艹〕　間〔門〕

1×10 ／10

1 虜（　）
2 閥（　）
3 軟（　）
4 盲（　）
5 痢（　）
6 奔（　）
7 窯（　）
8 塁（　）
9 摩（　）
10 庸（　）

3 次の――線のカタカナを漢字一字と送りがな（ひらがな）に直せ。

〈例〉問題にコタエル。（答える）

2×10 ／20

1 言葉をニゴシて目も合わせない。（　）
2 ニクラシイ言い方に腹が立った。（　）
3 スズシイ風が吹いてきた。（　）
4 スルドイ質問を浴びせる。（　）
5 年末年始は故郷にモドル。（　）
6 昔の記憶がウスラグ。（　）
7 友人との会話がハズム。（　）
8 前の車との間隔をセバメル。（　）
9 三か国語を自由にアヤツル。（　）
10 マカナイ付きの下宿を探す。（　）

4 熟語の構成のしかたには次のようなものがある。

1×10 ／10

ア 同じような意味の漢字を重ねたもの（岩石）
イ 反対または対応の意味を表す字を重ねたもの（高低）
ウ 上の字が下の字を修飾しているもの（洋画）
エ 下の字が上の字の目的語・補語になっているもの（着席）
オ 上の字が下の字の意味を打ち消しているもの（非常）

次の熟語は右のア～オのどれにあたるか、一つ選び、記号で記せ。

1 諭旨（　）
2 甲殻（　）
3 懇請（　）
4 添削（　）
5 抑揚（　）
6 未納（　）
7 媒介（　）
8 免租（　）
9 不穏（　）
10 抹茶（　）

5 次の各文にまちがって使われている同じ読みの漢字が一字ある。上に誤字を、下に正しい漢字を記せ。

2×5 ／10

誤　正

1 携帯電話の着信裏歴を見て、母親から連絡があったことに気づいて掛け直した。（　）（　）

2 活版印刷は版が摩毛するという短所があるが、独特の味わいが魅力で、人気がある。（　）（　）

3 白亜紀の地層から肉食凶竜の歯と見られる化石が見つかった。（　）（　）

4 生物の実習でカエルの開剖をするとき、皆腰が引けてやりたがらず、困った。（　）（　）

5 国際法では保虜の虐待は戦争犯罪とされているが、その人権を守ることは難しい。（　）（　）

6 後の□の中の語を必ず一度だけ使って漢字に直し、対義語・類義語を記せ。

2×10 ／20

対義語

1 怠惰―（　）

2 寡黙―（　）

3 凡庸―（　）

4 幼稚―（　）

5 激賞―（　）

類義語

6 回復―（　）

7 永遠―（　）

8 丁寧―（　）

9 猶予―（　）

10 符合―（　）

いだい・えんき・がっち・きんべん・こくひょう・たべん・たんねん・ちゆ・ゆうきゅう・ろうれん

7

次の□に入る適切なひらがなを、[ ]の中から選び、漢字に直して四字熟語を完成せよ。[ ]の中のひらがなは一度だけ使うこと。また、その意味を後のア〜オから選び、記号を（　）に記せ。

2×5 ／10

1 快刀乱□（　）
2 喜怒□楽（　）
3 □遍妥当（　）
4 一□打尽（　）
5 □大妄想（　）

あい・こ・ふ・ま・もう

ア どんな場合でも適切と認められること
イ 一味の者を一度につかまえること
ウ 現実ばなれした途方もない思い込み
エ 人間のさまざまな感情
オ こじれた物事を鮮やかに解決すること

8

次の――線のカタカナを漢字に直せ。

1×10 ／10

1 重要な新聞記事を**ワク**で囲む。（　）
2 気温は**レイカ**五度だった。（　）
3 **イ**の中のかわず大海を知らず。（　）
4 単なる数字の**ラレツ**に見えた。（　）
5 好きな曲を聴いて**ユラク**に浸る。（　）
6 **カゲグチ**を気にも留めない。（　）
7 力士が土俵で**スモウ**をとる。（　）
8 兄が家業を**ツ**いだ。（　）
9 **ルイセキ**赤字は相当な額だ。（　）
10 参加費を**チョウシュウ**する。（　）

総まとめ

今までの学習の成果を試してみましょう。

検定を受けるときの注意事項を記載しましたので、実際の検定のつもりで問題に臨んでください。

■検定時間　60分

【注意事項】

1　問題用紙と答えを記入する用紙は別になっています。答えは全て答案用紙に記入してください。

2　常用漢字の旧字体や表外漢字、常用漢字音訓表以外の読み方は正答とは認められません。

3　検定会場では問題についての説明はありませんので、問題をよく読み、設問の意図を理解して答えを記入してください。

4　答えはHB・B・2Bの鉛筆またはシャープペンシルで、枠内に大きくはっきり書いてください。くずした字や乱雑な書き方は採点の対象になりませんので、ていねいに書くように心がけてください。

5　検定を受ける前に「日本漢字能力検定採点基準」『漢検』受検の際の注意点」（本書巻頭カラーページに掲載）を読んでおいてください。

■マークシート記入について

準2級ではマークシート方式の問題があります。次の事項に注意して解答欄をマークしてください。

①HB・B・2Bの鉛筆またはシャープペンシルを使用すること。

②マーク欄は［ ］の上から下までぬりつぶすこと。はみ出したり、ほかのマーク欄にかからないように注意すること。正しくマークされていない場合は、採点できないことがあります。

③間違ってマークしたものは消しゴムできれいに消すこと。

④答えは一つだけマークすること（二つ以上マークすると無効）。

総得点

／200

評価

A	
140点	B
120点	C
100点	D
80点	E

準2級　総まとめ

(一) 次の――線の漢字の読みをひらがなで記せ。 (30) 1×30

1 工場を拡充して注文に応える。
2 二社の新聞を併読している。
3 先祖代々の系譜を調べる。
4 掛け軸の落款を確かめる。
5 自然の恵みを享受して生きる。
6 忙殺され荒涼とした心境になる。
7 事故のために交通が遮断された。
8 怠惰な生活を反省する。
9 難しい外科手術を行う。
10 職場で厄介な問題が起こる。
11 収賄の罪で起訴された。
12 三年間の賃貸契約で家を借りる。
13 イベントの資金集めに奔走する。
14 生産量が年々逓増している。

(二) 次の漢字の部首を記せ。 (10) 1×10

〈例〉菜 [艹]　間 [門]

1 畝
2 丙
3 戻
4 衡
5 窃
6 賓
7 爵
8 索
9 栽
10 彰

(三) 熟語の構成のしかたには次のようなものがある。 (20) 2×10

ア 同じような意味の漢字を重ねたもの (岩石)

(四) 次の四字熟語について、問1と問2に答えよ。 (30)

問1 後の□内のひらがなを漢字にして1～10に入れ、四字熟語を完成せよ。□内のひらがなは一度だけ使い、答案用紙に一字記入せよ。 (20) 2×10

ア 大喝一[1]
イ 安寧秩[2]
ウ 五里[3]中
エ 表[4]一体
オ 衆口一[5]
カ 千[6]万紅
キ 群雄割[7]
ク 百[8]錬磨
ケ 怒[9]衝天
コ [10]行無常

きょ・し・しょ・じょ・せい・せん・ち・はつ・む・り

15 かつて結んだ約束を履行する。
16 それは彼の最高傑作だ。
17 責任者不在で判断に窮する。
18 劇ではわき役に徹する。
19 父の機嫌を取って車を借りる。
20 授業では墨汁を使っている。
21 得意科目で得点を稼いだ。
22 のどの渇きを覚える。
23 旅の支度を調えた。
24 申請の手続きが煩わしい。
25 彼は鋼のような肉体を持つ。
26 飢えに苦しむ人たちを助けたい。
27 研究に五年の月日を費やす。
28 傷んだ果物を処分する。
29 発表会の準備に時間を割く。
30 町の美観を損なう看板が多い。

イ　反対または対応の意味を表す字を重ねたもの（**高低**）
ウ　上の字が下の字を修飾しているもの（**洋画**）
エ　下の字が上の字の目的語・補語になっているもの（**着席**）
オ　上の字が下の字の意味を打ち消しているもの（**非常**）

次の熟語は右の**ア～オ**のどれにあたるか、**一つ**選び、**記号にマーク**せよ。

1 巧拙
2 争覇
3 急逝
4 未刊
5 枢要
6 擬似
7 無謀
8 尚早
9 禍福
10 殉職

問2 次の11～15の**意味**にあてはまるものを**問1**の**ア～コ**の**四字熟語**から**一つ**選び、**記号にマーク**せよ。 (10) 2×5

11 多くの実力者が互いに勢力を競うこと。
12 皆の言うことがぴったり合うこと。
13 社会が平穏で整った状態にあること。
14 場数をふんで鍛えられていること。
15 二つのものが密接で切り離せない関係にあること。

(五) 次の1〜5の**対義語**、6〜10の**類義語**を後の□の中から選び、**漢字**で記せ。□の中の語は一度だけ使うこと。 (20) 2×10

対義語

1 緩慢
2 軽侮
3 開設
4 発病
5 国産

類義語

6 輸送
7 同等
8 不意
9 削除
10 譲歩

うんぱん・すうはい・だきょう・ちゆ・とうとつ・はくらい・ひってき・びんそく・へいさ・まっしょう

(七) 次の各文にまちがって使われている**同じ読みの漢字**が**一字**ある。**上に誤字**を、**下に正しい漢字**を記せ。 (10) 2×5

1 携帯電話の普及は順調で、数年前と比較すれば機能も圧踏的な飛躍を見せている。
2 首相が革僚人事に着手したが、連立政権内での権力闘争が激しいため、予測がつかない。
3 この賞は文壇への登竜紋といわれているが、受賞すれば安泰というわけではない。
4 景気低迷は、失業率だけでなく学生の就職内定率にも懸著にあらわれている。
5 災害時は尽速な避難の判断が生死を分けるので、ふだんからの備えが大切だ。

(九) 次の――線の**カタカナ**を**漢字**に直せ。 (50) 2×25

1 健康を**イジ**するために毎日歩く。
2 選挙の**キケン**は現状肯定になる。
3 親は子を**フヨウ**する義務がある。
4 **トウゲイ**作家が個展を開く。
5 売り上げを**チョウボ**に記入した。
6 推理小説を**シッピツ**する。
7 **ニュウワ**な顔立ちの仏像だ。
8 山間の**ケイコク**に架かる橋を渡る。
9 完走したマラソン選手を**イロウ**した。
10 **バンシャク**をささやかに楽しむ。
11 **コンイ**にしている人を招待する。
12 **ハイザイ**を再利用する。

（六）次の——線のカタカナを漢字に直せ。 (20) 2×10

1 **カン**静な住宅街を通過した。
2 事件への遺**カン**の意を表明する。

3 全てを**モウ**羅したものではない。
4 相手チームの**モウ**点をついた。

5 ワインの**ハン**布会が開かれる。
6 家族を同**ハン**して出席する。

7 経歴の**サ**称が大問題になる。
8 示**サ**に富んだ話を聞く。

9 **コ**りずに何度でも挑む。
10 新作の発売を待ち**コ**がれる。

（八）次の——線のカタカナを漢字一字と送りがな（ひらがな）に直せ。 (10) 2×5

〈例〉問題に**コタエル**。 答える

1 注意を怠らないように**イマシメル**。
2 それは世を**シノブ**仮の姿だ。
3 当たって**クダケロ**でやってみる。
4 観葉植物に肥料を**ホドコス**。
5 自然から多くの恩恵を**コウムル**。

13 文壇に**センプウ**を巻き起こす。
14 **ソウゼツ**な闘いをくり広げる。
15 離島での夏休みを**マンキツ**する。
16 子どもの手を強く**ニギ**りしめる。
17 粘土細工にニスを**ヌ**る。
18 肖像画を**ガクブチ**に入れて飾る。
19 夜店で買った風鈴を**ノキサキ**につるす。
20 虫に**サ**されたところを水で冷やす。
21 田舎に百**ツボ**の土地を持っている。
22 買った物を**フクロ**に入れる。
23 うっかり口を**スベ**らせてしまった。
24 蚕は**クワ**の葉を食べる。
25 本心を**イツワ**ってお世辞を言う。

準2級 総まとめ 答案用紙

※実際の検定での用紙の大きさとは異なります。

(一) 読み (30)

14	13	12	11	10	9	8	7	6	5	4	3	2	1

1×30

(二) 部首 (10)

10	9	8	7	6	5	4	3	2	1

1×10

(四) 四字熟語 (30)

問1 書き取り

9	8	7	6	5	4	3	2	1

2×10

(五) 対義語・類義語 (20)

10	9	8	7	6	5	4	3	2	1

2×10

(七) 誤字訂正 (10)

5	4	3	2	1	
					誤
					正

2×5

(九) 書き取り (50)

12	11	10	9	8	7	6	5	4	3	2	1

2×25

総得点
/200

30	29	28	27	26	25	24	23	22	21	20	19	18	17	16	15

(三) 熟語の構成 (20)

10	9	8	7	6	5	4	3	2	1
[ア][イ][ウ][エ][オ]	[ア][イ][ウ][エ][オ]	[ア][イ][ウ][エ][オ]	[ア][イ][ウ][エ][オ]	[ア][イ][ウ][エ][オ]	[ア][イ][ウ][エ][オ]	[ア][イ][ウ][エ][オ]	[ア][イ][ウ][エ][オ]	[ア][イ][ウ][エ][オ]	[ア][イ][ウ][エ][オ]

2×10

15	14	13	12	11	問2 意味	10
[ア][イ][ウ][エ][オ] [カ][キ][ク][ケ][コ]	[ア][イ][ウ][エ][オ] [カ][キ][ク][ケ][コ]	[ア][イ][ウ][エ][オ] [カ][キ][ク][ケ][コ]	[ア][イ][ウ][エ][オ] [カ][キ][ク][ケ][コ]	[ア][イ][ウ][エ][オ] [カ][キ][ク][ケ][コ]		

2×5

(六) 同音・同訓異字 (20)

10	9	8	7	6	5	4	3	2	1

2×10

(八) 漢字と送りがな (10)

5	4	3	2	1

2×5

25	24	23	22	21	20	19	18	17	16	15	14	13

学年別漢字配当表

「小学校学習指導要領」(令和2年4月実施)による。

	ア	イ	ウ	エ	オ	カ	キ	ク	ケ	コ	サ
第一学年 10級		一	右雨	円	王音	下火花貝学	気九休玉金	空	月犬見	五口校	左三山
第二学年 9級		引	羽雲	園遠		何科夏家歌画 回会海絵外角 楽活間丸岩顔	汽記帰弓牛魚 京強教近		兄形計元言原	戸古午後語工 公広交光考行 高黄合谷国黒 今	才細作算
第三学年 8級	悪安暗	医委意育員院 飲	運	泳駅	央横屋温	化荷界開階寒 感漢館岸	起期客究急級 宮球去橋業曲 局銀	区苦具君	係軽血決研県	庫湖向幸港号 根	祭皿
第四学年 7級	愛案	以衣位茨印		英栄媛塩	岡億	加果貨課芽賀 改械害街各覚 潟完官管関観 願	岐希季旗器機 議求泣給挙漁 共協鏡競極	熊訓軍郡群	径景芸欠結建 健験	固功好香候康	佐差菜最埼材 崎昨札刷察参 産散残
第五学年 6級	圧	囲移因		永営衛易益液 演	応往桜	可仮価河過快 解格確額刊幹 慣眼	紀基寄規喜技 義逆久旧救居 許境均禁	句	型経潔件険検 限現減	故個護効厚耕 航鉱構興講告 混	査再災妻採際 在財罪殺雑酸 賛
第六学年 5級		胃異遺域	宇	映延沿	恩	我灰拡革閣割 株干巻看簡	危机揮貴疑吸 供胸郷勤筋		系敬警劇激穴 券絹権憲源厳	己呼誤后孝皇 紅降鋼刻穀骨 困	砂座済裁策冊 蚕

シ	ス	セ	ソ	タ	チ	ツ	テ	ト	ナ	ニ	ネ	ノ
子四糸字耳七車手十出女小上森人	水	正生青夕石赤千川先	早草足村	大男	竹中虫町		天田	土		二日入	年	
止市矢姉思紙寺自時室社弱首秋週春書少場色食心新親	図数	西声星晴切雪船線前	組走	多太体台	地池知茶昼長鳥朝直	通	弟店点電	刀冬当東答頭同道読	内南	肉		
仕死使始指歯詩次事持式実写者主守取酒受州拾終習集住重宿所暑助昭消商章勝乗植申身神真深進		世整昔全	相送想息速族	他打対待代第題炭短談	着注柱丁帳調	追	定庭笛鉄転	都度投豆島湯登等動童				農
氏司試児治滋辞鹿失借種周祝順初松笑唱焼照城縄臣信		井成省清静席積折節説浅戦選然	争倉巣束側続卒孫	帯隊達単	置仲沖兆		低底的典伝	徒努灯働特徳栃	奈梨		熱念	
士支史志枝師資飼示似識質舎謝授修述術準序招証象賞条状常情織職		制性政勢精製税責績接設絶	祖素総造像増則測属率損	貸態団断	築貯張		停提程適	統堂銅導得毒独		任	燃	能
至私姿視詞誌磁射捨尺若樹収宗就衆従縦縮熟純処署諸除承将傷障蒸針仁	垂推寸	盛聖誠舌宣専泉洗染銭善	奏窓創装層操蔵臓存尊	退宅担探誕段暖	値宙忠著庁頂腸潮賃	痛	敵展	討党糖届	難	乳認		納脳

学年	ハ	ヒ	フ	ヘ	ホ	マ	ミ	ム	メ	モ	ヤ	ユ	ヨ	ラ	リ	ル	レ	ロ	ワ	字数
第一学年 10級	白八	百	文		木本				名	目					立力林			六		学年字数 80字 累計字数 80字
第二学年 9級	馬売買麦半番		父風分聞	米	歩母方北	毎妹万			明鳴	毛門	夜野	友	用曜	来	里理				話	学年字数 160字 累計字数 240字
第三学年 8級	波配倍箱畑発 反坂板	皮悲美鼻筆氷 表秒病品	負部服福物	平返勉	放		味		命面	問	役薬	由油有遊	予羊洋葉陽様	落	流旅両緑		礼列練	路	和	学年字数 200字 累計字数 440字
第四学年 7級	敗梅博阪飯	飛必票標	不夫付府阜富 副	兵別辺変便	包法望牧	末満	未民	無			約	勇	要養浴		利陸良料量輪	類	令冷例連	老労録		学年字数 202字 累計字数 642字
第五学年 6級	破犯判版	比肥非費備評 貧	布婦武復複仏 粉	編弁	保墓報豊防貿 暴		脈	務夢	迷綿			輸	余容		略留領		歴			学年字数 193字 累計字数 835字
第六学年 5級	派拝背肺俳班 晩	否批秘俵	腹奮	並陛閉片	補暮宝訪亡忘 棒	枚幕	密		盟	模	訳	郵優	預幼欲翌	乱卵覧	裏律臨			朗論		学年字数 191字 累計字数 1026字

級別漢字表

小学校学年別配当漢字を除く一一一〇字。

級	ア	イ	ウ	エ	オ	カ	キ	ク	ケ	コ	サ	シ
4級	握扱	依威為偉違維緯壱芋陰隠		影鋭越援煙鉛縁	汚押奥憶	菓暇箇雅介戒皆壊較獲刈甘汗乾勧歓監環鑑含	奇祈鬼幾輝儀戯詰却脚及丘朽巨拠距御凶叫狂況狭恐響驚仰	駆屈掘繰	恵傾継迎撃肩兼剣軒圏堅遣玄	枯誇鼓互抗攻更恒荒項稿豪込婚	鎖彩歳載剤咲惨	旨伺刺脂紫雌執芝斜煮釈寂朱狩 シ続く
3級	哀	慰		詠悦閲炎宴	欧殴乙卸穏	佳架華嫁餓怪悔塊慨該概郭隔穫岳掛滑肝冠勘貫喚換敢緩	企忌軌既棋棄騎欺犠菊吉喫虐虚峡脅凝斤緊	愚偶遇	刑契啓掲携憩鶏鯨倹賢幻	孤弧雇顧娯悟孔巧甲坑拘郊控慌硬絞綱酵克獄恨紺魂墾	債催削搾錯撮擦暫	祉施諮侍慈軸疾湿赦邪殊寿潤遵 シ続く
準2級	亜	尉逸姻韻	畝浦	疫謁猿	凹翁虞	渦禍靴寡稼蚊拐懐劾涯垣核殻嚇括喝渇褐轄且缶陥患堪棺款閑寛憾還艦頑	飢宜偽擬糾窮拒享挟恭矯暁菌琴謹襟吟	隅勲薫	茎渓蛍慶傑嫌献謙繭顕懸弦	呉碁江肯侯洪貢溝衡購拷剛酷昆懇	唆詐砕宰栽斎索酢桟傘	肢嗣賜璽漆遮蛇酌爵珠儒囚臭愁 シ続く
2級	挨曖宛嵐	畏萎椅彙咽淫	唄鬱	怨艶	旺臆俺	苛牙瓦楷潰諧崖蓋骸柿顎葛釜鎌韓玩	伎亀毀畿臼嗅巾僅錦	惧串窟	詣憬稽隙桁拳鍵舷	股虎錮勾梗喉乞傲駒頃痕	沙挫采塞柵刹拶斬	恣摯餌叱嫉腫呪袖羞蹴憧拭尻芯 シ続く

	シ続き	ス	セ	ソ	タ	チ	ツ	テ	ト	ナ	ニ	ネ	ノ	ハ
4級	趣需舟秀襲柔獣瞬 旬巡盾召床沼称紹 詳丈畳殖飾触侵振 浸寝慎震薪尽陣尋	吹	是姓征跡占扇鮮	訴僧燥騒贈即俗	耐替沢拓濁脱丹淡 嘆端弾	恥致遅蓄跳徴澄沈 珍		抵堤摘滴添殿	吐途渡奴怒到逃倒 唐桃透盗塔稲踏闘 胴峠突鈍曇		弐		悩濃	杯輩拍泊迫薄爆髪 抜罰般販搬範繁盤
3級	如徐匠昇掌晶焦衝 鐘冗嬢錠譲嘱辱伸 辛審	炊粋衰酔遂穂随髄	瀬牲婿請斥隻惜籍 摂潜繕	阻措粗礎双桑掃葬 遭憎促賊	怠胎袋逮滞滝択卓 託諾奪胆鍛壇	稚畜窒抽鋳駐彫超 聴陳鎮	墜	帝訂締哲	斗塗凍陶痘匿篤豚		尿	粘		婆排陪縛伐帆伴畔 藩蛮
準2級	酬醜汁充渋銃叔淑 粛塾俊准殉循庶緒 叙升抄肖尚宵症祥 渉訟硝粧詔奨彰償 礁浄剰壌醸津唇娠 紳診刃迅甚	帥睡枢崇据杉	斉逝誓析拙窃仙栓 旋践遷薦繊禅漸	租疎塑壮荘捜挿曹 喪槽霜藻	妥堕惰駄泰濯但棚	痴逐秩嫡衷弔挑眺 釣懲勅朕	塚漬坪	呈廷邸亭貞逓偵艇 泥迭徹撤	悼搭棟筒謄騰洞督 凸屯	軟	尼妊忍	寧		把覇廃培媒賠伯舶 漠肌鉢閥煩頒
2級	腎	須裾	凄醒脊戚煎羨腺詮 箋膳	狙遡曽爽痩踪捉遜	汰唾堆戴誰旦綻	緻酎貼嘲捗	椎爪鶴	諦溺填	妬賭藤瞳頓貪丼	那謎鍋	匂虹	捻		罵剝箸氾汎斑

	ヒ		フ		ヘ	ホ			マ	ミ	ム	メ	モ	ヤ	ユ	ヨ	ラ	リ		ル	レ	ロ	ワ
計313字 5級まで1026字 累計1339字	彼疲被避尾微匹描	浜敏	怖浮普腐敷膚賦舞	幅払噴	柄壁	捕舗抱峰砲忙坊肪	冒傍帽凡盆		慢漫	妙眠	矛霧娘		茂猛網黙紋	躍	雄	与誉溶腰踊謡翼	雷頼絡欄	離粒慮療隣		涙	隷齢麗暦劣烈恋	露郎	惑腕
計284字 4級まで1339字 累計1623字	卑碑泌姫漂苗		赴符封伏覆紛墳		癖	募慕簿芳邦奉胞倣	崩飽縫乏妨房某膨	謀墨没翻	魔埋膜又	魅		滅免			幽誘憂	揚揺擁抑	裸濫	吏隆了猟陵糧厘			励零霊裂廉錬	炉浪廊楼漏	湾
計328字 3級まで1623字 累計1951字	妃披扉罷猫賓頻瓶		扶附譜侮沸雰憤		丙併塀幣弊偏遍	泡俸褒剖紡朴僕撲	堀奔		麻摩磨抹	岬		銘	妄盲耗	厄	愉諭癒唯悠猶裕融	庸窯	羅酪	痢履柳竜硫虜涼僚	寮倫	累塁	戻鈴		賄枠
計185字 準2級まで1951字 累計2136字	眉膝肘		訃		蔽餅璧蔑	哺蜂貌頬睦勃			昧枕	蜜		冥麺		冶弥闇	喩湧	妖瘍沃	拉辣藍	璃慄侶瞭		瑠		呂賂弄籠麓	脇

部首一覧表

表の上には部首を画数順に配列し、下には漢字の中で占める位置によって形が変化するものや特別な名称を持つものを示す。

偏《へん》… 旁《つくり》… 冠《かんむり》… 脚《あし》… 垂《たれ》… 繞《にょう》… 構《かまえ》…

番号	部首	字形	位置	名称
一画				
1	【一】	一		いち
2	【丨】	丨		ぼう たてぼう
3	【丶】	丶		てん
4	【丿】	丿		の はらいぼう
5	【乙】	乙		おつ
		乚	旁	おつ
6	【亅】	亅		はねぼう
二画				
7	【二】	二		に
8	【亠】	亠	冠	なべぶた けいさんかんむり
9	【人】	人		ひと
		亻	偏	にんべん
		𠆢	冠	ひとやね
10	【入】	入		いる
11	【儿】	儿		ひとあし にんにょう
12	【八】	八		はち
		八	脚	は
13	【冂】	冂	構	どうがまえ けいがまえ まきがまえ
14	【冖】	冖	冠	わかんむり
15	【冫】	冫		にすい
16	【几】	几		つくえ
17	【凵】	凵		うけばこ
18	【刀】	刀		かたな
		刂	旁	りっとう
19	【力】	力		ちから
20	【勹】	勹	構	つつみがまえ
21	【匕】	匕		ひ
22	【匚】	匚	構	はこがまえ
23	【匸】	匸	構	かくしがまえ
24	【十】	十		じゅう
25	【卜】	卜		と うらない
26	【卩】	卩		わりふ ふしづくり
		㔾		わりふ ふしづくり
27	【厂】	厂	垂	がんだれ
28	【厶】	厶		む
29	【又】	又		また
三画				
30	【口】	口		くち
		口	偏	くちへん
31	【囗】	囗	構	くにがまえ
32	【土】	土		つち
		土	偏	つちへん
33	【士】	士		さむらい
34	【夂】	夂	脚	すいにょう ふゆがしら
35	【夕】	夕		た ゆうべ
36	【大】	大		だい
37	【女】	女		おんな
		女	偏	おんなへん
38	【子】	子		こ
		子	偏	こへん
39	【宀】	宀	冠	うかんむり
40	【寸】	寸		すん
41	【小】	小		しょう
		⺌	冠	しょう

52	51	50		49	48		47		46		45	44	43	42
【广】	【幺】	【干】		【巾】	【己】		【工】		【川】		【山】	【中】	【尸】	【尢】
广	幺	干	巾	巾	己	工	工	巛	川	山	山	中	尸	尢
まだれ	よう いとがしら	かん いちじゅう	はばへん きんべん	はば	おのれ	たくみへん	え たくみ	かわ	かわ	やまへん	やま	てつ	かばね しかばね	だいのまげあし

		61			60	59	58	57		56	55	54	53
		【心】	四画	忄↓心 氵↓水 艹↓艸 阝(右)↓邑 扌↓手 犭↓犬 辶↓辵 阝(左)↓阜	【⺍】	【彳】	【彡】	【彐】		【弓】	【弋】	【廾】	【廴】
⺗	忄	心			⺍	彳	彡	彑	弓	弓	弋	廾	廴
したごころ	りっしんべん	こころ			つかんむり	ぎょうにんべん	さんづくり	けいがしら	ゆみへん	ゆみ	しきがまえ	こまぬき にじゅうあし	えんにょう

	71		70		69	68	67	66	65		64		63	62
	【日】		【方】		【斤】	【斗】	【文】	【攴】	【支】		【手】		【戸】	【戈】
日	日	方	方	斤	斤	斗	文	攵	支	扌	手	戸	戸	戈
ひへん	ひ	ほうへん かたへん	ほう	おのづくり	きん	とます	ぶん	のぶん ぼくづくり	し	てへん	て	とだれ とかんむり	と	ほこづくり ほこがまえ

84	83	82	81	80	79	78	77	76	75		74		73	72
【水】	【气】	【氏】	【毛】	【比】	【毋】	【殳】	【歹】	【止】	【欠】		【木】		【月】	【曰】
水	气	氏	毛	比	毋	殳	歹	止	欠	木	木	月	月	曰
みず	きがまえ	うじ	け	ならびひ くらべる	なかれ	るまた ほこづくり	かばねへん いちたへん がつへん	とめる	あくび かける	きへん	き	つきへん	つき	ひらび いわく

番号	部首	字形	名称
84	【水】	氵	さんずい
		氺	したみず
85	【火】	火	ひ
		火	ひへん
		灬	れんが れっか
86	【爪】	爪	つめ
		爫	つめかんむり つめがしら
87	【父】	父	ちち
88	【片】	片	かた
		片	かたへん
89	【牙】	牙	きば
90	【牛】	牛	うし
		牛	うしへん
91	【犬】	犬	いぬ
		犭	けものへん

王・王→玉
礻→示
耂→老
辶→辵

五画

番号	部首	字形	名称
92	【玄】	玄	げん
93	【玉】	玉	たま
		王	おう
		王	おうへん たまへん
94	【瓦】	瓦	かわら
95	【甘】	甘	かん あまい
96	【生】	生	うまれる
97	【用】	用	もちいる
98	【田】	田	た
		田	たへん
99	【疋】	疋	ひき
		𧾷	ひきへん
100	【疒】	疒	やまいだれ
101	【癶】	癶	はつがしら
102	【白】	白	しろ
103	【皮】	皮	けがわ
104	【皿】	皿	さら
105	【目】	目	め
		目	めへん
106	【矛】	矛	ほこ
107	【矢】	矢	や
		矢	やへん
108	【旡】	旡	なし ぶ すでのつくり
109	【石】	石	いし
		石	いしへん
110	【示】	示	しめす
		礻	しめすへん
111	【禾】	禾	のぎ
111	【禾】	禾	のぎへん
112	【穴】	穴	あな
		穴	あなかんむり
113	【立】	立	たつ
		立	たつへん

氺→水
衤→衣
罒→网

六画

番号	部首	字形	名称
114	【竹】	竹	たけ
		⺮	たけかんむり
115	【米】	米	こめ
		米	こめへん
116	【糸】	糸	いと
		糸	いとへん
117	【缶】	缶	ほとぎ
118	【网】	罒	あみがしら あみめ よこめ

119	【羊】	羊	ひつじ
120	【羽】	羽	はね
121	【老】	耂	おいかんむり おいがしら
122	【而】	而	しかして しこうして
123	【耒】	耒	すきへん らいすき
124	【耳】	耳	みみ
		耳	みみへん
125	【聿】	聿	ふでづくり
126	【肉】	肉	にく
		月	にくづき
127	【自】	自	みずから
128	【至】	至	いたる
129	【臼】	臼	うす
130	【舌】	舌	した
131	【舟】	舟	ふね

七画

131	【舟】	舟	ふねへん
132	【艮】	艮	ねづくり こんづくり
133	【色】	色	いろ
134	【艸】	艹	くさかんむり
135	【虍】	虍	とらがしら とらかんむり
136	【虫】	虫	むし
		虫	むしへん
137	【血】	血	ち
138	【行】	行	ぎょう
		行	ぎょうがまえ ゆきがまえ
139	【衣】	衣	ころも
		衤	ころもへん
140	【襾】	西	にし
		覀	おおいかんむり
141	【見】	見	みる
142	【臣】	臣	しん
143	【角】	角	かく つの
		角	つのへん
144	【言】	言	げん
		言	ごんべん
145	【谷】	谷	たに
146	【豆】	豆	まめ
147	【豕】	豕	ぶた いのこ
148	【豸】	豸	むじなへん
149	【貝】	貝	かい こがい
		貝	かいへん
150	【赤】	赤	あか
151	【走】	走	はしる
		走	そうにょう
152	【足】	足	あし
		𧾷	あしへん
153	【身】	身	み
154	【車】	車	くるま
		車	くるまへん
155	【辛】	辛	からい
156	【辰】	辰	しんのたつ
157	【辵】	辶	しんにょう しんにゅう
		辶	しんにょう しんにゅう
158	【邑】	阝	おおざと
159	【酉】	酉	ひよみのとり
		酉	とりへん
160	【釆】	釆	のごめ
		釆	のごめへん
161	【里】	里	さと

※注「辶」については「遡・遜」のみに適用。

番号	部首	形	名称
161	【里】	里	さとへん
162	【舛】	舛	まいあし
163	【麦】	麦	むぎ
		麦	ばくにょう
八画			
164	【金】	金	かね
		金	かねへん
165	【長】	長	ながい
166	【門】	門	もん
		門	もんがまえ
167	【阜】	阜	おか
		阝	こざとへん
168	【隶】	隶	れいづくり
169	【隹】	隹	ふるとり
170	【雨】	雨	あめ
		⻗	あめかんむり
171	【青】	青	あお
172	【非】	非	あらず ひ
173	【斉】	斉	せい
九画			
174	【面】	面	めん
175	【革】	革	かくのかわ つくりがわ
		革	かわへん
176	【音】	音	おと
177	【頁】	頁	おおがい
178	【風】	風	かぜ
179	【飛】	飛	とぶ
180	【食】	食	しょく
		飠	しょくへん
		𩙿	しょくへん
181	【首】	首	くび
182	【香】	香	か かおり
十画			
183	【馬】	馬	うま
		馬	うまへん
184	【骨】	骨	ほね
		骨	ほねへん
185	【高】	高	たかい
186	【髟】	髟	かみがしら
187	【鬯】	鬯	ちょう
188	【鬼】	鬼	おに
		鬼	きにょう
189	【韋】	韋	なめしがわ
190	【竜】	竜	りゅう
十一画			
191	【魚】	魚	うお
		魚	うおへん
192	【鳥】	鳥	とり
193	【鹿】	鹿	しか
194	【麻】	麻	あさ
195	【黄】	黄	き
196	【黒】	黒	くろ
197	【亀】	亀	かめ
十二画			
198	【歯】	歯	は
		歯	はへん
十三画			
199	【鼓】	鼓	つづみ
十四画			
200	【鼻】	鼻	はな

※注「𩙿」については「餌・餅」のみに適用。

中学校で学習する音訓一覧表

＊学習漢字のうち、中学校で習う読み方を学年・字音の五十音順に一覧表にした。

小学校1年	音	イン
	下	もと
	字	あざ
	耳	ジ
	手	た
	出	スイ
	女	ニョ め
	上	のぼ(せる) のぼ(す)
	生	お(う) き
	夕	セキ
	石	コク
	川	セン
	早	サッ
	文	ふみ
	目	ボク
小学校2年	羽	ウ
	園	その
	何	カ
	夏	ゲ
	外	ゲ
	弓	キュウ
	京	ケイ
	強	ゴウ し(いる)
	兄	ケイ
	後	おく(れる)
	公	おおやけ
	交	か(う) か(わす)
	黄	コウ こ
	谷	コク
	今	キン
	姉	シ
	室	むろ
	図	はか(る)
	声	こわ
	星	ショウ
	切	サイ
	体	テイ
	茶	サ
	弟	テイ デ
	頭	かしら
	内	ダイ
	麦	バク
	歩	ブ
	妹	マイ
	万	バン
	門	かど
	来	きた(る) きた(す)
小学校3年	化	ケ
	荷	カ
	客	カク
	究	きわ(める)
	宮	グウ
	業	わざ
	軽	かろ(やか)
	研	と(ぐ)
	幸	さち
	次	シ
	守	も(り)
	州	す
	拾	シュウ ジュウ
	集	つど(う)
	助	すけ
	商	あきな(う)
	勝	まさ(る)
	申	シン
	神	かん
	昔	シャク
	相	ショウ
	速	すみ(やか)
	対	ツイ
	代	しろ
	丁	テイ
	調	ととの(う) ととの(える)
	度	タク たび
	童	わらべ
	発	ホツ
	反	タン
	鼻	ビ
	病	や(む)
	命	ミョウ
	面	おも おもて
	役	エキ
	有	ウ
	和	やわ(らぐ) やわ(らげる) なご(む) なご(やか)
小学校4年	衣	ころも
	媛	エン
	街	カイ
	岐	キ
	器	うつわ
	機	はた
	泣	キュウ
	競	きそ(う)
	極	ゴク きわ(める) きわ(まる) きわ(み)
	結	ゆ(う) ゆ(わえる)
	健	すこ(やか)
	香	コウ
	氏	うじ
	試	ため(す)
	児	ニ
	滋	ジ
	辞	や(める)
	初	そ(める)
	笑	ショウ え(む)
	焼	ショウ
	縄	ジョウ
	井	ショウ
	省	かえり(みる)
	静	ジョウ
	浅	セン
	戦	いくさ
	仲	チュウ
	阪	ハン
	夫	フウ
	望	モウ

牧	まき
民	たみ
要	い(る)

小学校5年

仮	ケ
眼	まなこ
基	もと
技	わざ
境	ケイ
経	キョウ
故	ゆえ
厚	コウ
災	わざわ(い)
財	サイ
示	シ
似	ジ
質	シチ
謝	あやま(る)
授	さず(ける) さず(かる)
修	シュ
性	ショウ
精	ショウ
素	ス
率	ソツ
損	そこ(なう) そこ(ねる)
貸	タイ
断	た(つ)
提	さ(げる)
程	ほど
得	う(る)
犯	おか(す)
費	つい(やす) つい(える)
貧	ヒン
報	むく(いる)
暴	バク
迷	メイ

小学校6年

遺	ユイ
映	は(える)
我	ガ わ
灰	カイ
革	かわ
割	カツ さ(く)
干	ひ(る)
危	あや(うい) あや(ぶむ)
机	キ
貴	たっと(い) とうと(い) たっと(ぶ) とうと(ぶ)
胸	むな
郷	ゴウ
穴	ケツ
厳	おごそ(か)
己	キ おのれ
紅	ク くれない
鋼	はがね
砂	シャ
座	すわ(る)
裁	た(つ)
若	ジャク
宗	ソウ
就	つ(く) つ(ける)
熟	う(れる)
除	ジ
承	うけたまわ(る)
傷	いた(む) いた(める)
蒸	む(す) む(れる) む(らす)
仁	ニ
推	お(す)
盛	セイ さか(る) さか(ん)
誠	まこと
舌	ゼツ
専	もっぱ(ら)
染	セン
銭	ぜに
装	ショウ
操	あやつ(る)
蔵	くら
探	さぐ(る)
値	あたい
著	あらわ(す) いちじる(しい)
敵	かたき
討	う(つ)
乳	ち
認	ニン
納	ナッ トウ
背	そむ(く) そむ(ける)
秘	ひ(める)
並	ヘイ
閉	と(ざす)
片	ヘン
暮	ボ
訪	おとず(れる)
忘	ボウ
優	やさ(しい) すぐ(れる)
欲	ほ(しい)
卵	ラン
裏	リ
臨	のぞ(む)
朗	ほが(らか)

高等学校で学習する音訓一覧表 ①

＊学習漢字のうち、高等学校で習う読み方を学年・字音の五十音順に一覧表にした。

小学校1年	火	ほ
	女	ニョウ
	上	ショウ
	青	ショウ
	赤	シャク
	天	あめ
	白	ビャク
	目	ま
	立	リュウ
小学校2年	遠	オン
	回	エ
	会	エ
	行	アン
	矢	シ
	食	ジキ　く(らう)
	数	ス
	声	ショウ
	通	ツ
	頭	ト
	道	トウ
	南	ナ
	風	フ
	聞	モン
	歩	フ
小学校3年	悪	オ
	期	ゴ
	宮	ク
	業	ゴウ
	庫	ク
	仕	ジ
	事	ズ
	主	ス
	神	こう
	昔	セキ
	想	ソ
	着	ジャク
	定	さだ(か)
	度	ト
	反	ホン
	坂	ハン
	氷	ひ
	病	ヘイ
	面	つら
	由	ユイ　よし
	遊	ユ
	流	ル
	緑	ロク
	礼	ライ
	和	オ
小学校4年	栄	は(え)　は(える)
	各	おのおの
	競	せ(る)
	建	コン
	験	ゲン
	功	ク
	香	キョウ
	候	そうろう
	産	うぶ
	祝	シュウ
	初	うい
	井	セイ
	成	ジョウ
	清	ショウ
	節	セチ
	説	ゼイ
	巣	ソウ
	沖	チュウ
	兆	きざ(す)　きざ(し)
	灯	ひ
	博	バク
	富	フウ
	法	ハッ　ホッ
	末	バツ
	利	き(く)
	老	ふ(ける)
小学校5年	因	よ(る)
	益	ヤク
	桜	オウ
	価	あたい
	過	あやま(つ)　あやま(ち)
	解	ゲ
	格	コウ
	眼	ゲン
	基	もとい
	久	ク
	潔	いさぎよ(い)
	興	おこ(る)　おこ(す)
	際	きわ
	殺	サイ　セツ
	酸	す(い)
	枝	シ
	質	チ
	常	とこ
	情	セイ
	織	ショク
	政	ショウ　まつりごと
	接	つ(ぐ)
	団	トン
	統	す(べる)
	暴	あば(く)
小学校6年	供	ク
	勤	ゴン
	絹	ケン
	権	ゴン
	厳	ゴン
	冊	サク
	若	ニャク　も(しくは)
	就	ジュ
	衆	シュ
	従	ショウ　ジュ
	障	さわ(る)
	盛	ジョウ
	染	し(みる)　し(み)
	奏	かな(でる)
	装	よそお(う)
	操	みさお
	担	かつ(ぐ)　にな(う)
	難	かた(い)
	納	ナ　ナン
	否	いな
	亡	モウ　な(い)
	欲	ほっ(する)
	律	リチ

高等学校で学習する音訓一覧表 ❷

＊「4級」「3級」配当漢字のうち、高等学校で習う読み方を字音の五十音順に一覧表にした。

4級	依	エ
4級	汚	けが(す) けが(れる) けが(らわしい)
4級	押	オウ
4級	奥	オウ
4級	鑑	かんが(みる)
4級	戯	たわむ(れる)
4級	詰	キツ
4級	脚	キャ
4級	狭	キョウ
4級	仰	おお(せ)
4級	肩	ケン
4級	鼓	つづみ
4級	更	ふ(ける) ふ(かす)
4級	彩	いろど(る)
4級	惨	ザン みじ(め)
4級	旨	むね
4級	伺	シ
4級	煮	シャ
4級	寂	セキ
4級	秀	ひい(でる)
4級	瞬	またた(く)
4級	沼	ショウ
4級	端	は
4級	澄	チョウ
4級	滴	したた(る)
4級	敷	フ
4級	払	フツ
4級	柄	ヘイ
4級	傍	かたわ(ら)
4級	凡	ハン
4級	腰	ヨウ
4級	謡	うたい うた(う)
4級	絡	から(む) から(まる) から(める)
4級	麗	うるわ(しい)
3級	詠	よ(む)
3級	殴	オウ
3級	華	ケ
3級	嫁	カ
3級	忌	い(む) い(まわしい)
3級	虐	しいた(げる)
3級	虚	コ
3級	脅	おびや(かす)
3級	契	ちぎ(る)
3級	憩	いこ(う)
3級	控	コウ
3級	慌	コウ
3級	絞	コウ
3級	搾	サク
3級	施	セ
3級	慈	いつく(しむ)
3級	如	ニョ
3級	焦	あせ(る)
3級	辱	はずかし(める)
3級	穂	スイ
3級	婿	セイ
3級	請	シン こ(う)
3級	阻	はば(む)
3級	礎	いしずえ
3級	桑	ソウ
3級	袋	タイ
3級	葬	ほうむ(る)
3級	壇	タン
3級	鎮	しず(める) しず(まる)
3級	卑	いや(しい) いや(しむ) いや(しめる)
3級	泌	ヒ
3級	苗	ビョウ
3級	覆	くつがえ(す) くつがえ(る)
3級	芳	かんば(しい)
3級	奉	たてまつ(る)
3級	倣	なら(う)
3級	謀	ム はか(る)
3級	翻	ひるがえ(る) ひるがえ(す)
3級	免	まぬか(れる)
3級	憂	う(い)
3級	陵	みささぎ
3級	糧	ロウ かて
3級	霊	リョウ たま

二とおりの読み／注意すべき読み

↓のようにも読める。

「常用漢字表」（平成22年）本表備考欄による。

二とおりの読み

遺言	ユイゴン → イゴン
奥義	オウギ → おくギ
堪能	カンノウ → タンノウ
吉日	キチジツ → キツジツ
兄弟	キョウダイ → ケイテイ
甲板	カンパン → コウハン
合点	ガッテン → ガテン
昆布	コンブ → コブ
紺屋	コンや → コウや
詩歌	シカ → シイカ
七日	なのか → なぬか
老若	ロウニャク → ロウジャク
寂然	セキゼン → ジャクネン
法主	ホッス → ホウシュ ホッシュ
十	ジッ → ジュッ
情緒	ジョウチョ → ジョウショ
憧憬	ショウケイ → ドウケイ
人数	ニンズ → ニンズウ
寄贈	キソウ → キゾウ
側	がわ → かわ
唾	つば → つばき
愛着	アイジャク → アイチャク
執着	シュウジャク → シュウチャク
貼付	チョウフ → テンプ
難しい	むずかしい → むつかしい
分泌	ブンピツ → ブンピ
富貴	フウキ → フッキ
文字	モンジ → モジ
大望	タイモウ → タイボウ
頰	ほお → ほほ
末子	バッシ → マッシ
末弟	バッテイ → マッテイ
免れる	まぬかれる → まぬがれる
妄言	ボウゲン → モウゲン
面目	メンボク → メンモク
問屋	とんや → といや
礼拝	ライハイ → レイハイ

注意すべき読み

三位一体	サンミイッタイ
従三位	ジュサンミ
一羽	イチわ
三羽	サンば
六羽	ロッぱ
春雨	はるさめ
小雨	こさめ
霧雨	きりさめ
因縁	インネン
親王	シンノウ
勤王	キンノウ
反応	ハンノウ
順応	ジュンノウ
観音	カンノン
安穏	アンノン
天皇	テンノウ
身上	シンショウ シンジョウ （読み方により意味が違う）
一把	イチワ
三把	サンバ
十把	ジッ（ジュッ）パ

常用漢字表　付表（熟字訓・当て字など）

＊小・中・高：小学校・中学校・高等学校のどの時点で学習するかの割り振りを示した。

※以下に挙げられている語を構成要素の一部とする熟語に用いてもかまわない。
例「河岸（かし）」→「魚河岸（うおがし）」／「居士（こじ）」→「一言居士（いちげんこじ）」

付表1

語	読み	小	中	高
明日	あす	●		
小豆	あずき		●	
海女・海士	あま			●
硫黄	いおう		●	
意気地	いくじ		●	
田舎	いなか		●	
息吹	いぶき			●
海原	うなばら		●	
乳母	うば		●	
浮気	うわき			●
浮つく	うわつく		●	
笑顔	えがお		●	
叔父・伯父	おじ		●	
大人	おとな	●		
乙女	おとめ		●	
叔母・伯母	おば		●	
お巡りさん	おまわりさん		●	
お神酒	おみき			●
母屋・母家	おもや			●
母さん	かあさん	●		
神楽	かぐら			●
河岸	かし			●
鍛冶	かじ		●	
風邪	かぜ		●	
固唾	かたず		●	
仮名	かな		●	
蚊帳	かや			●
為替	かわせ		●	
河原・川原	かわら	●		
昨日	きのう	●		
今日	きょう	●		
果物	くだもの	●		
玄人	くろうと			●
今朝	けさ	●		
景色	けしき	●		
心地	ここち		●	
居士	こじ			●
今年	ことし	●		
早乙女	さおとめ		●	
雑魚	ざこ			●
桟敷	さじき			●
差し支える	さしつかえる		●	
五月	さつき		●	
早苗	さなえ		●	
五月雨	さみだれ		●	
時雨	しぐれ		●	
尻尾	しっぽ		●	
竹刀	しない		●	
老舗	しにせ		●	
芝生	しばふ		●	
清水	しみず	●		
三味線	しゃみせん		●	
砂利	じゃり		●	
数珠	じゅず			●

語	読み	小	中	高
上手	じょうず	●		
白髪	しらが		●	
素人	しろうと			●
師走	しわす（しはす）			●
数寄屋・数奇屋	すきや			●
相撲	すもう		●	
草履	ぞうり		●	
山車	だし			●
太刀	たち		●	
立ち退く	たちのく		●	
七夕	たなばた	●		
足袋	たび		●	
稚児	ちご			●
一日	ついたち	●		
築山	つきやま			●
梅雨	つゆ		●	
凸凹	でこぼこ		●	
手伝う	てつだう	●		
伝馬船	てんません			●
投網	とあみ			●
父さん	とうさん	●		
十重二十重	とえはたえ			●
読経	どきょう			●
時計	とけい	●		
友達	ともだち	●		
仲人	なこうど			●

語	読み	小	中	高
名残	なごり		●	
雪崩	なだれ		●	
兄さん	にいさん	●		
姉さん	ねえさん	●		
野良	のら			●
祝詞	のりと			●
博士	はかせ	●		
二十・二十歳	はたち		●	
二十日	はつか	●		
波止場	はとば		●	
一人	ひとり	●		
日和	ひより		●	
二人	ふたり	●		
二日	ふつか	●		
吹雪	ふぶき		●	
下手	へた	●		
部屋	へや	●		
迷子	まいご	●		
真面目	まじめ	●		
真っ赤	まっか	●		
真っ青	まっさお	●		
土産	みやげ		●	
息子	むすこ		●	
眼鏡	めがね	●		
猛者	もさ			●
紅葉	もみじ		●	

語	読み	小	中	高
木綿	もめん		●	
最寄り	もより		●	
八百長	やおちょう			●
八百屋	やおや	●		
大和	やまと		●	
弥生	やよい		●	
浴衣	ゆかた			●
行方	ゆくえ		●	
寄席	よせ			●
若人	わこうど		●	

付表2

語	読み	小	中	高
愛媛	えひめ	●		
茨城	いばらき	●		
岐阜	ぎふ	●		
鹿児島	かごしま	●		
滋賀	しが	●		
宮城	みやぎ	●		
神奈川	かながわ	●		
鳥取	とっとり	●		
大阪	おおさか	●		
富山	とやま	●		
大分	おおいた	●		
奈良	なら	●		

漢検 準2級 漢字学習ステップ 改訂三版

2024年9月30日　第1版第6刷　発行
編　者　公益財団法人 日本漢字能力検定協会
発行者　山崎　信夫
印刷所　大日本印刷株式会社

発行所　公益財団法人 日本漢字能力検定協会
〒605-0074　京都市東山区祇園町南側551番地
☎(075)757-8600
ホームページ https://www.kanken.or.jp/

Printed in Japan
ISBN978-4-89096-402-4 C0081

公益財団法人 日本漢字能力検定協会

改訂三版

漢検

漢検 漢字学習 ステップ

標準解答

別冊

準2級

「標準解答」は、
別冊になっています。
とりはずして使って
ください。

※「標準解答」をとじているはり金でけがをしないよう、
気をつけてください。

漢検 公益財団法人 日本漢字能力検定協会

700402 (1-6)

ステップ1

P.8 **1**

1 いんりつ
2 うらかぜ
3 いつだつ
4 いんぞく
5 いちい
6 あくえき
7 ありゅう
8 はいえつ
9 さんいつ
10 うね
11 あたい
12 よこなぐ
13 おど
14 はげ
15 ほのお
16 あざ
17 あざむ
18 たち
19 ほくおう
20 しぐれ
21 しもん
22 はか
23 どんじゅう
24 にぶ

P.9 **2**

1 依
2 尉
3 緯
4 姻
5 韻
6 隠
7 役
8 易
9 疫

3

1 警戒
2 軽薄
3 侵害
4 異端
5 凡才
6 近隣
7 嘆願
8 潤沢
9 憂慮
10 介抱

P.10 **4**

1 亜熱帯
2 婚姻
3 中尉
4 脚韻
5 免疫
6 畝
7 逸話
8 浦里
9 扱
10 猛威
11 悦
12 煙突
13 声援
14 縁談
15 祝宴
16 液晶
17 閲覧
18 恩恵
19 謁見
20 越権
21 依然
22 以前
23 射
24 鋳

ステップ2

P.12 **1**

1 かしょう
2 かわぐつ
3 ろうおう
4 うずしお
5 さいか
6 おうめんきょう
7 おそれ
8 でかせ
9 かこん
10 せいか
11 かせん
12 かどう
13 かちゅう
14 ごうか
15 とつ
16 こうおつ
17 かきょう
18 きかがく
19 けいしょう
20 うけたまわ
21 けんえん
22 さるぢえ
23 ぎょうてん
24 あお

P.13 **2**

1 ウ
2 ケ
3 キ
4 オ
5 コ

3

1 羽・はね
2 虍・とらがしら・とらかんむり
3 革・かわへん
4 宀・うかんむり
5 凵・うけばこ
6 斤・きん
7 鳥・とり
8 鬼・おに
9 辰・しんのたつ
10 口・くち

P.14 **4**

1 稼
2 凹
3 虞
4 渦
5 惨禍
6 雨靴
7 老翁
8 寡黙
9 猿芝居
10 寸暇
11 反響
12 卓越
13 汚
14 押
15 奥底
16 穏便
17 鉛色
18 菓子
19 手繰
20 眼
21 紹介
22 照会
23 移籍
24 遺跡

ステップ3

1 P.16

1 しょうがい
2 ゆうかい
3 だんがい
4 かいこ
5 かきね
6 か
7 ちゅうかく
8 いっ
9 ゆうば
10 ぶざま
11 がいよう
12 く
13 かたまり
14 しゅうとく
15 ぼうきゃく
16 こきん
17 かみふぶき
18 なだれ
19 かいせき
20 なつ
21 こうかくるい
22 かいがら
23 ごうわん
24 うで

2 P.17

1 紫・ウ
2 闘・ア
3 尋・エ
4 兼・カ
5 涯・オ
6 凶・イ

3

1 エ
2 イ
3 オ
4 オ
5 エ
6 イ
7 ウ
8 イ
9 ア

4 P.18

1 人垣
2 懐中
3 蚊
4 殻
5 生涯
6 弾劾
7 核心
8 誘拐
9 地殻
10 欧州
11 稲刈
12 甘美
13 警戒
14 白亜
15 玄関
16 粋
17 壊
18 喚起
19 怪奇
20 皆既
21 乾燥
22 感想
23 痛
24 傷

ステップ4

1 P.20

1 か
2 そうかつ
3 かっぱ
4 いかく
5 かっしょく
6 とうかつ
7 かわ
8 ひがた
9 りんかく
10 かくせい
11 こうむ
12 やおもて
13 あやつ
14 もっぱ
15 ちまなこ
16 むすこ
17 さみだれ
18 じゅんしゅ
19 またた
20 か
21 ちんちょう
22 めずら
23 しんとう
24 ひた

2 P.21

1 エ
2 イ
3 ウ
4 ウ
5 ア
6 オ
7 オ
8 ア
9 エ

3

1 口
2 一
3 扌
4 八
5 車
6 言
7 礻
8 寸
9 甘
10 氵

4 P.22

1 且
2 管轄
3 括弧
4 褐色
5 威嚇
6 喝破
7 肩車
8 居眠
9 超越
10 対抗
11 相互
12 誇張
13 鼓動
14 分割
15 傾斜
16 隔絶
17 勇敢
18 雅楽
19 一括
20 一喝
21 乾
22 渇
23 攻
24 責

ステップ 5

P.24
1

1 かんよう
2 しゃっかん
3 かんらく
4 た
5 のうかん
6 かん
7 かんせい
8 しっかん
9 けっかん
10 さんがく
11 ごうたん
12 かんぷ
13 かんべん
14 か
15 きゅうどう
16 こんじょう
17 ようしょう
18 かわせ
19 うわ
20 うずま
21 かんき
22 か
23 かんつう
24 つらぬ

P.25
2

1 貫→陥
2 看→患
3 型→潟
4 製→制
5 喚→勧
6 苦→駆
7 客→脚
8 肝→寛
9 境→況
10 預→与

3

1 陥る
2 患っ
3 朽ちる
4 隔てる
5 及ぼす
6 枯らし
7 攻める
8 寂れ
9 浸る
10 尽きる

P.26
4

1 缶
2 閑散
3 落款
4 出棺
5 陥没
6 患部
7 寛大
8 殺伐
9 監禁
10 粘土
11 横殴
12 含
13 花嫁
14 概念
15 悔
16 体裁
17 搬入
18 栄冠
19 急患
20 休館
21 割
22 咲
23 堪
24 絶

ステップ 6

P.28
1

1 かんちょう
2 だっかん
3 てきぎ
4 がんじょう
5 ぎじ
6 きが
7 いかん
8 しょうかん
9 かんき
10 かんぱい
11 きかく
12 ぶんき
13 かつじょう
14 きどう
15 なんど
16 みょうじょう
17 もよ
18 わこうど
19 ぎしょう
20 いつわ
21 かんきゅう
22 ゆる
23 こうきょう
24 てぜま

P.29
2

1 還・かんぷ
2 管・かんかつ
3 閑・とうかんし
4 寛・かんだい
5 敢・ゆうもうかかん
6 貫・しゅびいっかん
7 勧・かんゆう
8 鑑・ずかん
9 陥・けっかん
10 艦・せんすいかん

3

1 抜かす
2 鮮やかな
3 訴える
4 慰める
5 嘆かわしい
6 飢える
7 蓄える
8 跳ねる
9 煙たい
10 偽ら

P.30
4

1 遺憾
2 飢餓
3 帰還
4 偽造
5 便宜
6 擬人
7 飢
8 頑固
9 艦隊
10 不吉
11 騎馬
12 戯曲
13 菊
14 天賦
15 輝
16 円滑
17 土砂降
18 割愛
19 皆無
20 若干
21 刺客
22 死角
23 執
24 撮

力だめし 第1回

1 P.31
1 うず　2 がんきょう　3 しんかん　4 しゅうか　5 くつず
6 いっぴん　7 おかしら　8 ぎゅうじ　9 やわ　10 なご

2
1 力・だんがい　2 扌・ゆうかい　3 二・あえん
4 行・しょうげき　5 音・いんりつ　6 缶・せいかん
7 丶・たんねん　8 疒・ぼうえき　9 殳・こうかく
10 手・しょうあく

3 P.32
1 忙しい　2 偽り　3 損ねる　4 狂おしい　5 占める
6 稼ぐ　7 騒がしい　8 背ける　9 緩やかだ　10 渇く

4
1 喝破　2 褐色　3 石棺　4 渦潮　5 艦隊
6 借款　7 便宜　8 返還　9 統轄　10 威嚇

5 P.33
1 確↓核　2 軌↓棄　3 継↓憩　4 壊↓懐　5 故↓雇

6
1 陥没　2 派遣　3 寛容　4 答申　5 一括
6 切迫　7 抜群　8 承知　9 我慢　10 基盤

7 P.34
1 万・オ　2 夢・エ　3 骨・ア
4 闘・イ　5 患・ウ

8
1 安眠　2 陳謝　3 脳裏　4 欧米　5 垣根
6 哀　7 仲裁　8 凹　9 宴会　10 吐露

ステップ 7

1 P.36
1 あかつき　2 はさ　3 きょぜつ　4 きゅうぼう
5 ふんきゅう　6 きょうゆう　7 きょうせい　8 きょうが
9 ふつぎょう　10 すで　11 きけん　12 きば
13 ぎせい　14 し　15 いくえ　16 かつあい
17 きゃっか　18 きゃくほん　19 きょひ　20 こば
21 ろうきゅう　22 く　23 きゅうりょう　24 おか

2 P.37
1 きゅうだん　2 かぶん　3 きょうじゅん　4 えつらん
5 きっさ　6 かんげん　7 きょうねん　8 きょぞう
9 せいかん　10 がぞく　11 さんか　12 はかい
13 もぎ　14 こんきゅう　15 ちょっかつ　16 つうぎょう
17 しんぎ　18 がんけん　19 がいかつ　20 きょうがい

3
1 束縛　2 享楽　3 多忙　4 懐柔　5 乾燥
6 遺憾　7 抜群　8 混乱　9 窮地　10 知己

4 P.38
1 窮地　2 恭順　3 挟　4 拒絶　5 暁
6 糾弾　7 巨漢　8 拠点　9 距離　10 上靴
11 号泣　12 亜流　13 起伏　14 野蛮　15 金塊
16 赴任　17 濃厚　18 詠嘆　19 普及　20 不朽
21 教授　22 享受　23 矯正　24 強制

ステップ8

1 P.40

1 もっきん
2 ぎんえい
3 きんちょう
4 めっきん
5 くんこう
6 すみ
7 えりもと
8 かお
9 きょうきん
10 つつし
11 くんとう
12 きんちょう
13 かいちゅう
14 ぐうぜん
15 こうぐう
16 すけだち
17 たか
18 しゅういつ
19 きん
20 こと
21 ぜっきょう
22 さけ
23 はんきょう
24 ひび

2 P.41

1 謹厳
2 規模
3 襟足
4 維持
5 偉大
6 奪還
7 独吟
8 遺失
9 窮屈
10 統括

3

1 偽
2 疑
3 宜
4 矯
5 享
6 驚
7 襟
8 菌
9 謹

4 P.42

1 殺菌
2 謹慎
3 片隅
4 襟
5 琴
6 吟味
7 勲章
8 一隅
9 謹
10 薫
11 元凶
12 近況
13 不屈
14 発掘
15 緊迫
16 制御
17 閑静
18 寛容
19 遭遇
20 契約
21 皆勤
22 解禁
23 琴線
24 金銭

ステップ9

1 P.44

1 けいが
2 ぶんけん
3 けいこうとう
4 けいこく
5 けっしゅつ
6 ちかけい
7 ほたる
8 けんきょ
9 くき
10 こんだて
11 いや
12 ふせ
13 あんいつ
14 ゆうめい
15 くつ
16 ざっきん
17 こうけい
18 しばふ
19 けんぎ
20 きら
21 けいさい
22 かか
23 こうせい
24 きいと

2 P.45

1 犬
2 虫
3 亻
4 士
5 夕
6 ⺌
7 羽
8 至
9 走
10 釆

3

1 エ
2 ア
3 ウ
4 イ
5 ア
6 イ
7 エ
8 オ
9 ウ
10 ア

4 P.46

1 蛍光
2 渓流
3 歯茎
4 謙譲
5 同慶
6 嫌
7 献金
8 傑作
9 蛍
10 嫌
11 返還
12 拒否
13 歓迎
14 肩幅
15 襟元
16 偽札
17 隅
18 渦中
19 機嫌
20 期限
21 献身
22 検針
23 延
24 伸

ステップ10

1 P.48

1 けんちょ
2 ごふく
3 ごばん
4 かげん
5 まゆ
6 しゅこう
7 けいせい
8 ぎたい
9 けいやく
10 こんいん
11 いこ
12 のきさき
13 こと
14 えりあし
15 にょじつ
16 ごかく
17 はとば
18 ほうかつ
19 けんあん
20 か
21 ちょうこう
22 えど
23 とうわく
24 まど

2 P.49

1 越・ウ
2 厳・エ
3 懸・オ
4 夕・ア
5 扇・イ
6 即・カ

3

1 じゅよう
2 い
3 きんしん
4 つつし
5 さいくつ
6 ほ
7 ぎそう
8 いつわ
9 かんげん
10 つる
11 けんし
12 まゆだま
13 はんえい
14 は
15 かんらく
16 おちい
17 しょうのう
18 え
19 きゅうはく
20 せま

4 P.50

1 弦楽
2 繭
3 江
4 顕微鏡
5 呉服
6 肯定
7 囲碁
8 懸念
9 恭
10 倹約
11 神主
12 佳境
13 幻想
14 五月雨
15 圏外
16 堅実
17 玄米
18 鯨
19 悪寒
20 傑出
21 鋭利
22 営利
23 懸
24 駆

ステップ11

1 P.52

1 こうおん
2 おうこう
3 こうけん
4 ごうちょく
5 みぞ
6 へいこう
7 そっこう
8 こうどく
9 ごうもん
10 ごうたん
11 みつ
12 かんかつ
13 おね
14 そうこく
15 こうみょう
16 はっこう
17 にわとり
18 ぼうえき
19 こもん
20 かえり
21 かいこ
22 やと
23 ようこう
24 たづな

2 P.53

1 洪・こうせきそう
2 衡・どりょうこう
3 抗・こうきん
4 購・こうばい
5 香・こうしんりょう
6 荒・はてんこう
7 甲・こうかくるい
8 鉱・こうみゃく
9 恒・こうきゅうてき

3

1 穴
2 貝
3 扌
4 鹿
5 亻
6 石
7 土
8 頁
9 小
10 艹

4 P.54

1 均衡
2 洪水
3 海溝
4 剛健
5 溝
6 購入
7 諸侯
8 拷問
9 交互
10 散逸
11 更新
12 恒例
13 条項
14 近郊
15 原稿
16 押印
17 木琴
18 誇示
19 貢献
20 後見
21 反抗
22 犯行
23 遣
24 使

ステップ12

P.56 **1**

1 ふんさい 2 こく 3 こんだん 4 しゅさい 5 きょうさ 6 さしょう 7 こんちゅう 8 そそのか 9 ほさ 10 ひか 11 えりくび 12 じごく 13 えっけん 14 ふさい 15 ぼうが 16 いご 17 きんこう 18 おお 19 さいせき 20 くだ 21 かいさい 22 もよお 23 こんたん 24 たましい

P.57 **2**

1 魂→懇 2 坑→抗 3 告→酷 4 疲→被 5 件→懸 6 究→及 7 偽→擬 8 採→宰 9 漫→満 10 故→顧

3

1 骨 2 罰 3 兼 4 矛 5 惑 6 寂 7 沈 8 床 9 弦 10 薄

P.58 **4**

1 懇親 2 酷使 3 詐欺 4 示唆 5 粉砕 6 宰相 7 昆布 8 換算 9 購買 10 閉鎖 11 色彩 12 催促 13 紺色 14 孤独 15 絵柄 16 斜面 17 年貢 18 豪快 19 酷似 20 告示 21 抗生 22 厚生 23 求刑 24 休憩

力だめし 第2回

P.59 **1**

1 さっきん 2 えり 3 ふきんしん 4 すみずみ 5 はさ 6 きゅうめい 7 けいりゅう 8 ごいし 9 しょこう 10 きんせん

2

1 宀・さいりょう 2 日・こんちゅう 3 欠・ていかん 4 口・ごおん 5 矢・きょうしょく 6 辛・からくち 7 匚・きょしょう 8 亠・きょうゆう 9 十・そんぴ 10 辶・そうかん

P.60 **3**

1 伺う 2 拒む 3 嫌がる 4 和やかに 5 承る 6 貫く 7 輝い 8 誇らしい 9 砕く 10 甘やかさ

4

1 エ 2 エ 3 ア 4 ウ 5 ア 6 イ 7 オ 8 ウ 9 オ 10 イ

P.61 **5**

1 向→購 2 提→堤 3 肯→更 4 件→献 5 敵→摘

6

1 凡人 2 反抗 3 忘却 4 沈降 5 謙虚 6 黙殺 7 慶賀 8 親密 9 困窮 10 担保

P.62 **7**

1 遇 2 憂 3 発 4 致 5 健 6 到 7 棄 8 為 9 臨 10 範

8

1 茎 2 吉報 3 下弦 4 偉 5 懸案 6 蛍雪 7 換気 8 余儀 9 動揺 10 炊

ステップ13

P.64 **1**

1 けっさい　2 あまがさ　3 しょくさい　4 けんさく
5 しし　6 さんどう　7 けんざい　8 へいれつ
9 ねんしょう　10 う　11 げんかく　12 かっこ
13 さくしゅ　14 ふくし　15 にもの　16 こんい
17 く　18 や　19 さくさん　20 すぶた
21 ふうたい　22 ふくろ　23 せんすい　24 もぐ

P.65 **2**

1 機敏　2 酷評　3 謙虚
4 販売　5 却下　6 手柄
7 寄与　8 監禁　9 尋常
10 肯定

3

1 イ　2 エ　3 オ
4 エ　5 ア　6 イ
7 エ　8 ア　9 イ

P.66 **4**

1 書斎　2 盆栽　3 桟橋　4 索引
5 酢　6 選択肢　7 傘　8 懸命
9 剤　10 伺　11 環境　12 肝
13 湿原　14 発酵　15 負債　16 交錯
17 撮影　18 財布　19 砕　20 小豆
21 刑事　22 掲示　23 解　24 溶

ステップ14

P.68 **1**

1 じゃばら　2 ばんしゃく　3 たまわ　4 こくじ
5 しし　6 じみ　7 はたあ　8 まなこ
9 しはい　10 く　11 むきん　12 こんがん
13 けんしん　14 しがいせん　15 しゅみ　16 しゃめん
17 そこ　18 う　19 しゃこう　20 さえぎ
21 しっき　22 うるし　23 しつど　24 しめ

P.69 **2**

1 エ　2 イ　3 オ
4 エ　5 ウ　6 ア
7 ウ　8 ア　9 イ
10 ウ

3

1 A　2 B　3 A
4 A　5 B

P.70 **4**

1 漆黒　2 遮断　3 長蛇　4 賜
5 漆　6 蛇　7 遮　8 大蛇
9 御璽　10 継嗣　11 酌量　12 結晶
13 解釈　14 牛耳　15 静寂　16 殴
17 変換　18 待遇　19 要旨　20 容姿
21 彫　22 掘　23 懐柔　24 海獣

ステップ15

1 P.72

1 しゅぎょく　2 こうしゃく　3 じゅがく　4 ほうしゅう
5 ゆうしゅう　6 きょうしゅう　7 しゅうたい　8 から
9 くんしょう　10 きら　11 とくしゅ　12 もさく
13 ちゅうかい　14 たいしゃく　15 しず　16 お
17 ふえて　18 は　19 ふくいん　20 かし
21 ふしゅう　22 なまぐさ　23 せいだい　24 さか

2 P.73

1 はさい　2 くだ　3 あくしゅう　4 にお
5 ぎぞう　6 にせもの　7 しゃこう　8 さえぎ
9 りょしゅう　10 うれ　11 けいそう　12 ほたる
13 かいこう　14 みぞ　15 じゅんたく　16 うるお
17 ほかく　18 え　19 ちかく　20 から

3

1 臭い　2 醜い　3 汚れる　4 誘い
5 恐ろしく　6 含める　7 畳む　8 寝かし
9 脱げる　10 弾ん

4 P.74

1 美醜　2 哀愁　3 囚　4 珠算　5 儒教
6 異臭　7 爵位　8 応酬　9 醜　10 趣
11 需要　12 世襲　13 授与　14 奪還　15 目撃
16 疾走　17 恩赦　18 雌花　19 尾翼　20 朱肉
21 幻覚　22 厳格　23 囚人　24 衆人

ステップ16

1 P.76

1 じゅうとう　2 しじゅく　3 おじ　4 くじゅう
5 ししゅく　6 しぶかわ　7 せいしゅく　8 じゅうげき
9 はぐく　10 つく　11 ごうけつ　12 ぎゃくたい
13 まんきつ　14 とうかんし　15 かんおう　16 かろ
17 うれ　18 こ　19 しゃくい　20 れんさい
21 かじゅう　22 しるこ　23 くじゅう　24 しぶ

2 P.77

1 口　2 香　3 攻
4 充　5 渋　6 縦
7 割　8 裂　9 覚

3

1 当↓討　2 就↓襲　3 従↓充
4 専↓宣　5 苦↓駆　6 才↓彩
7 体↓帯　8 向↓興　9 純↓順
10 作↓策

4 P.78

1 塾　2 充血　3 淑女　4 叔母　5 厳粛
6 銃声　7 墨汁　8 渋　9 管弦　10 獣道
11 遠慮　12 緩　13 寿命　14 勘弁　15 邪推
16 豪華　17 報　18 時雨　19 難渋　20 何重
21 奇声　22 規制　23 祈念　24 記念

ステップ 17

P.80

1

1 しょむ
2 しゅんびん
3 はなお
4 ひじゅん
5 いっしょう
6 じゅんしょく
7 じゅんかんき
8 いっしょ
9 じじょでん
10 ますめ
11 けんじょう
12 しゅくぜん
13 しゅじく
14 しゅうたんば
15 がんこ
16 じょきょ
17 ひるがえ
18 しんちょう
19 じゅみょう
20 ことぶき
21 ぼうとう
22 おか
23 おんけん
24 おだ

P.81

2

1 因循
2 殉難
3 緒論
4 俊足
5 叙勲
6 充血
7 私塾
8 厳粛
9 純粋
10 巡業

3

1 酉
2 辶
3 玉
4 歹
5 門
6 口
7 冫
8 又
9 亻
10 彳

P.82

4

1 緒
2 俊才
3 情緒
4 殉教
5 升
6 循環
7 庶民
8 准将
9 叙述
10 芝居
11 山岳
12 上旬
13 消臭
14 釈放
15 枚挙
16 瞬間
17 果汁
18 孤島
19 不足
20 不測
21 解雇
22 懐古
23 洗剤
24 潜在

ステップ 18

P.84

1

1 そしょう
2 えんしょう
3 しょうやく
4 せいしょう
5 ふしょう
6 よい
7 しょうがい
8 しょうそう
9 しゅんしょう
10 けっしょう
11 かんそう
12 じょけい
13 しゅんけつ
14 りょうじゅう
15 けんしょう
16 おもしろ
17 しゅくじょ
18 と
19 さんか
20 かさ
21 たいよ
22 あた
23 きょうごう
24 きそ

P.85

2

1 エ
2 ケ
3 キ
4 イ
5 ウ

3

1 ウ
2 エ
3 イ
4 エ
5 ウ
6 ア
7 ウ
8 イ
9 オ

P.86

4

1 症例
2 訴訟
3 抄本
4 不祥事
5 肖像
6 交渉
7 宵越
8 高尚
9 静粛
10 車掌
11 紋章
12 焦点
13 巨匠
14 昇進
15 顕著
16 商
17 譲歩
18 殉職
19 起床
20 気性
21 警鐘
22 継承
23 緩衝
24 鑑賞

力だめし 第3回

P.87

1
1 じょよう　2 じょじゅつ　3 くろず　4 びしゅう　5 ぼんさい　6 しさく　7 しょさい　8 ごうきゅう　9 しょうじょう　10 きかん

2
1 酉　2 虍　3 自　4 十　5 口　6 儿　7 宀　8 隶　9 骨　10 氵

P.88

3
1 遮る　2 潤う　3 響く　4 透かし　5 迫ら　6 斜め　7 渋る　8 熟れる　9 結わえる　10 触る

4
1 ア　2 オ　3 エ　4 ア　5 イ　6 ウ　7 イ　8 ウ　9 オ　10 エ

P.89

5
1 拡→獲　2 超→長　3 技→儀　4 状→情　5 壊→戒

6
1 購入　2 充足　3 漆黒　4 美麗　5 低俗　6 丁重　7 考慮　8 薄情　9 大衆　10 奇抜

P.90

7
1 牛・ア　2 髪・ウ　3 尽・オ　4 豪・エ　5 倒・イ

8
1 端緒　2 威勢　3 報酬　4 敏感　5 鉄壁　6 綱領　7 特殊　8 賃貸　9 桟　10 裁

ステップ19

P.92

1
1 しょうえん　2 かんしょう　3 じょうか　4 けしょう　5 けんしょう　6 しょうしょ　7 すいしょう　8 あんしょう　9 ほしょう　10 しょうほん　11 こんせい　12 かんしょう　13 う　14 じう　15 しきんせき　16 うじがみ　17 ぎんみ　18 こころざ　19 べんしょう　20 つぐな　21 りんしょう　22 のぞ　23 がまん　24 わ

P.93

2
1 尚早　2 熱狂　3 巨漢　4 美粧　5 還元　6 契約　7 岩礁　8 有償　9 戯曲　10 及第

3
1 離　2 極　3 情　4 沈　5 端　6 谷　7 驚　8 望　9 戒　10 奇

P.94

4
1 洗浄　2 化粧　3 硝酸　4 奨学　5 無償　6 奨励　7 表彰　8 座礁　9 詔　10 償　11 錯覚　12 微熱　13 殊勲　14 雪辱　15 随時　16 郷愁　17 塗装　18 祝杯　19 巡回　20 主軸　21 償却　22 焼却　23 完勝　24 環礁

ステップ20

1 P.96

1 くちびる
2 じょうよ
3 どじょう
4 しんし
5 ぎんじょう
6 しん
7 しんしん
8 きわ
9 けいしょう
10 かんきゃく
11 あいしゅう
12 しんしゅく
13 がんしょう
14 はっぴ
15 とどの
16 か
17 しゅうじん
18 きょ
19 じょうしん
20 らんそう
21 きじょう
22 せたけ
23 じょうと
24 ゆず

2 P.97

1 エ
2 ア
3 オ
4 イ
5 オ
6 エ
7 イ
8 オ
9 エ

3

1 しんげん
2 ふる
3 いっしょう
4 ますめ
5 りんせつ
6 つ
7 えいよ
8 ほま
9 はきゅう
10 およ
11 じょうせい
12 かも
13 しゅうぶん
14 みにく
15 はんしょく
16 ふ
17 けいかい
18 いまし
19 ちょうじょう
20 たたみ

4 P.98

1 醸成
2 過剰
3 紳士
4 津波
5 土壌
6 唇
7 醸造
8 娠
9 銃弾
10 浸
11 鼓舞
12 舌触
13 症状
14 襟首
15 嘱託
16 虐待
17 起訴
18 塊
19 病床
20 申告
21 錠剤
22 浄財
23 剰余
24 譲与

ステップ21

1 P.100

1 じゅくすい
2 じゅしん
3 はもの
4 じんそく
5 きゅうしん
6 はなは
7 そうすい
8 すうけい
9 すいま
10 すうき
11 きょうじん
12 ぶすい
13 おういん
14 なかす
15 じゅうたい
16 せんじょう
17 しっこく
18 あいしょう
19 しんりょう
20 み
21 すいたい
22 おとろ
23 かんすい
24 と

2 P.101

1 浄化
2 中枢
3 柔弱
4 飢餓
5 美談
6 発祥
7 極意
8 均衡
9 午睡
10 傍観

3

1 添える
2 尋ねる
3 占う
4 甚だしい
5 触れる
6 詳しく
7 飾り
8 驚く
9 鈍る
10 償う

4 P.102

1 甚
2 打診
3 迅速
4 睡眠
5 刃
6 崇高
7 中枢
8 診断
9 元帥
10 午睡
11 汁粉
12 尋問
13 完遂
14 暗礁
15 審議
16 純粋
17 叫
18 寝食
19 控
20 寿
21 再審
22 細心
23 澄
24 透

ステップ22

1 P.104

1 すぎなみき
2 きゅうせい
3 せっしゅ
4 ちせつ
5 す
6 せいしょう
7 つたな
8 かいせき
9 せっそく
10 けんじ
11 あさせ
12 はなむこ
13 すうこう
14 ぜせい
15 ないおう
16 ずいじ
17 いさぎよ
18 こくじ
19 せんせい
20 ちか
21 しんせい
22 したう
23 せきはい
24 お

2 P.105

1 山・すうぶつ
2 辶・ちょうせい
3 言・せいし
4 皿・とうなん
5 刀・はさき
6 木・しゅにく
7 舟・しょはん
8 大・しょうれい
9 巾・とうすい
10 斉・きんせい

3

1 析
2 跡
3 席
4 誓
5 盛
6 征
7 肥
8 越
9 凝

4 P.106

1 誓
2 逝
3 据
4 一斉
5 杉
6 分析
7 窃盗
8 逝去
9 拙劣
10 腕利
11 一際
12 犠牲
13 擦
14 脱水
15 照準
16 充実
17 余剰
18 誤診
19 添乗
20 天井
21 有終
22 優秀
23 締
24 占

ステップ23

1 P.108

1 もとせん
2 ざぜん
3 せんきょう
4 じっせん
5 せんさい
6 へんせん
7 ぜんもんどう
8 せんぷう
9 たんさく
10 せいきょ
11 たむ
12 だいり
13 ぎょうぎょう
14 かんしょう
15 たわむ
16 ぶんせき
17 じせん
18 すす
19 ちょうやく
20 は
21 じんだい
22 はなは
23 こうちょく
24 かた

2 P.109

1 エ
2 イ
3 ウ
4 ア
5 オ
6 ウ
7 ア
8 オ
9 エ
10 イ

3

1 間→環
2 気→機
3 善→禅
4 宣→旋
5 望→臨
6 噴→粉
7 処→書
8 価→貨
9 衣→維
10 栽→採

4 P.110

1 実践
2 栓
3 旋回
4 繊細
5 座禅
6 左遷
7 仙人
8 旋律
9 血栓
10 焦
11 炎
12 筆跡
13 修繕
14 収穫
15 睡魔
16 今昔
17 鑑定
18 接触
19 慎重
20 新調
21 脂肪
22 死亡
23 薦
24 勧

ステップ 24

P.112 **1**

1 そうにゅう
2 かそ
3 ひそう
4 そうちょう
5 さ
6 そしゃく
7 ゆうそう
8 べっそう
9 ぜんぞう
10 ぜんじょう
11 せんと
12 せんりつ
13 そち
14 うった
15 なんきつ
16 せんりょ
17 やぼ
18 げばひょう
19 そうさ
20 さが
21 そえん
22 うと
23 しゅうぜん
24 つくろ

P.113 **2**

1 慎む
2 襲わ
3 仰ぐ
4 誓っ
5 避ける
6 逃れる
7 刺さる
8 拙い
9 控える
10 挟まる

3

1 鋭
2 霧
3 枯
4 雷
5 笑
6 柔
7 奇
8 迷
9 丈
10 舞

P.114 **4**

1 挿入
2 塑像
3 壮健
4 山荘
5 過疎
6 漸次
7 租税
8 挿
9 空疎
10 鮮明
11 狭
12 鶏
13 稲妻
14 据
15 謙虚
16 崇拝
17 顧問
18 専攻
19 創作
20 捜索
21 要請
22 養成
23 厚
24 暑

力だめし 第4回

P.115 **1**

1 こうせつ
2 じじょう
3 すいみん
4 せっとう
5 せいやく
6 とうせき
7 いっせい
8 すうよう
9 もんしん
10 ぜんしん

2

1 償い
2 醸し
3 薦める
4 扱う
5 駆ける
6 互いに
7 煮える
8 浸す
9 震える
10 恥じらっ

P.116 **3**

1 荘
2 僧
3 騒
4 旋
5 宣
6 潜
7 鮮
8 疎
9 素
10 訴

4

1 エ
2 エ
3 イ
4 イ
5 ウ
6 ウ
7 ア
8 オ
9 ア
10 オ

P.117 **5**

1 嘆→端
2 争→捜
3 確→画
4 硝→粧
5 栓→践

6

1 汚濁
2 末端
3 迅速
4 丁重
5 過剰
6 逝去
7 永遠
8 左遷
9 模範
10 報酬

P.118 **7**

1 宇
2 即
3 遅
4 依
5 躍
6 吐
7 慮
8 鼓
9 菜
10 奇

8

1 交
2 杉並木
3 装飾
4 発端
5 弁償
6 劣等
7 排除
8 基礎
9 炎症
10 総帥

ステップ25

1 P.120

1 せいそう
2 だ
3 しも
4 だせい
5 だけつ
6 そう
7 じゅうそう
8 げどく
9 せんかい
10 じゅうそう
11 おもなが
12 せいそう
13 そうさく
14 そりゃく
15 ろけん
16 ぎょくさい
17 ぶっそう
18 ぞうとう
19 かいそう
20 も
21 そうしん
22 もちゅう
23 そうなん
24 あ

2 P.121

1 拙劣
2 左遷
3 実践
4 濃厚
5 獲得
6 浴槽
7 踏襲
8 熟睡
9 前途
10 妥当

3

1 診
2 浸
3 侵
4 尚
5 祥
6 肖
7 協
8 郷
9 叫

4 P.122

1 堕落
2 藻
3 喪
4 浴槽
5 軍曹
6 霜焼
7 惰眠
8 喪失
9 文藻
10 貫通
11 浅瀬
12 雑菌
13 即興
14 俗説
15 既
16 献立
17 独占
18 宣誓
19 水槽
20 吹奏
21 妥当
22 打倒
23 粗
24 荒

ステップ26

1 P.124

1 ちくじ
2 たな
3 ちたい
4 ただ
5 あんたい
6 ちつじょ
7 だべん
8 せんたく
9 たいぜん
10 ださく
11 ぐち
12 ほうちく
13 だんじき
14 たいほ
15 す
16 ばっぽん
17 こうたく
18 くちはば
19 きんたい
20 なま
21 たいざい
22 とどこお
23 さいそく
24 うなが

2 P.125

1 疒
2 方
3 艹
4 土
5 儿
6 氵
7 口
8 辶
9 馬
10 氺

3

1 加→過
2 堕→駄
3 人→任
4 折→窃
5 収→酬
6 蓄→逐
7 迅→尽
8 勢→斉
9 詳→証
10 援→延

4 P.126

1 泰然
2 網棚
3 逐一
4 音痴
5 秩序
6 洗濯
7 駄賃
8 但
9 怠
10 渋滞
11 開拓
12 汚濁
13 衝突
14 承諾
15 芋
16 福祉
17 肩身
18 耐久
19 摂取
20 採択
21 発症
22 発祥
23 摘
24 詰

ステップ27

1 P.128

1 ちょうえき
2 ちょくし
3 なが
4 つ
5 ちゃくし
6 ちょうぼう
7 ちゅうしん
8 ちょうせん
9 けいちょう
10 ちょうか
11 るふ
12 おのれ
13 ぶあい
14 らくたん
15 き
16 じょうもんすぎ
17 じしゅく
18 そぞう
19 ちょうばつ
20 こ
21 ちょうじ
22 とむら
23 こんしん
24 ねんご

2 P.129

1 傾い
2 据える
3 珍しい
4 描く
5 倒れる
6 挑む
7 懲らしめ
8 迎える
9 弔う
10 頼もしく

3

1 折
2 鬼
3 満
4 壁
5 範
6 威
7 勧
8 是
9 客
10 我

4 P.130

1 眺望
2 苦衷
3 懲戒
4 釣
5 弔
6 眺
7 挑
8 勅語
9 弔問
10 挑戦
11 嫡男
12 冷淡
13 丹念
14 鍛
15 双眼鏡
16 脱
17 象徴
18 措置
19 兼務
20 凍
21 踏
22 触
23 懲
24 凝

ステップ28

1 P.132

1 かいづか
2 ほうてい
3 きんてい
4 かんてい
5 ていしゅ
6 つけもの
7 きゅうてい
8 ちん
9 しんてい
10 たてつぼ
11 ていたく
12 ちぎょ
13 いそうろう
14 ちっそく
15 だりょく
16 たくわ
17 じゅんしょく
18 ちんもく
19 いちじる
20 ひよりみ
21 だっしゅ
22 うば
23 かんきゅう
24 な

2 P.133

1 ア
2 イ
3 ウ
4 エ
5 オ
6 ウ
7 エ
8 ア
9 オ
10 イ

3

1 エ
2 キ
3 イ
4 ケ
5 コ

4 P.134

1 坪庭
2 贈呈
3 料亭
4 出廷
5 茶漬
6 豪邸
7 朕
8 露呈
9 塚
10 挑発
11 恥
12 遅延
13 陳列
14 駐在
15 抱擁
16 机上
17 珍重
18 記載
19 聴衆
20 帆
21 王冠
22 往還
23 弾
24 引

ステップ29

1 P.136

1 ていげん　2 かんてつ　3 どろ　4 かんてい
5 こうてつ　6 れいてつ　7 てっしゅう　8 うんでい
9 ていしゅく　10 ていさつ　11 ゆうしき　12 だらく
13 たいと　14 だきょう　15 そうけん　16 そうてい
17 すいせん　18 つぼにわ　19 ていけつ　20 し
21 ちょうこく　22 ほ　23 ちょうえつ　24 こ

2 P.137

1 詳細　2 撤去　3 分析
4 添加　5 一斉　6 威嚇
7 欠陥　8 追放　9 頑固
10 過剰

3

1 柔・ア　2 周・イ　3 若・カ
4 貫・エ　5 慮・オ　6 恥・ウ

4 P.138

1 徹底　2 泥沼　3 更迭　4 撤回　5 探偵
6 貞女　7 撤退　8 逓増　9 競艇　10 徹夜
11 抵抗　12 滴　13 防波堤　14 疎通　15 捜査
16 現役　17 官邸　18 屈指　19 惜　20 心憎
21 法廷　22 法定　23 裂　24 避

ステップ30

1 P.140

1 とくそく　2 とうさい　3 こうとう　4 とうしゃ
5 ついとう　6 ぼうとう　7 いた　8 しょうれい
9 こうてい　10 とうかつ　11 こご　12 とうげい
13 いろど　14 きどあいらく　15 てっかい　16 みってい
17 ゆうしゅう　18 す　19 くうどう　20 ほら
21 びょうとう　22 むねあ　23 ふうとう　24 つつぬ

2 P.141

1 力・ちから　2 目・め　3 言・げん
4 扌・てへん　5 馬・うま
6 辶・しんにょう・しんにゅう　7 弓・ゆみ
8 彳・ぎょうにんべん　9 廴・えんにょう
10 忄・りっしんべん

3

1 監　2 環　3 管
4 筒　5 謄　6 唐
7 駆　8 懸　9 欠

4 P.142

1 哀悼　2 封筒　3 洞察　4 督促　5 謄本
6 上棟　7 急騰　8 搭乗　9 棟　10 洞穴
11 酢豚　12 塗料　13 漬　14 殺到　15 圧倒
16 鉄塔　17 粘膜　18 驚嘆　19 伴奏　20 漂着
21 騰貴　22 登記　23 逃走　24 闘争

力だめし 第5回

1 P.143
1 ちょうい 2 かつぼう 3 かんぷ 4 どろぬま 5 かんしょく 6 だじゃく 7 よくそう 8 けつぶつ 9 だちん 10 こくひょう

2
1 阝・べってい 2 舛・ぶよう 3 女・だけつ 4 口・けんてい 5 穴・ちっそ 6 亠・りょうてい 7 ノ・びんぼう 8 辶・しゃおん 9 舟・ていたい 10 宀・べんぎ

3 P.144
1 傾け 2 閉ざす 3 巡る 4 眺める 5 越える 6 握る 7 悩ましい 8 踏まえ 9 腐らす 10 漬ける

4
1 エ 2 エ 3 ア 4 オ 5 ア 6 ウ 7 イ 8 ウ 9 イ 10 ウ

5 P.145
1 接→折 2 審→診 3 益→役 4 丹→胆 5 動→導

6
1 撤退 2 追跡 3 軽快 4 秩序 5 更生 6 貧困 7 逐次 8 沈着 9 処罰 10 推移

7 P.146
1 乾・ア 2 志・エ 3 堅・ウ 4 厚・イ 5 平・オ

8
1 貝塚 2 脈絡 3 酔 4 釣 5 密封 6 暴騰 7 知己 8 棚卸 9 暇 10 霜降

ステップ 31

1 P.148
1 かいにん 2 あんねい 3 こうなん 4 とつ 5 にそう 6 はじ 7 ちゅうとん 8 あま 9 くちゅう 10 たぐ 11 いんとく 12 しゅうしゅう 13 あいとう 14 きょうてい 15 どんてん 16 きじょう 17 したく 18 しょうたく 19 にんたい 20 しの 21 なんか 22 やわ 23 よくば 24 ほっ

2 P.149
1 ウ 2 ウ 3 エ 4 オ 5 イ 6 オ 7 ア 8 イ 9 ウ 10 エ

3
1 抱→胞 2 充→柔 3 詳→祥 4 謄→騰 5 摘→適 6 準→准 7 定→丁 8 基→軌 9 造→贈 10 倒→踏

4 P.150
1 忍耐 2 尼寺 3 凸版 4 柔軟 5 屯所 6 丁寧 7 把握 8 妊娠 9 凸凹 10 忍 11 鐘 12 根拠 13 冠 14 詔 15 童 16 幻 17 胴体 18 後悔 19 軒下 20 紛失 21 還元 22 甘言 23 澄 24 済

ステップ32

P.152
1
1 はくしゃく
2 ばいしゃく
3 ばくぜん
4 はくらい
5 はいかん
6 はき
7 おじ
8 さいばい
9 れんぱ
10 くうばく
11 ばいしょう
12 ほうそう
13 どうさつ
14 はんぱ
15 のうこう
16 ちょうかい
17 はたお
18 はいしゃく
19 しょうきゃく
20 ばいせき
21 はいき
22 すた
23 くのう
24 なや

P.153
2
1 壊れる
2 沈める
3 腐り
4 隠れる
5 忍ばせ
6 廃る
7 捕まえる
8 汚い
9 培う
10 兼ねる

3
1 仲・エ
2 却・ア
3 翼・ウ
4 隠・イ
5 是・オ
6 暮・カ

P.154
4
1 船舶
2 漠然
3 賠償
4 廃
5 覇者
6 画伯
7 媒介
8 廃止
9 培養
10 制覇
11 奉仕
12 納得
13 宿泊
14 迫真
15 拍車
16 販売
17 偵察
18 泥縄
19 躍動
20 宮殿
21 後輩
22 荒廃
23 伝染
24 電線

ステップ33

P.156
1
1 はんぼう
2 ひけん
3 とびらえ
4 ひでんか
5 ひばち
6 やまはだ
7 もんぴ
8 はばつ
9 ぼんのう
10 はんか
11 おもかげ
12 びぼうろく
13 なごり
14 ばっさい
15 しょくばい
16 かばしら
17 たみ
18 たなおろ
19 はんざつ
20 わずら
21 はんざい
22 おか
23 はんかん
24 たんもの

P.157
2
1 祝賀
2 恒久
3 黙秘
4 簡略
5 栽培
6 手腕
7 公表
8 忍耐
9 伯仲
10 計略

3
1 迫
2 泊
3 拍
4 拝
5 輩
6 排
7 閥
8 抜
9 罰

P.158
4
1 披露
2 扉
3 王妃
4 頒布
5 煩
6 一肌
7 財閥
8 鉢植
9 審判
10 揺
11 束縛
12 模倣
13 卑下
14 分泌
15 浸透
16 払
17 同伴
18 募
19 粘
20 飽
21 送還
22 創刊
23 健闘
24 検討

ステップ34

P.160
1

1 ひんぱつ
2 ふぞく
3 ねこ
4 さいふ
5 ふよう
6 どびん
7 ひめん
8 しゅひん
9 がくふ
10 ひんど
11 はんぷ
12 はいき
13 せいちょう
14 かみひとえ
15 おうひ
16 そほうか
17 ひ
18 はだぎ
19 けっぺき
20 おこ
21 きふく
22 ふ
23 ばくろ
24 あば

P.161
2

1 披・ひろう
2 疲・ひろう
3 被・ひがい
4 彼・ひがん
5 妃・こうひ
6 飛・ひやく
7 賓・げいひんかん
8 浜・かいひん
9 頻・ひんしゅつ

3

1 ア
2 ウ
3 イ
4 イ
5 エ
6 エ
7 オ
8 ウ
9 ア
10 オ

P.162
4

1 頻発
2 猫背
3 譜面
4 寄附（寄付）
5 来賓
6 罷業
7 花瓶
8 国賓
9 扶助
10 年譜
11 微風
12 爆笑
13 髪飾
14 全般
15 老婆心
16 病棟
17 共謀
18 注釈
19 振替
20 首尾
21 回避
22 会費
23 補修
24 補習

ステップ35

P.164
1

1 わ
2 こうおつへい
3 がっぺい
4 ふつふつ
5 あなど
6 ふんぜん
7 かへい
8 ぶじょく
9 あわ
10 ふってん
11 ふんいき
12 へい
13 へいはつ
14 はいおく
15 くらい
16 ぼしゅん
17 きひん
18 ひんしゅつ
19 てつびん
20 あんかん
21 みっぺい
22 と
23 ふちん
24 う

P.165
2

1 疲れる
2 潤し
3 廃れる
4 憤る
5 崩れる
6 惑わす
7 妨げる
8 沸かす
9 抱え
10 盗ん

3

1 脱・カ
2 雷・オ
3 亡・エ
4 尾・ウ
5 攻・ア
6 潔・イ

P.166
4

1 板塀
2 紙幣
3 義憤
4 軽侮
5 沸
6 雰囲気
7 併願
8 憤激
9 丙種
10 沸騰
11 浮上
12 市販
13 運搬
14 模範
15 恐縮
16 古墳
17 腐敗
18 噴火
19 微力
20 覇気
21 平衡
22 平行
23 被
24 非

ステップ36

1 P.168

1 へんくつ
2 こんぼう
3 へいしゃ
4 ひとあわ
5 まんべん
6 ぼうけん
7 つむ
8 ほうび
9 げんぽう
10 ほ
11 へんろ
12 はぎょう
13 おうちゃく
14 はっぷん
15 はいぜつ
16 てんぽ
17 へいがん
18 はんぼう
19 へんこう
20 かたよ
21 すいほう
22 あわだ
23 ぜんぷく
24 りはば

2 P.169

1 エ
2 オ
3 ア
4 イ
5 ウ
6 ア
7 エ
8 イ
9 オ
10 ウ

3

1 悼
2 陶
3 逃
4 遍
5 偏
6 変
7 旧
8 丘
9 及

4 P.170

1 語弊
2 泡
3 紡績
4 遍歴
5 偏見
6 気泡
7 褒
8 弊害
9 解剖
10 年俸
11 転覆
12 太鼓
13 皮膚
14 縛
15 慕
16 募金
17 避難
18 柄
19 発泡
20 発砲
21 介抱
22 快方
23 偏食
24 変色

力だめし 第6回

1 P.171

1 とうき
2 にんぷ
3 はだあ
4 ぞうへい
5 ふじょ
6 へいせつ
7 ざんにん
8 どべい
9 こうばく
10 おおざっぱ

2

1 尸
2 山
3 戸
4 ⻗
5 土
6 口
7 甘
8 頁
9 罒
10 刂

3 P.172

1 屯田
2 解剖
3 培養
4 伯爵
5 軟弱
6 舶来
7 罷業
8 鉄瓶
9 煩忙
10 減俸

4

1 ウ
2 ア
3 ウ
4 イ
5 エ
6 ア
7 オ
8 ア
9 エ
10 イ

5 P.173

1 的→摘
2 徐→除
3 賓→頻
4 回→介
5 秘→披

6

1 濃縮
2 簡潔
3 軽侮
4 普遍
5 繁栄
6 激怒
7 手柄
8 浮沈
9 邸宅
10 談判

7 P.174

1 抜
2 倒
3 寧
4 心
5 朽
6 麗
7 皆
8 腐
9 騒
10 暗

8

1 哲学
2 剣
3 楽譜
4 鉢合
5 健脚
6 出納
7 圏内
8 没収
9 猫舌
10 崩

ステップ37

1 P.176

1 けんま　2 こうぼく　3 ほんりゅう　4 あさ
5 ほり　6 そぼく　7 すもう　8 とうほん
9 ますい　10 まてんろう　11 さんかくす　12 さいぼう
13 ほうらく　14 りっきゃく　15 ちゅうさい　16 ぼうじゃく
17 よ　18 とこなつ　19 れんま　20 みが
21 けつぼう　22 とぼ　23 ぼうだい　24 ふく

2 P.177

1 劣悪　2 末尾　3 退却
4 放任　5 存続　6 尽力
7 純朴　8 撲滅　9 罷免
10 安寧

3

1 奮↓噴　2 掃↓吐　3 症↓傷
4 刻↓酷　5 採↓栽　6 部↓侮
7 放↓泡　8 冒↓謀　9 変↓偏
10 籍↓跡

4 P.178

1 麻糸　2 質朴　3 磨　4 麻薬　5 堀端
6 打撲　7 奔走　8 僕　9 摩擦　10 主賓
11 寝坊　12 脱帽　13 凡人　14 盆踊　15 歳暮
16 峠　17 淡　18 派閥　19 薄曇　20 迫害
21 奔放　22 本邦　23 飽食　24 奉職

ステップ38

1 P.180

1 やくなん　2 ゆえつ　3 いちまつ　4 もうしん
5 かんめい　6 めいもう　7 もうどうけん　8 めいう
9 まもう　10 まっちゃ　11 みさき　12 こんりんざい
13 おもも　14 のうり　15 ごくい　16 やっき
17 い　18 むぼう　19 あいびょう　20 ねこじた
21 ほげい　22 つか　23 むじゅん　24 ほこさき

2 P.181

1 大・だい　2 耒・すきへん・らいすき
3 力・ちから　4 廾・こまぬき・にじゅうあし
5 イ・にんべん　6 麻・あさ　7 凵・うけばこ
8 女・おんな　9 瓦・かわら　10 衣・ころも

3

1 真・ウ　2 離・カ　3 挙・イ
4 鬼・ア　5 令・オ　6 衣・エ

4 P.182

1 災厄　2 愉快　3 岬　4 抹殺　5 妄執
6 厄介　7 盲点　8 銘　9 消耗　10 抹消
11 盲腸　12 花婿　13 我慢　14 合併　15 繁栄
16 一網　17 跳躍　18 波浪　19 濃霧　20 埋設
21 派遣　22 覇権　23 悲願　24 彼岸

ステップ39

1 P.184

1 ゆうちょう
2 せつゆ
3 へいゆ
4 ゆうふく
5 ゆいび
6 ゆうよ
7 ゆうかい
8 ようぎょう
9 ちゅうよう
10 きんゆう
11 い
12 かまだ
13 ふゆう
14 きょうゆ
15 しょうこ
16 こまく
17 ぜんぱい
18 ゆかい
19 はだあ
20 ほが
21 まいぞう
22 あなう
23 まめつ
24 ほろ

2 P.185

1 諭す
2 澄まし
3 磨く
4 偏る
5 癒える
6 志す
7 褒める
8 煩わしい
9 誉れ
10 専ら

3

1 余
2 与
3 誉
4 揚
5 庸
6 踊
7 伸
8 載
9 延

4 P.186

1 余裕
2 悠久
3 癒着
4 中庸
5 唯一
6 諭
7 窯元
8 猶予
9 融通
10 暦
11 削
12 抱
13 辛
14 腕力
15 幽閉
16 用途
17 誘致
18 憂慮
19 偶然
20 望郷
21 魅了
22 未了
23 観葉
24 慣用

ステップ40

1 P.188

1 らくのう
2 りゅうじん
3 りれき
4 ほりょ
5 えきり
6 はきもの
7 たつまき
8 られつ
9 りゅうさん
10 りこう
11 こうら
12 ゆうわ
13 ぼんよう
14 まもう
15 こうそ
16 いしがま
17 くら
18 ゆうきゅう
19 ちゆ
20 ぼうせき
21 しゅうりょう
22 すず
23 かりゅう
24 やなぎ

2 P.189

1 ウ
2 ア
3 エ
4 イ
5 ア
6 エ
7 イ
8 オ
9 イ
10 ウ

3

1 望・イ
2 鬼・オ
3 尾・カ
4 万・エ
5 走・ア
6 援・ウ

4 P.190

1 夕涼
2 赤痢
3 網羅
4 酪農
5 恐竜
6 履修
7 捕虜
8 柳
9 履
10 硫黄
11 川柳
12 清涼
13 銃刀
14 丘陵
15 遮光
16 拡充
17 脈拍
18 配慮
19 砂利
20 迎合
21 満身
22 慢心
23 承認
24 証人

ステップ41

1 P.192

1 ばくりょう　2 べつわく　3 にゅうりょう　4 へんれい
5 じんりん　6 もど　7 こるい　8 どうりょう
9 けいるい　10 じゅんぼく　11 こうしゅ　12 りゅうぐう
13 りょう　14 まさつ　15 やえば　16 こっきしん
17 わらべ　18 しんこっちょう　19 あれい　20 すず
21 ぞうわい　22 まかな　23 ようぎょう　24 かまもと

2 P.193

1 イ　2 エ　3 イ
4 エ　5 エ　6 ウ
7 ア　8 ウ　9 オ
10 ア

3

1 消耗　2 閑散　3 下落
4 貧困　5 任命　6 倫理
7 黙認　8 追憶　9 厄介
10 盲点

4 P.194

1 風鈴　2 閣僚　3 人倫　4 盗塁　5 寮
6 戻　7 収賄　8 累計　9 鈴虫　10 枠組
11 医療　12 感涙　13 誘惑　14 民　15 湾岸
16 雨漏　17 官僚　18 完了　19 融資　20 有史
21 面　22 表　23 躍　24 踊

力だめし 第7回

1 P.195

1 ゆうごう　2 せんりゅう　3 めいか　4 よれい
5 みが　6 らくのう　7 つ　8 へいがい
9 りょうせい　10 しつぼく

2

1 虍　2 門　3 車　4 目　5 疒
6 大　7 穴　8 土　9 手　10 广

3 P.196

1 濁し　2 憎らしい　3 涼しい　4 鋭い　5 戻る
6 薄らぐ　7 弾む　8 狭める　9 操る　10 賄い

4

1 エ　2 ア　3 ウ　4 イ　5 イ
6 オ　7 ア　8 エ　9 オ　10 ウ

5 P.197

1 裏→履
2 毛→耗
3 凶→恐
4 開→解
5 保→捕

6

1 勤勉　2 多弁　3 偉大　4 老練　5 酷評
6 治癒　7 悠久　8 丹念　9 延期　10 合致

7 P.198

1 麻・オ　2 哀・エ　3 普・ア
4 網・イ　5 誇・ウ

8

1 枠　2 零下　3 井　4 羅列　5 愉楽
6 陰口　7 相撲　8 継　9 累積　10 徴収

準2級 総まとめ 標準解答

(一) 読み (30)

1×30

1	2	3	4	5	6	7	8	9	10	11	12	13	14
かくじゅう	へいどく	けいふ	らっかん	きょうじゅ	こうりょう	しゃだん	たいだ	げか	やっかい	しゅうわい	ちんたい	ほんそう	ていぞう

(二) 部首 (10)

1×10

1	2	3	4	5	6	7	8	9	10
田	一	戸	行	穴	貝	罒	糸	木	彡

(四) 四字熟語 (30)

2×10

問1 書き取り

1	2	3	4	5	6	7	8	9
声	序	霧	裏	致	紫	拠	戦	髪

(五) 対義語・類義語 (20)

2×10

1	2	3	4	5	6	7	8	9	10
敏速	崇拝	閉鎖	治癒	舶来	運搬	匹敵	唐突	抹消	妥協

(七) 誤字訂正 (10)

2×5

	1	2	3	4	5
誤	踏	革	紋	懸	尽
正	倒	閣	門	顕	迅

(九) 書き取り (50)

2×25

1	2	3	4	5	6	7	8	9	10	11	12
維持	棄権	扶養	陶芸	帳簿	執筆	柔和	渓谷	慰労	晩酌	懇意	廃材

30	29	28	27	26	25	24	23	22	21	20	19	18	17	16	15
そこ	さ	いた	つい	う	はがね	わずら	との	かわ	かせ	ぼくじゅう	きげん	てっ	きゅう	けっさく	りこう

(三) 熟語の構成 (20)

10	9	8	7	6	5	4	3	2	1
エ	イ	ウ	オ	ア	ア	オ	ウ	エ	イ

2×10

15	14	13	12	11	問2	10
エ	ク	イ	オ	キ	意味	諸

2×5

(六) 同音・同訓異字 (20)

10	9	8	7	6	5	4	3	2	1
焦	懲	唆	詐	伴	頒	盲	網	憾	閑

2×10

(八) 漢字と送りがな (10)

5	4	3	2	1
被る	施す	砕ける	忍ぶ	戒める

2×5

25	24	23	22	21	20	19	18	17	16	15	14	13
偽	桑	滑	袋	坪	刺	軒先	額縁	塗	握	満喫	壮絶	旋風

都道府県名

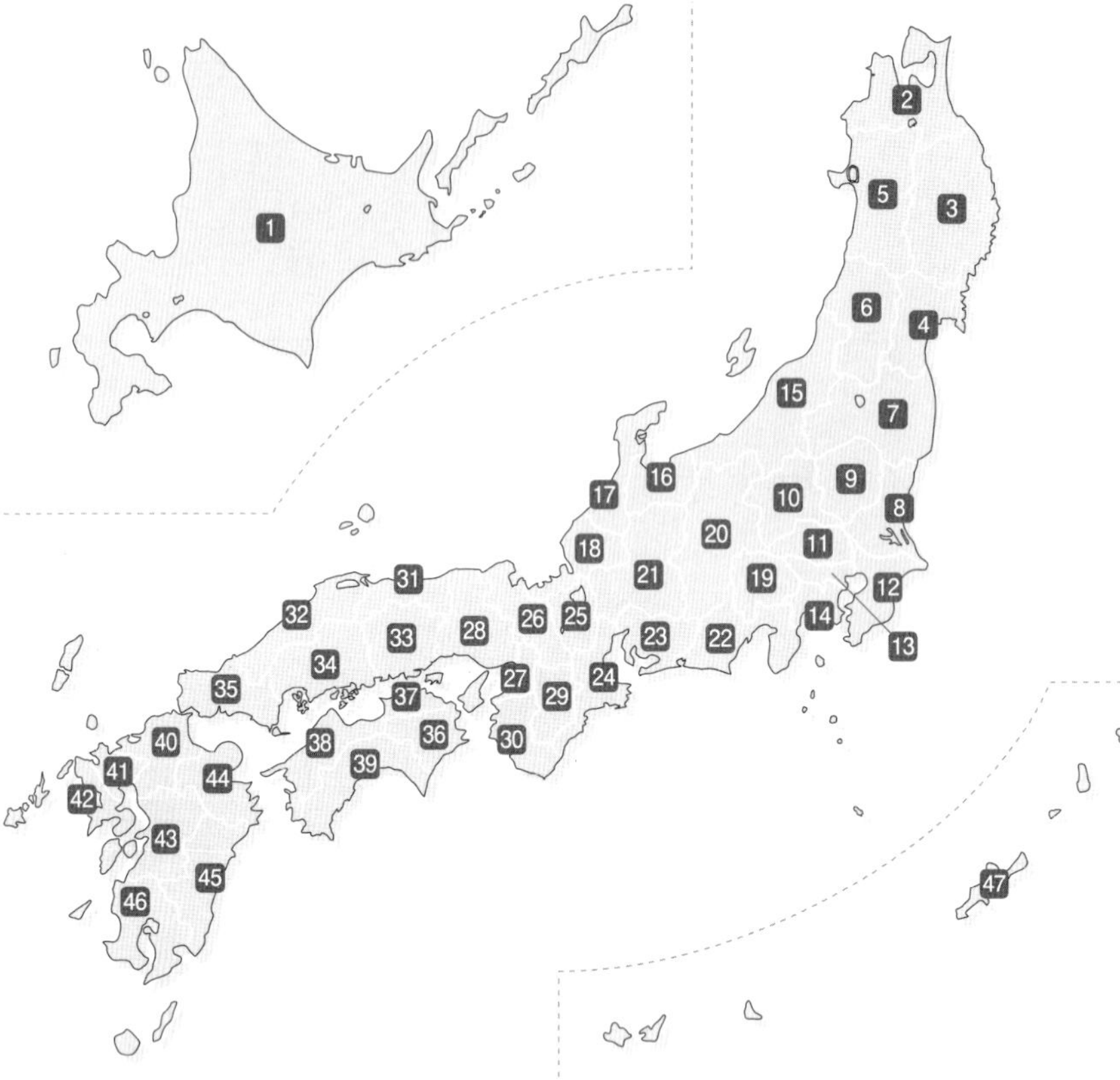

1	2	3	4	5	6	7	8	9	10	11	12	13	14	15	16
北海道《ほっかいどう》	青森県《あおもりけん》	岩手《いわて》県	宮城《みやぎ》県	秋田《あきた》県	山形《やまがた》県	福島《ふくしま》県	茨城《いばらき》県	栃木《とちぎ》県	群馬《ぐんま》県	埼玉《さいたま》県	千葉《ちば》県	東京都《とうきょうと》	神奈川《かながわ》県	新潟《にいがた》県	富山《とやま》県

17	18	19	20	21	22	23	24	25	26	27	28	29	30	31	32
石川《いしかわ》県	福井《ふくい》県	山梨《やまなし》県	長野《ながの》県	岐阜《ぎふ》県	静岡《しずおか》県	愛知《あいち》県	三重《みえ》県	滋賀《しが》県	京都府《きょうとふ》	大阪《おおさか》府	兵庫《ひょうご》県	奈良《なら》県	和歌山《わかやま》県	鳥取《とっとり》県	島根《しまね》県

33	34	35	36	37	38	39	40	41	42	43	44	45	46	47
岡山《おかやま》県	広島《ひろしま》県	山口《やまぐち》県	徳島《とくしま》県	香川《かがわ》県	愛媛《えひめ》県	高知《こうち》県	福岡《ふくおか》県	佐賀《さが》県	長崎《ながさき》県	熊本《くまもと》県	大分《おおいた》県	宮崎《みやざき》県	鹿児島《かごしま》県	沖縄《おきなわ》県